VOCÊ TEM FOME DE QUÊ?

DEEPAK CHOPRA

VOCÊ TEM FOME DE QUÊ?

A solução definitiva para perder peso, ganhar confiança e viver com leveza

Tradução de
Maria Sylvia Corrêa

Copyright © 2013 Deepak Chopra
Copyright da tradução © 2014 Alaúde Editorial Ltda.

Título original: *What are you hungry for? – The Chopra solution to permanent weight loss, well-being, and lightness of soul*

Publicado mediante acordo com Harmony Books, um selo do The Crown Publishing Group, uma divisão da Random House LLC.

Todos os direitos reservados. Nenhuma parte desta edição pode ser utilizada ou reproduzida – em qualquer meio ou forma, seja mecânico ou eletrônico –, nem apropriada ou estocada em sistema de banco de dados sem a expressa autorização da editora.

O texto deste livro foi fixado conforme o acordo ortográfico vigente no Brasil desde 1º de janeiro de 2009.

PREPARAÇÃO:
Valéria Sanalios

REVISÃO:
Claudia Gomes e Ana Luiza Candido

CAPA:
Adriana Wolff

IMAGEM DE CAPA:
StepStock (The White Plate on a Black Background) / Shutterstock

PROJETO GRÁFICO:
Rodrigo Frazão

IMPRESSÃO E ACABAMENTO:
Bartira Gráfica

1ª edição, 2014
Impresso no Brasil

Dados Internacionais de Catalogação na Publicação (CIP)
(Câmara Brasileira do Livro, SP, Brasil)

C477v
    Chopra, Deepak
        Você tem fome de quê? : a solução definitiva para perder peso, ganhar confiança e viver com leveza / Deepak Chopra ; tradução Maria Sylvia Corrêa. - 1. ed. - São Paulo : Alaúde, 2014.
    320 p. : il. ; 23 cm.

        Tradução de: What are you hungry for? : the chopra solution to permanent weight loss, well-being, and lightness of soul
    ISBN 978-85-7881-225-6

        1. Emagrecimento. 2. Dieta de emagrecimento. 3. Técnicas de autoajuda. I. Título.

14-10145   CDD: 613.25
                                                    CDU: 613.24

2014
Alaúde Editorial Ltda.
Rua Hildebrando Thomaz de Carvalho, 60
04012-120, São Paulo, SP
Tel.: (11) 5572-9474
www.alaude.com.br

SUMÁRIO

APRESENTAÇÃO
CONSCIÊNCIA E PERDA DE PESO — 7
POR QUE VAI FUNCIONAR COM VOCÊ — 9
A LIGAÇÃO ENTRE A MENTE E O CORPO — 28

PARTE 1
A SOLUÇÃO CHOPRA — 43
MUDE SUA HISTÓRIA, MUDE SEU CORPO — 45
PUREZA, ENERGIA E EQUILÍBRIO — 67
"O QUE DEVO COMER?" — 96

PARTE 2
COMO DESENVOLVER A CONSCIÊNCIA — 137
A ALEGRIA DA CONSCIÊNCIA — 139
AJUSTE PESSOAL – DEIXE QUE SEU CORPO
  TOME CONTA DE VOCÊ — 167
BEM-ESTAR EMOCIONAL – TRATA-SE DE UMA ESCOLHA — 198
LEVEZA DE ALMA — 223

PARTE 3
RECEITAS DA COZINHA DO CHOPRA CENTER — 263
RECEITAS DE PUREZA, ENERGIA E EQUILÍBRIO — 265
CAFÉ DA MANHÃ LEVE — 267
APERITIVOS — 270
SOPAS — 273
ENTRADAS E ACOMPANHAMENTOS — 287

SALADAS	300
TEMPEROS, PASTAS E MOLHOS	306
SOBREMESAS	312
BEBIDAS	316
AGRADECIMENTOS	319

APRESENTAÇÃO

CONSCIÊNCIA E PERDA DE PESO

POR QUE VAI FUNCIONAR COM VOCÊ

Atualmente há uma onda mudando a vida das pessoas. Ela pode ser percebida nas manchetes dos noticiários: um ex-presidente dos Estados Unidos, impressionado por ter tido um ataque cardíaco muito jovem, anuncia que se tornou vegano. É uma declaração surpreendente e, para justificar sua escolha, Bill Clinton conta a todos como se sente bem – e de fato aparenta estar. Já na Espanha, um amplo estudo descobre que a dieta mediterrânea, rica em peixes, frutas secas e azeite de oliva, consegue reduzir em um terço a incidência de ataques cardíacos. Em termos de dieta, essa foi a maior descoberta em anos. Quem já pensava em abandonar a carne vermelha se sentiu justificado pela medicina.

Essa onda está provocando muitas mudanças. As toxinas presentes nos alimentos processados e industrializados são cada vez menos aceitáveis. A palavra "orgânico" se popularizou. Nunca tanta gente se tornou vegetariana, um estilo de vida cujos benefícios são conhecidos há muito tempo. (Em uma pesquisa britânica, metade das mulheres se descreveu como praticamente vegetariana.) Num mundo sustentável, não há lugar para os efeitos poluidores dos pesticidas e herbicidas. As pessoas estão despertando para uma nova realidade, e uma forma completamente nova de se alimentar está se estabelecendo rapidamente.

Há cerca de cinco anos, fui envolvido por essa onda. Na época eu já comia "bem". Minha dieta não incluía muita carne vermelha, e havia tempos eu limitava o consumo de toxinas óbvias como o álcool e o tabaco. Gostava do que comia e comia o que gostava. Porém, dando uma olhada na literatura médica, todo dia surgia uma nova descoberta: muitas relações entre o açúcar e a obesidade, entre o álcool e as perturbações no ritmo de sono, entre os carboidratos simples e o diabetes – e muitas dessas descobertas se relacionavam ao excesso de peso.

As evidências apontavam para uma única direção. Tudo indicava que eu precisava encontrar uma dieta ideal. Apenas os hábitos e a negligência me impediam de maximizar a relação entre alimento, corpo e mente.

Sem contar os meus 9 quilos a mais.

Apesar da "boa" alimentação, eu tinha entrado para as estatísticas, juntando-me aos dois terços de norte-americanos que estão acima do peso ou obesos. Entrei para as estatísticas apesar de ser formado em medicina, da minha motivação, dos meus hábitos razoavelmente bons e de ter acesso a qualquer alimento que desejasse. Também sabia que fazer regime era inútil – basta ver os numerosos estudos comprovando o efeito rebote, aquele que nos faz recuperar o peso perdido durante o regime e ainda ganhar cerca de 2 a 5 quilos a mais. Esses quilinhos extras são um jeito de o nosso corpo dizer: "Você tentou me privar. Não faça mais isso".

Para mim, a solução foi adotar uma dieta ideal, e fiz isso mais ou menos de um dia para o outro. Não havia razão para não mudar meu comportamento diante das evidências médicas que eu conhecia:

- Eliminei todos os alimentos industrializados.
- Passei a me alimentar com ingredientes mais puros, sempre naturais, e o mais orgânico possível.
- Já não consumia bebidas alcoólicas, e também eliminei alimentos fermentados, como o queijo.
- Abandonei o açúcar branco refinado.
- Cortei o sal drasticamente.
- Abandonei a carne vermelha, consumindo sobretudo frango e peixe, mas já iniciando a transição para uma dieta vegetariana.

- Para beber, só água mineral.
- Comecei a me preocupar em ter um bom sono.

Como tudo está relacionado, ter uma boa noite de sono fazia parte da minha nova forma de me alimentar. A falta de sono atrapalha o equilíbrio entre dois hormônios (leptina e grelina), responsáveis por nos fazer sentir fome ou satisfação. As pessoas que não dormem direito comem demais facilmente quando o corpo para de enviar a mensagem hormonal correta. A gordura no abdômen também atrapalha esses hormônios. Acabamos num ciclo contínuo que não só não é saudável como é potencialmente perigoso.

Não fiquei preocupado por estar me transformando num fanático por comidas naturais. A minha motivação não era a preocupação nem o medo. A verdade é que a alimentação "normal", à moda americana, chegou a extremos doentios. Em média, o norte-americano consume cerca de 70 quilos de açúcar por ano, uma quantia absurda de calorias sem sentido, que causam estrago nos níveis de insulina e de açúcar no sangue. Quanto ao nosso vício por alimentos industrializados, responsável por 70 por cento do que os norte-americanos comem, basta dar uma olhada num supermercado qualquer. Há corredores inteiros dedicados aos biscoitos, bolachas e outros lanchinhos, refrigerantes, pizza congelada e sorvete. Quem manda é a economia, e se esses alimentos não vendessem em abundância eles não teriam tanto espaço nas prateleiras.

O que *não* é extremo é a alimentação natural, com base no melhor conhecimento médico disponível. É disso que se trata a nova onda que a humanidade está vivendo. Devemos prestar atenção, e há muito tempo a nossa sociedade não tem prestado atenção a esse modo deformado de comer.

Eu desejava ter uma "consciência alimentar". Todos os passos que dei fizeram com que eu me sentisse muito bem. O meu corpo ficou mais leve, mesmo antes de perder 8 quilos, que se foram sem esforço. Parei de fazer certas coisas por impulso, como atender o celular durante uma refeição – por que não nos regalar completamente com o que comemos? Tampouco me privei. Todas as refeições me satisfaziam, pois a alimentação estava em sintonia com o meu corpo, e isso, por sua vez, melhorou o meu humor. Embora eu sempre tenha tido muita energia, passei a ter mais energia e vivacidade do que nunca.

O mais gratificante, porém, foi a reação das outras pessoas. Quando eu falava sobre consciência alimentar, elas concordavam. A maioria já tinha feito o mesmo percurso que eu estava fazendo. A onda era mesmo verdadeira e estava crescendo. Olhando de longe, via que ela tinha alcançado um ponto alto. A consciência coletiva havia recebido o recado.

Tenho certeza de que muito mais gente deseja fazer esse novo percurso, e tinha isso em mente quando decidi escrever este livro. Essas pessoas não precisavam ser persuadidas a adotar novas convicções, pois uma alimentação mais saudável já é uma meta pessoal. No entanto, algumas coisas são impeditivas:

- Maus hábitos e condicionamentos antigos.
- Medo de mudar e pressão familiar contra a mudança.
- Uma crença teimosa na eficácia da próxima dieta.
- Desencorajamento diante do próprio excesso de peso.
- Um histórico de não conseguir perder peso.
- Desejo insaciável por alimentos salgados, doces e gordurosos.
- Falta de tempo, o que torna mais fácil buscar alimentos industrializados, redes de fast-food e lanchinhos no meio da tarde.

É uma lista tremenda de obstáculos imensos na vida de milhões de pessoas. Na verdade, é surpreendente que um novo modo de se alimentar tenha sido tão difundido. Basta ver como as propagandas de TV exploram as palavras "natural", "light" e "nutritivo" a fim de vender nada além de alimento industrializado, ao passo que quase não existem propagandas de frutas frescas, vegetais, grãos integrais e produtos orgânicos.

A fim de superar os obstáculos que levaram você a ganhar peso, sejam poucos ou um monte, não vou repetir os mesmos conselhos sobre alimentação saudável que existem há décadas. Os conselhos são muito bons, mas o que não se diz é como de fato mudar. A chave está na consciência, pois fomos todos treinados e intensamente condicionados a prejudicar o nosso corpo da seguinte maneira:

- Comendo sem consciência, sem nos preocuparmos com as substâncias presentes no alimento.
- Perdendo o controle sobre o apetite.
- Optando por porções cada vez maiores.
- Fazendo uso emocional do alimento, por exemplo, comendo para aliviar o estresse do cotidiano.
- Indo atrás da forma mais rápida de satisfazer um desejo alimentar.

Todos esses obstáculos têm início em um só lugar: na mente. O corpo é um reflexo físico das escolhas que fazemos ao longo da vida. Conhecimento é importante, mas apenas acrescentar outros bons conselhos não é a solução para uma alimentação saudável. A solução é transformar a nossa consciência.

Decidi mostrar às pessoas como a consciência pode ser transformadora, como elas podem conquistá-la e por quê. Do contrário, o melhor conselho, mesmo que leve à melhora da alimentação, ainda vai nos restringir às noções limitadas sobre o nosso corpo. Tornar-se um "bom" consumidor rígido, que segue uma série de regras e nunca se desvia delas, tampouco é uma solução satisfatória. Mas, transformando a consciência, todos esses comportamentos arraigados e autodestrutivos podem ser facilmente modificados. Não é possível controlar o que não temos consciência. Se alguém sente uma pedra no sapato, pode logo tirá-la. Os sinais de dor nos dizem instantaneamente que há algo errado. Comer mal não funciona assim. A maioria das vezes nosso corpo não manda avisos, e os efeitos danosos muitas vezes ocorrem de modo imperceptível, gradualmente, longe da vista. É preciso adquirir um novo nível de consciência a fim de notar o que há de errado dentro da gente. Só então se pode mudar isso.

Portanto, se você está acima do peso ou se sentindo apático, ou se seu nível de energia está baixo e você se sente infeliz com a aparência do seu corpo, lembrando-se de como parecia e se sentia muito melhor quando era mais jovem, este livro é para você. Nele há muitas surpresas e descobertas – a principal delas é que o peso ideal é o nosso estado mais natural. O seu corpo pode ser um aliado na busca por um modo de vida melhor, que vai além de apenas perder peso. A consciência revela soluções inesperadas, o que eu chamo de sabedoria aplicada.

Vamos a ela! A jornada é estimulante, e você pode se juntar a essa onda com entusiasmo verdadeiro, sabendo dos benefícios que ela trará à sua aparência e saúde.

Alimentação, peso e fome

Quando alguém deseja ficar com o peso ideal, esbarra em duas escolhas. Pode fazer um regime ou alguma outra coisa. Este livro é sobre essa "outra coisa". Regimes implicam num tipo inadequado de motivação, e é por isso que raramente levam ao resultado desejado. A gente toma o caminho do sacrifício e da privação. Todos os dias de um regime são de luta contra a fome e de conflito com o autocontrole. Existe um jeito pior de viver?

Para dar certo, é preciso que a perda de peso seja satisfatória – é essa a "outra coisa" que funciona quando o regime falha. Se a pessoa reequilibra os sinais de fome do corpo, o impulso para comer torna-se um aliado, e não um inimigo. Se é possível confiar que o corpo sabe do que precisa, ele vai tomar conta da pessoa em vez de lutar contra ela. Trata-se de acertar as mensagens que conectam a mente e o corpo.

Na medicina, fui treinado a analisar a fome em termos de aumento ou queda de certos hormônios. A fome é uma das mais poderosas mensagens químicas enviadas pelo corpo ao cérebro. Uma pessoa que acabou de fazer uma refeição não deveria sentir fome, nem o lanchinho da tarde deveria levar a um segundo ou terceiro lanchinho. Mas eu já vivenciei essas coisas – assim como milhares de pessoas –, ou seja, a *experiência da fome* pode acontecer mesmo quando não existe necessidade de comer.

É essa experiência da fome que é preciso mudar quando alguém está comendo demais. Ansiedade e uma fome falsa não são o mesmo que dar ao corpo o combustível de que ele necessita. O nosso corpo não é um carro que bebe gasolina. É a expressão física de milhares de mensagens que chegam ao cérebro e saem dele. O ato de comer envolve a imagem que temos de nós mesmos, os nossos hábitos, condicionamentos e memória. A mente é a chave para a perda de peso, e quando ela está satisfeita, o corpo para de ansiar por mais comida.

A abordagem mente e corpo vai funcionar porque ela exige apenas uma coisa: *encontrar a própria satisfação*. E isso é algo que a comida, por si só, não pode dar. Devemos nutrir:

- O corpo com alimentos saudáveis.
- O coração com alegria, compaixão e amor.
- A mente com conhecimento.
- O espírito com serenidade e consciência pessoal.

Com consciência, todas essas coisas se tornam possíveis. Porém, se nós as negligenciamos, elas se afastam cada vez mais de nosso alcance.

Parece paradoxal, mas para perder peso é necessário se preencher. Se nos preenchermos com outros tipos de satisfação, a comida não mais será um problema. Jamais deveria ter sido. Comer é uma maneira natural de se sentir feliz. Comer em excesso, não. Durante séculos, a vida foi celebrada com banquetes, e algumas dessas celebrações, como casamentos e jantares de formatura, podem ser um ponto culminante na vida de uma pessoa. Que criança não se ilumina diante do bolo de aniversário? Mas o deleite proporcionado pelo excesso de comida é um problema único e peculiar. Sentir-se feliz, em princípio algo bom, transforma-se em algo maléfico.

Nesse momento, a pessoa se vê relacionando comida com felicidade:

Alimentação normal → alimentação em excesso → ansiedade → vício alimentar

Alimentar-se normalmente é bom.
Alimentar-se em excesso parece bom durante o momento, mas leva a resultados ruins a longo prazo.
Ceder à ansiedade não é bom de jeito nenhum – de imediato surgem o remorso, a culpa e a frustração.
Ficar viciado em comida leva ao sofrimento, ao declínio da saúde e à total falta de autoestima.

A descida escorregadia até o sobrepeso começa com algo que na verdade é positivo: o benefício natural do alimento. (Não se pode dizer o mesmo sobre as drogas e o álcool, que são substâncias tóxicas mesmo quando não há vício.) O alimento nos nutre, e quando se alimentar dá errado ficamos divididos entre o prazer a curto prazo (como uma deliciosa lambida num sorvete de chocolate) e o sofrimento a longo prazo (os muitos inconvenientes de estar acima do peso anos a fio).

Mas por que a alimentação normal começa a virar excesso? A resposta é simples: insatisfação. Começamos a comer em excesso para compensar alguma falta. Relembrando dos meus tempos de residência médica, quando ainda estava na casa dos 20 anos, vejo agora como os maus hábitos alimentares se insinuaram. Eu chegava em casa estressado, depois de um turno extenuante no hospital, com a cabeça ainda cheia de casos, alguns pacientes de risco. Em casa, uma esposa amorosa e uma refeição caseira me esperavam.

Em termos de obter as calorias suficientes, sentar-se para jantar reunia todos os requisitos. Seria preciso verificar a situação psicológica para enxergar os problemas ocultos. Na correria do trabalho, eu tinha tomado muito café com petiscos. Por causa do sono, eu não me dava conta do que comia. Assim que entrava em casa, em geral tomava um drinque e deixava um maço de cigarros meio vazio em algum lugar.

Nos anos 1970, eu era um trabalhador comum, que seguia os mesmos hábitos de todos os médicos que eu conhecia. Considerava-me com uma sorte imensa por ter uma esposa muito amorosa e dois lindos bebês em casa. Mas a voracidade com que ingeria o nutritivo jantar caseiro, combinada com todos os outros sinais de uma alimentação estressante, estava determinando um padrão equivocado. Ironicamente, mesmo naquela época, eu me considerava bastante consciente.

Ao passar do ponto crítico, fui ficando mais ciente da solução que proponho neste livro. Não importa quanto o corpo seja judiado, ele consegue recuperar o equilíbrio. A primeira regra é parar de interferir na natureza. Em seu estado natural, o cérebro controla a fome automaticamente. Quando o açúcar no sangue baixa até certo nível, mensagens são enviadas ao hipotálamo, uma região do cérebro do tamanho de uma amêndoa, responsável por regular a fome. Quando ele recebe o aviso de queda no açúcar do sangue, secreta hormônios para que sintamos fome, e, quando já comemos o suficiente, os hormônios se invertem, e nós não sentimos mais fome. Esse circuito entre sangue e cérebro funciona sozinho, como tem sido há milhões de anos. Todo animal com medula espinhal (vertebrado) tem um hipotálamo, e isso faz sentido, pois a fome é uma necessidade muito elementar.

Porém, nos seres humanos, é fácil interferir na fome. O modo como nos sentimos emocionalmente pode nos tornar vorazes ou incapazes de comer. Podemos nos distrair e nos esquecer de comer, ou podemos ser obsessivos e pensar em comida o dia inteiro. No entanto, estamos sempre procurando a satisfação. Existem muitas coisas além da comida que podem nos preencher. O desejo nasce da necessidade, tendo origem nas mais essenciais:

- Todo mundo precisa se sentir seguro e protegido.
- Todo mundo precisa se sentir nutrido.
- Todo mundo precisa se sentir amado e querido.
- Todo mundo precisa sentir que a vida é relevante e significativa.

Se preenchermos essas necessidades, a comida não passará de mais um prazer entre muitos. Inúmeras pessoas, porém, tendem a comer em excesso como substituição do que realmente desejam. Isso vira um jogo de troca, e elas com frequência não percebem o que está acontecendo. É nessa situação que você se encontra? Eis aqui alguns indicadores comuns:

- Você não se sente seguro se não estiver cansado de tanto comer. Esse cansaço traz uma calma que dura algum tempo.
- Você não se sente alimentado se suas papilas gustativas não estiverem superestimuladas com açúcar, sal e gordura.
- Você não se sente amado e querido, portanto, transforma a comida em "um pouquinho de amor para si".
- A sua vida está sem sentido, mas pelo menos quando come consegue ignorar o vazio interior durante um tempinho.

Se pararmos de nos concentrar tanto em dietas e calorias, vamos perceber que a história do sobrepeso é a história da insatisfação. Temos os melhores alimentos do mundo a nossa disposição, mas devoramos os piores. Somos abençoados com oportunidades de crescer e nos desenvolver, porém nos sentimos vazios.

O meu objetivo é levar você a um estado de satisfação. Quando isso começar a acontecer, você vai parar de comer pelas razões equivocadas. A solução é simples, mas profunda: a fim de perder peso, cada passo desse percurso deve ser satisfatório. Não é preciso fazer análise psicológica; é possível parar de ser obsessivo em relação ao corpo e lidar com o desapontamento e a frustração. Só um princípio vale: *a vida é satisfação*. Se a vida não está satisfatória, o estômago jamais vai suprir o que falta.

"Eu tenho fome de quê?"

A vida de todo mundo é complicada, e as melhores intenções se extraviam porque as pessoas têm dificuldade de mudar. Os maus hábitos, assim como as lembranças ruins, persistem, teimosos, quando desejamos que sumam. Existe, contudo, uma importante motivação a nosso favor, que é o desejo de felicidade. Eu defino felicidade como um estado de satisfação, e todo mundo quer se sentir satisfeito. Se estamos atentos para isso, para essa motivação mais elementar, as escolhas que fazemos se resumem a uma única questão: "Eu tenho fome de quê?". Esse desejo verdadeiro nos guiará pelo rumo certo. Desejos falsos nos levam para o rumo errado. Façamos um pequeno teste para comprovar isso. A próxima vez que nos dirigirmos à geladeira em busca de algo para comer, façamos uma pausa. O que nos levou a procurar comida? Só existem duas razões:

1. Temos fome e precisamos comer.
2. Estamos tentando preencher um vazio, e a comida se transformou no jeito mais rápido de fazer isso.

A medicina atual tem bastante conhecimento sobre os "gatilhos" que disparam o impulso de comer. O corpo secreta hormônios e enzimas que ligam o centro da fome em nosso cérebro com o estômago e o aparelho digestório. Quando bebês, só reagíamos a esse tipo de gatilho. Chorávamos porque tínhamos fome. Agora, o inverso talvez seja verdade: quando temos vontade de chorar, ficamos com fome.

Ao longo da vida, criamos novos gatilhos que um bebê jamais imaginaria. A depressão é um gatilho bem conhecido para o excesso alimentar. Assim como o estresse, perdas súbitas, tristeza, raiva reprimida, entre outros. A que somos mais vulneráveis? Talvez tenhamos apenas uma ideia vaga. A maior parte das pessoas não tem consciência de quando um hábito alimentar está sendo estimulado, pois esses gatilhos são em geral inconscientes – é por isso que são tão poderosos. Respondemos automaticamente a eles, sem pensar.

Teste: O que estimula você a comer em excesso?

As causas mais comuns para a alimentação compulsiva estão nas listas a seguir. Algumas são mais fáceis de superar que outras. Leia-as e verifique o que normalmente faz você comer mesmo quando não tem fome. Marque todos os itens que se aplicam ao seu caso.

Grupo A – Costumo comer em excesso quando...
- ☐ estou ocupado ou distraído no trabalho.
- ☐ estou com pressa, na correria.
- ☐ estou cansado. Não dormi direito.
- ☐ estou com outras pessoas que estão comendo.
- ☐ estou num restaurante.
- ☐ estou diante da TV ou do computador e preciso fazer alguma coisa com as mãos.
- ☐ tem um prato cheio na minha frente e acho que preciso esvaziá-lo.

Grupo B – Costumo comer em excesso quando...
- ☐ estou deprimido.
- ☐ estou sozinho.

- ☐ não estou me sentindo atraente.
- ☐ estou ansioso ou preocupado.
- ☐ tenho pensamentos negativos em relação ao meu corpo.
- ☐ estou estressado.
- ☐ quero um consolo.

Autoavaliação

Se todos ou a maioria dos itens que você verificou estão no Grupo A, os seus gatilhos são os mais fáceis de superar. É preciso prestar mais atenção aos hábitos alimentares, mas isso deve ser relativamente fácil. Você se flagra comendo quando não tem fome porque o seu principal problema é a distração. Quando se concentrar em uma coisa de cada vez – na refeição à sua frente –, vai conseguir controlar a comilança desatenta.

Se todos ou a maioria dos itens que você verificou estão no Grupo B, você tem fome de algo mais além da comida, e prestar atenção nessas coisas será a melhor forma de perder peso. O importante é não fazer regime. O seu caminho não é a privação, é encontrar satisfação em outras coisas além da comida.

Atitude: Perceber o motivo antes de comer

Como agora você já conhece os seus motivos, poderá monitorá-los. Não é preciso lutar contra a fome, mas dê tempo suficiente para que seu cérebro faça uma escolha. Em vez de ir atrás de comida como um robô, em uma reação automática, permita-se encontrar um jeito de escolher o que realmente deseja. Inicialmente, isso significa um instante de atenção, de consciência de si mesmo, da maneira que especificarei a seguir.

Sempre que estiver prestes a comer fora do horário das refeições, siga os seguintes passos:

1. Faça uma pausa e respire fundo.
2. Pergunte-se se essa fome está sendo estimulada, por exemplo, por um padrão familiar, por estar se sentindo entediado, inquieto, triste ou querendo alguma distração. Agora você já conhece alguns de seus gatilhos mais comuns, portanto, verifique se algum deles está presente.
3. Uma vez que tenha identificado esse gatilho, pergunte-se se de fato precisa comer. Talvez possa encontrar uma atividade alternativa, algo que simplesmente adie essa reação ao gatilho, como:

- Fazendo alguma tarefa doméstica.
- Ligando para um amigo.
- Verificando os e-mails e respondendo a alguns.
- Lendo um livro.
- Bebendo um copo d'água.

Qualquer distração inofensiva serve. O seu objetivo é inserir uma pausa antes de reagir automaticamente a um gatilho. Se ainda sentir fome, vá em frente e coma. Mas adquira o hábito de perceber os gatilhos dessa maneira – é um passo essencial para conseguir superá-los, dando-lhe mais liberdade de escolha.

Eu prometi uma coisa a mim mesmo antes de enfrentar o problema do excesso de comida: a solução tinha que funcionar *aqui e agora*. O grande defeito do regime é que a gente fica infeliz no presente por causa da promessa de que vai ficar mais feliz no futuro. Mas o desejo não funciona assim. "Eu tenho fome de quê?" acontece no momento presente. Esse impulso pode ser simplificado em algumas categorias básicas:

Temos fome de comida.
Queremos preencher um vazio emocional.
Queremos preencher um vazio mental (tais como baixa autoestima, imagem corporal ruim ou um sentimento de fracasso e frustração).

A esses eu acrescentaria um quarto impulso, que é espiritual: *Queremos preencher um vazio da alma.*

Essas motivações, abastecidas pelo desejo, são muito fortes. Uma vez que o desejo tome o rumo certo, podem ocorrer transformações verdadeiras. Seguimos o caminho do desejo todos os dias. O ímpeto de obter mais da vida é natural e profundamente arraigado. Neste livro, você vai descobrir exatamente do que tem fome. Sabendo disso, vai ter um caminho límpido e significativo em termos de mente, corpo e espírito. Eis como será sua transformação:

- Você vai se alimentar apenas quando tiver fome de comida.
- Você não vai se alimentar quando a sua fome for emocional, ou seja, de consolo, segurança, amor, vínculos com outras pessoas, ou um sentimento de alegria.
- Você não vai se alimentar se a sua verdadeira fome for de uma vida relevante e significativa, em que tenha propósitos e possa atingir seus objetivos. Essas são necessidades da mente.
- Você não vai se alimentar se a sua fome for espiritual, de viver com mais leveza ou de ter uma visão mais ampla da alma.

Regime: Uma fuga enganosa

Alguns leitores dirão a si mesmos: "Tudo isso soa muito bonito, mas francamente eu só quero saber o que comer e o que não comer". Sei exatamente como é isso. Um regime drástico é muito tentador, um conserto rápido. Mas veja o que realmente acontece:

Karen é uma mulher de meia-idade atraente que fica diante do espelho, franzindo o semblante diante do que vê. Quer perder 4 quilos antes do casamento da filha, dali a duas semanas, e nada a desanima. Quando tinha 20 anos, perdia 2 quilos em um final de semana com uma dieta só de suco. Se funcionou na época, vai funcionar agora.

E funciona mesmo, ou quase. No dia do casamento da filha, Karen está 3 quilos mais magra. Quase morreu de fome, mas agora pode comemorar. O que não percebe é que caiu numa armadilha. Os seus antigos hábitos alimentares vão voltar logo, bem como os quilinhos a mais. Já dá para vê-la diante da geladeira no dia seguinte, enquanto a conexão corpo/mente recebe as seguintes mensagens:

- Que bom, a festa de casamente acabou. Posso relaxar.
- Dei duro. Mereço uma recompensa.
- Veja só quanta comida sobrou!
- Não vou ficar passando fome para sempre.
- Não vou jogar fora toda essa comida.

É pouco provável que Karen, tendo essas mensagens para incentivá-la, consiga se conter diante de um belo pedaço do bolo que sobrou. Desculpas vêm à cabeça toda vez que a gente resolve comer demais. O fato de Karen ter atingido a linha de chegada de uma corrida de duas semanas, perdendo peso, não significa nada diante de uma vida de hábitos alimentares que continuam acrescentando quilinhos.

Os Estados Unidos têm loucura por regimes. Todos gostaríamos de encontrar uma fórmula mágica que resolvesse anos de maus hábitos. Isso fez o país entrar num estado bipolar. Em um extremo, o McDonald's representa a síntese de todos os fast-foods gordurosos e calóricos, e 11 por cento de todas as refeições são feitas em cadeias de restaurantes. No outro extremo, a maior parte do país está de regime ou fingindo que está. Dietas drásticas implicam um tipo voluntário de amnésia. Nos esquecemos do que não funcionou antes e mergulhamos em um novo modismo.

Pensando bem, é bastante estranho que as pessoas façam exatamente o oposto do que aquilo que sabem lhes fazer bem. Vemos isso o tempo todo. Alguém diz: "Estou tentando perder 4 quilos", e uma hora depois, em um restaurante, serve-se de pão com manteiga assim que ocupa um lugar, e termina a refeição com um brownie quentinho à moda do "só desta vez". Um estudo de 2013 do Centro de Controle e Prevenção de Doenças, na Geórgia, Estados Unidos, encontrou uma ligeira diminuição nas calorias – entre 4 e 7 por cento – em crianças em idade escolar, mas nenhuma perda de peso, o que foi atribuído à diminuição da atividade física. Embora nos Estados Unidos o consumo de fast-food tenha recuado cerca de 2 por cento na última década, as pessoas que haviam sido classificadas como obesas na verdade ganharam peso nesse mesmo período. Um grande grupo de apoio *on-line* para pessoas que emagreceram bastante utiliza uma abordagem semelhante à dos Alcoólicos Anônimos. Comer demais é um problema que sempre ameaça voltar. Uma vez que alguém saiba que tende a comer demais, está destinado a viver com desejos insaciáveis e deve manter uma vigilância constante para não sucumbir a eles. Assim, as calorias devem ser contabilizadas todos os dias, e as recaídas são presságios de perda de controle. Não quero julgar essa abordagem, mas pretendo encontrar uma alternativa a ela.

Para mim, o que funcionou foi a atenção firme: ficar de olho no que eu realmente desejava. Antes de mais nada, queria voltar ao modo normal e saudável de alimentação – *e nunca mais escorregar*. Sabemos bem que essa segunda parte é que é o problema. Os médicos a denominam "falta de compromisso". Dizem ao paciente o que ele deve fazer – uma dieta balanceada com muitas frutas e legumes, cortar a carne vermelha, fazer exercícios físicos regularmente, deixar de fumar e diminuir o consumo de álcool – mas, depois de alguns dias, semanas ou meses, os velhos hábitos tomam as rédeas. Existem bons conselhos sobre perda de peso em todo canto, no entanto, 70 por cento da população adulta está acima do peso ou obesa.

As pessoas não são deliberadamente autodestrutivas. Ninguém segue os bons conselhos porque, francamente, comer muito faz a gente se sentir melhor do que se privar ou se comprometer com atividades vigorosas. Um balde de pipoca amanteigada dispara mecanismos poderosos e primitivos do cérebro; a perspectiva de correr 5.000 metros, não. Dividir uma sobremesa com amigos num restaurante aconchegante é festivo e agradável; fazer esteira sozinho na academia, não é.

Quem faz regime repete o que já não funcionou antes.

O *slogan* "Regimes não funcionam" convive conosco há décadas, e é muito verdadeiro. Todos os estudos de longo prazo mostraram que menos de 2 por cento das pessoas que fazem regime conseguem ter uma perda de peso significativa (7 quilos ou mais), conservando-a por dois anos. Não é falta de força de vontade. O fracasso faz parte de todo esquema de regime. Qual é o primeiro impulso de quem faz regime? Privar-se. Cortando drasticamente o consumo de calorias. A pessoa luta contra os desejos e jura que vai se sustentar com algo como suco de clorofila durante uma semana. Mas essa privação toda cria um outro buraco. Em vez de se sentir triste, sozinha e mal-amada, a pessoa se sente triste, sozinha, mal-amada *e ainda passando fome.*

Compreendo bem por que as pessoas se privam. Um problema físico deve exigir uma solução física. Os quilinhos a mais ficam bem visíveis toda vez que a gente se olha no espelho. Os vazios invisíveis, não. Além disso, se comer demais significa falta de autocontrole, privar-se seria uma explosão de um imenso autocontrole. "Detesto comer brócolis com suco de limão, mas estou me forçando a isso." O acréscimo de aflição apenas compõe o problema. Lembremos de uma cena antológica do filme *Primavera para Hitler,* em que Zero Mostel não consegue acalmar um Gene Wilder arfante e em pânico:

"Estou histérico! Quando isso começa não consigo parar!", grita Wilder. Sem saber o que fazer, Mostel joga um copo d'água na cara dele. Wilder fica paralisado.

"Estou histérico! E agora estou molhado!", ele guincha.

Ainda sem saber o que fazer, Mostel dá-lhe um tapa na cara. Wilder se queixa:

"Fiquei dolorido! Estou molhado! E ainda histérico!"

Lembrete: fazer a gente se sentir pior não funciona. Portanto, siga o próximo regime da moda se quiser – pode até fazê-lo enquanto lê este livro, pois, quando perceber que a satisfação é melhor do que se privar, esses regimes drásticos não mais o tentarão. O fato de a perda de peso se relacionar com mais felicidade é o segredo da minha abordagem.

A LIGAÇÃO ENTRE A MENTE E O CORPO

A fim de descobrir do que temos fome, é preciso reconectar a mente e o corpo, enxergando além dos meros circuitos de que tratamos anteriormente, que controlam nosso impulso básico de fome através do hipotálamo. Quando conseguimos passar por cima de sinais simples do corpo, até algo tão elementar quanto a fome se complica no cérebro como um todo. Nem todo mundo interferiu no sistema natural que regula o apetite. Todo mundo conhece alguém cujo peso nunca oscilou desde o final da adolescência. Pessoas assim dizem coisas do tipo:

- O meu corpo me diz o que quer.
- Sinto-me incomodado se ganho 1 quilo.
- Faço exercícios porque me faz muito bem.

Essas são declarações enraizadas na relação entre mente e corpo quando tudo funciona direito. Infelizmente, quando não funciona corretamente, essa relação corpo e mente dá curtos-circuitos, e os maus hábitos dizem ao corpo o que fazer. Os sinais errados são enviados e, quando o corpo reage engordando, ficando mais desequilibrado ou até doente, a mente ignora esses indícios de aflição. Vamos ver por que isso acontece.

Imaginemos que três conversas ao telefone convergem em uma ligação, que é na verdade o encontro de três regiões elementares do cérebro. Cada região tem algo a nos dizer; cada uma nos envia mensagens dos neurônios, buscando um tipo diferente de satisfação. O **cérebro reptiliano** fica satisfeito se nos sentimos bem fisicamente. O **sistema límbico** fica satisfeito quando nos sentimos bem emocionalmente. O **cérebro racional** fica satisfeito quando tomamos boas decisões.

O cérebro humano é milagroso porque as três linhas podem se fundir e cooperar entre si. O cérebro reptiliano pode enviar a mensagem "Estou com fome", que o cérebro emocional aceita porque "comer me deixa de bom humor", portanto o cérebro racional pode dizer "vamos fazer uma pausa para comer". Esse equilíbrio é natural e funciona em benefício das três regiões do cérebro. Nenhuma delas deve forçar a própria mensagem, tirando as outras do caminho na tentativa de ser ouvida.

O nosso cérebro é estruturado para encontrar a felicidade em todos os níveis. Em um bebê, que funciona quase por completo com os instintos básicos da mente inferior, a felicidade significa se alimentar quando se tem fome, dormir quando se está cansado, ser acolhido quando se tem frio. As coisas, porém, ficam mais complexas quando as outras regiões, o sistema límbico e a mente superior, começam a se desenvolver. A sua versão de felicidade é muito mais complexa.

Quando eu era um jovem médico, conhecia essas coisas em termos de medicina, mas não prestava atenção a elas pessoalmente. Relembrando a hora do jantar vejo um jovem frustrado (com uma jovem esposa paciente), cujo cérebro estava tão apinhado de informações técnicas (cérebro racional) que sua voz íntima, que gritava "estou infeliz e insatisfeito" (sistema límbico), era sufocada. Ao mesmo tempo, a voz mais primitiva da minha cabeça, que tinha medo de falhar e de se arrebentar sob pressão (cérebro reptiliano) acrescentava ruídos perturbadores ao fundo disso tudo. Não é de estranhar que as refeições parecessem enevoadas, oferecendo apenas um lampejo momentâneo de satisfação. (Tive a sorte de ter sido criado por pais amorosos, pois pelo menos a minha nova família não se desintegrou, como aconteceu com muitos jovens médicos que conheci. Eu sabia o quanto valia dar e receber amor.)

Não podemos nos livrar dessas três conversas que ocorrem em nossa mente o tempo todo. Milhares de escolhas são filtradas pela mente superior todos os dias, e todas trazem um colorido emocional. Isso é exclusivo do ser humano. Se colocarmos um pouco de comida diante de um ratinho de laboratório, ele automaticamente a come, e também automaticamente o centro de prazer de seu cérebro se anima. Mas, quando colocamos comida diante de uma pessoa, as reações podem ser surpreendentes. Quantas vezes elas dizem coisas como:

- Estou chateado demais para comer.
- Não quero este peixe. Só gosto de carne e batatas.
- Estou muito ocupado agora.

O nosso cérebro possui um centro de prazer para alimentos, assim como o do ratinho de laboratório, mas nossa vida íntima é incrivelmente sofisticada. As emoções podem sufocar a fome ou torná-la estranhamente maior. Convicções equivocadas, ao surgirem no cérebro racional, podem interferir tanto nas emoções quanto na fome – daí a adolescente anoréxica enxergar no espelho um corpo subnutrido, mas se sentir "muito gorda" devido a uma imagem mental (estou me referindo a um único aspecto de um complexo transtorno psicológico e genético).

Quando comemos em excesso, pode parecer que o cérebro reptiliano foi possuído pela fúria, forçando uma fome incontrolável. Mas, na verdade, o problema é sistêmico. É característico de uma mistura de controle compulsivo (cérebro reptiliano) tentando encontrar consolo (mente emocional) e fazendo escolhas ruins (cérebro racional). Os três estão envolvidos numa dança contínua.

Essa dança se movimenta de modo circular, assim:

Impulso

Emoção   Escolha

Impulso: O cérebro reptiliano nos diz se temos fome, medo, se há ameaça ou euforia.
Emoção: O sistema límbico nos indica o humor, positivo ou negativo, e a reação emocional no momento presente.
Escolha: O cérebro racional indica que é preciso tomar uma decisão, levando-nos à ação.

Em guerra consigo mesmo

Vou ilustrar como tudo isso funciona contando uma história pessoal. Desde a adolescência, Tracy tem problemas com o peso, e desde então caiu em vários tipos de comportamentos defensivos. Sempre que seus pais tentavam falar sobre o seu peso, ela entrava na defensiva. Desenvolveu uma personalidade dominadora, achando que agindo com segurança e sendo mandona ninguém enxergaria o quanto era frágil intimamente. Depois que começou a se interessar pelos rapazes, ela logo se tornou sexualmente ativa, pois era isso o que eles queriam, e assim ela se sentia desejada. No entanto, quanto mais representava, pior se sentia, e começou a consumir drogas e álcool.

Agora tudo isso ficou para trás. Ela está com 50 anos, bem-casada e, em geral, sente-se bem consigo mesma. Mas não há como disfarçar que está de 30 a 40 quilos acima do peso ideal. Nunca foi minha paciente, mas minha amiga, e geralmente nos encontramos socialmente em restaurantes. Nunca condenei o modo como ela se alimenta nem dei conselhos, mas já percebi algumas coisas:

- Em geral, a primeira afirmação de Tracy ao se sentar é a de que não está com fome, mas que vai pedir alguma coisa.
- Enquanto espera pelo primeiro prato, conversa e come várias fatias da cestinha de pão. Passa manteiga sem perceber o que está fazendo.
- Pede dois pratos, um aperitivo e uma entrada, assim que o garçom lhe pergunta o que deseja.
- Sempre limpa o prato.
- Nunca pede sobremesa, mas belisca a minha se eu peço, e em geral acaba comendo metade dela.

Analisando esses hábitos, o que me chama a atenção é que Tracy os faz inconscientemente. Presta atenção em mim e em nossa conversa, mas não no que suas mãos estão fazendo. Aprendeu a apagar o que não quer ver. Com certeza, você já compreendeu: três regiões do cérebro estão num silencioso conflito, cada uma com uma mensagem própria:

- O cérebro reptiliano de Tracy não para de dizer: "Estou com fome. Mais comida. Ainda estou faminta".
- O cérebro emocional fica dizendo: "Não me sinto bem comigo mesma. Mais comida, ainda me sinto mal".
- O cérebro racional fica dizendo: "Sei que não deveria comer assim. Ah, mais comida... por que resistir? Não adianta, o impulso vai voltar mesmo".

Seria maravilhoso se alguém pudesse tirar uma foto dessa conversa cruzada e a mostrasse a Tracy, de modo que ela enxergasse o que acontece em seu cérebro. Talvez um dia algum escâner avançado venha a fazer exatamente isso. Mas, mesmo numa foto perfeita, o cérebro nunca fica parado. O problema de Tracy está sempre mudando. Num minuto, ela está obedecendo uma parte de seu cérebro; no instante seguinte, outra parte assume. Por isso, numa mesma refeição, ela consegue desfrutar da comida, odiar-se por comer demais, prometer melhorar e ignorar tudo isso. O comportamento dela sempre a contradiz.

Essa é a guerra interna de todos os que lutam contra a balança. Eis um segredo: não há como vencer. Se fosse possível, todos já a teriam ganhado. Enquanto a luta for contra nós mesmos, estaremos presos ao problema. É preciso se colocar acima do problema para chegar à solução.

Tracy está seguindo um padrão típico e infeliz. Passa horas do dia obcecada por comida e pelo excesso de peso, controlando a alimentação. Está atolada no nível do problema. O que precisaria ser feito para que chegasse ao nível da solução?

Garanti a ela que existe uma resposta. "Está em você", lhe disse. "Quando fica obcecada e preocupada, você dá uma tarefa equivocada ao seu cérebro. Diz a ele para que envie mensagens negativas a todas as células do corpo. Pare de fazer isso."

"Mas me sinto mal", ela reclamou. "Não tenho mensagens positivas a enviar."

"Claro que não, sobretudo estando tão ansiosa e infeliz", concordei. "Mas existe uma mensagem positiva que você não notou. Prestar atenção com calma ao que o corpo sente já é em si uma mensagem poderosa. A consciência não é barulhenta nem emocional. Ela faz considerações com calma – o melhor estado para que o seu corpo comece a se reequilibrar."

Tracy pareceu um pouco aturdida, mas sorriu, pois no fundo compreendeu. Sentiu-se aliviada por haver um jeito de sair dessa. Sempre que uma pessoa fica presa a hábitos, a antigos condicionamentos e à comilança excessiva, precisa tomar consciência com calma, sem censura, num estado que tranquilize o diálogo íntimo da mente. A consciência nos tira do nível do problema e nos leva ao nível da solução.

Atitude: Os fundamentos da consciência

Então, como aprimorar a consciência? Tornar-se mais consciente é fácil e pode ser feito a qualquer hora do dia com três técnicas elementares. Elas equilibram as três regiões mais importantes do cérebro de forma natural, sem esforço.

Tenha **consciência do seu corpo**. Volte-se para o seu interior e sintonize-se com suas sensações físicas, sejam lá quais forem. Vivencie o que o seu corpo está vivenciando.

Tenha **consciência de suas emoções**. Feche os olhos, atente para o seu coração e perceba como se sente emocionalmente. Sem se envolver, concentre-se e observe esses sentimentos.

Tenha **consciência de suas escolhas**. Encontre um momento de calma, talvez bem cedinho, logo depois de acordar, ou quando estiver no banho, relaxado, e avalie a melhor maneira de tomar as decisões que precisa. As melhores decisões vêm de um estado íntimo de tranquila atenção.

Percebi uma verdadeira transformação ao adotar essas técnicas elementares, que não demandam muito tempo de prática. Não tinha me dado conta de algo bastante essencial. A minha mente é uma máquina em constante funcionamento. Se puder, funciona o tempo todo, sobrepondo um pensamento a outro, uma emoção a outra. Eu não estava lhe dando tempo para fazer coisas importantes. Ela precisava se acalmar, refletir sobre um determinado momento, considerar como eu me sentia, perguntar ao corpo como ele se sentia. "Como nós estamos indo?", é uma pergunta tão simples – e "nós" incluindo corpo, emoções e intelecto. No entanto, a maioria não se pergunta muito isso. É tranquilizador perguntar a um amigo: "Como vai você?". Também merecemos esse tratamento se desejamos que o corpo seja nosso amigo.

Tente essas técnicas com você, sem expectativas nem preconceitos. Estar em sintonia não é difícil, mas muitas pessoas acima do peso perderam o contato com o próprio corpo, pois no fundo não se gostam mais. Relutam em analisar as emoções, pois se preocupam com o que podem encontrar. Sentem-se presos a escolhas ruins feitas anteriormente, que dificultam ainda mais enxergar novas possibilidades outra vez. Tudo isso pode ser superado ao livrar a mente de condicionamentos antigos. Não é preciso sofrer. Basta fazer dessas novas técnicas um hábito, deixando que as mudanças aconteçam com naturalidade.

Uma história bem-sucedida

Dana possui uma história bem-sucedida dessa abordagem de mente e corpo e ilustra o que quero dizer sobre perder peso sem esforço. O mais importante é como ela chegou ao ponto de virada. Eis a história dela:

"Conservei o mesmo peso que tinha na faculdade durante anos", ela conta. "Aos 30, mudei de emprego e fui parar numa empresa que tinha refeitório. Criei o hábito de almoçar pensando no trabalho ou conversando com algum colega. Não saía muito, e, se alguma coisa do refeitório tinha a cara muito boa, comia sem pensar."

Sem perceber, Dana ganhou cerca de 5 quilos durante um inverno, o que a assustou. Começou a fazer dieta para perder esse peso extra, mas teve dificuldade de se manter motivada. Considerando que só dependia de força de vontade, prometia a si mesma controlar o apetite, mas isso nunca aconteceu. Ao contrário, o nível de estresse só aumentou.

"Saí da empresa e dei início a um pequeno empreendimento, justamente quando veio a crise. Os negócios pararam, e eu fiquei sem dinheiro. Comecei a fazer uma coisa que nunca tinha feito antes. Toda tarde, devorava uma barra de chocolate com meia lata de refrigerante diet. Sinceramente, nem pensava no meu peso. Estava muito ansiosa naquela época."

Por fim, os problemas no trabalho acabaram, o que foi ótimo. Mas nenhuma de suas roupas antigas servia mais, e quando Dana se olhava no espelho sentia-se frustrada e chateada.

Um regime radical levou embora metade do peso que precisava perder, mas, quando me encontrei com ela, grande parte desse peso já estava de volta. Ironicamente, o fato de ela estar conseguindo novos clientes em sua consultoria estimulava esse problema. Havia mais almoços com clientes, mais horas gastas no telefone, mais dias voltando para casa depois das seis, exausta.

Foi preciso uma abordagem mente e corpo para mudar essa tendência negativa. Propus que ela fizesse as três coisas que mencionamos anteriormente: sentir o corpo, observar as emoções e fazer escolhas mais conscientes.

O meu objetivo era fazê-la entrar em sintonia, pois o histórico dela é de perda da ligação entre mente, corpo e emoções. Essa nova abordagem a intrigava, em especial quando lhe garanti que não era preciso esforço nenhum – a única exigência era que ela tivesse momentos de atenção, um tempo que facilmente poderia despender.

"No início era estranho me observar", ela disse. "Comecei a me flagrar passando manteiga no pãozinho em um restaurante. Então, eu parava, pensava direito e percebia que não estava de fato com fome. A mensagem estava bem ali. Eu só precisava percebê-la."

Um ano depois, ela voltou ao peso que tinha na faculdade. O mais importante: Dana aprendeu o poder de prestar atenção. A consciência é a chave para a perda de peso, uma vez que a pessoa se treine para perceber os indícios naturais apresentados pelo corpo a cada momento. É preciso tempo e repetição a fim de alterar desequilíbrios de longo prazo, mas eles mudam. Somos senhores de nossas escolhas e podemos fazer a mudança que desejarmos.

A perspectiva do médico

Como todo jovem médico na década de 1970, atingi a maioridade na medicina sem saber absolutamente nada sobre a relação entre o corpo e a mente. A minha especialidade era endocrinologia, o campo da medicina que lida com os hormônios. Sendo um médico novo, achava fascinante como a menor secreção química fazia uma pessoa ficar com medo, corajosa, zangada, sexualmente excitada ou faminta em questão de segundos. O segredo de o Dr. Jekyll se transformar em Mr. Hyde estava em uma molécula! Essa descoberta fascinava minha imaginação, e eu inicialmente pensei que ficaria feliz num laboratório, examinando os efeitos dos hormônios, pois sua ação e interação são surpreendentemente complexas.

Porém, quando comecei a atender em clínica particular, vi em primeira mão os efeitos devastadores dos hormônios. Os hormônios responsáveis pelo estresse eram culpados de transtornos que poderiam acabar com a vida das pessoas, às vezes de modo cruel em termos sociais. "Ele é preguiçoso e apático" é o estigma frequente de quem sofre de deficiência da glândula tireoide. Há séculos, os soldados têm medo de serem taxados de covardes, mas a adrenalina, um outro hormônio, tanto pode levar à fuga quanto à luta. Além disso, quando o fluxo de adrenalina acaba, o corpo fica fisicamente exaurido. Expor um soldado a muitas situações que disparam esse movimento de "luta e fuga" tem como resultado uma neurose de guerra. Inúmeros combatentes se culparam por serem covardes – e assim ficaram estigmatizados pelos companheiros – simplesmente porque o nível hormonal os tinha exaurido. Esse estigma não desapareceu enquanto não se percebeu que qualquer soldado teria neurose de guerra se ficasse um certo tempo em linhas de combate. Não existe nenhum fracasso moral; o estigma era extremamente injusto.

A minha experiência na clínica particular era corriqueira, mas também incluía estigmas. Muitos dos pacientes que atendi – milhares, literalmente – eram mulheres envergonhadas acima do peso que esperavam ter um "problema glandular" em vez de algum problema emocional. Era desanimador dizer a 99 por cento delas que os níveis hormonais estavam satisfatórios. Todas iam embora chateadas, desanimadas e às vezes sem esperança. Muitas tiveram que lutar contra a própria vergonha e culpa para conseguir se consultar com um médico e pedir ajuda. Elas saíam dali pior do que tinham entrado. Isso era inaceitável para mim. Comecei a procurar o elo perdido. No final dos anos 1980, percebi que qualquer problema do corpo era na verdade um problema da relação entre mente e corpo, e não muito depois outra dimensão desse problema surgiu. O que os meus pacientes tinham – e inúmeras outras pessoas – era um problema que envolvia a mente, o corpo e o espírito.

Para mim, essa possibilidade de encarar um problema médico como um problema entre mente, corpo e espírito era estimulante e produtiva. Eu sabia como era bom se sentir centrado e relaxado, à vontade consigo mesmo o tempo todo. Damos mais valor às coisas quando sabemos se tratar de algo que podemos conseguir. Sonhos vazios nos acalmam, mas depois que percebemos que essa relação mente, corpo e espírito é verdadeira, nada é mais atraente. Pelo menos, é possível satisfazer nossos anseios mais profundos. O segredo é revelado: *A vida é satisfação*.

Uma vez que esse segredo não está mais escondido, tudo muda. Vemos com súbita clareza que muita coisa não está nos preenchendo. Algumas são distrações, tais como tomar um martíni às cinco horas ou ficar viciado em *video game*. Outras são obstáculos, tais como ignorar os sentimentos negativos e deixar que apodreçam. É agradável pensar que não temos problemas como raiva, medo, culpa e vergonha, mas o nosso corpo não se engana. Tudo que tentamos evitar com desespero, ele sente.

Não tive outra vontade senão mostrar a saída às pessoas. Queria compensar os anos em que os pacientes iam embora desencorajados e frustrados. Para quem luta com o peso, o corpo que vê no espelho é uma máscara. Por trás dela estão os maus hábitos, as convicções equivocadas, expectativas baixas e todo tipo de desânimo. A pior forma de inanição é amarrar uma pessoa diante de um banquete a centímetros de seu alcance. A satisfação é esse banquete, e para muitas pessoas ela está longe. Têm fome de satisfação e não sabem por que não conseguem alcançá-la.

Ter uma vida satisfatória não é tão fácil quanto assistir a um campeonato importante com um prato de salgadinhos no colo nem desfrutar de um belo almoço com um amigo e, na sobremesa, pedir ao garçom um garfo extra por via das dúvidas. Mas garanto que a jornada em busca da satisfação é o projeto mais estimulante que alguém pode assumir. Sejamos companheiros em espírito, com esperança, confiança e alegria.

HORA DE AGIR:
Um compromisso, só entre nós

Há muito mais a ser dito nas páginas seguintes, mas agora já sabemos aonde essa jornada vai nos levar – rumo a uma solução holística. Gostaria de fazer uma pausa para estabelecer um compromisso. Trata-se da sua parte nesse contrato silencioso entre nós.

Sua parte: Você concorda em seguir o programa mente e corpo delineado nas páginas seguintes por trinta dias. Você não vai fazer regime. Também não vai se entregar a julgamentos negativos contra o seu corpo. Vai viver no presente e desprezar os antigos condicionamentos que só levaram à frustração e à contrariedade. De mente aberta, vai se concentrar no caminho da satisfação.

Minha parte: Concordo em guiar você pelas mudanças holísticas, oferecendo-lhe princípios testados e atitudes cuja eficiência já foi comprovada durante anos no Chopra Center. Juntos, eu e você vamos reequilibrar as mensagens de sua mente, oferecendo o que você realmente necessita. A satisfação deve ser física, emocional e mental. Você vai saber como mensurar o seu êxito a cada nível.

Corpo: o seu corpo vai ficar mais leve, mais forte e cada vez mais vigoroso.

Emoção: o seu humor será mais alegre, mais elevado e cada vez mais positivo.

Mente: suas decisões e escolhas irão contribuir com uma visão de uma vida melhor, fazendo com que ela se realize.

Nossa mente foi feita para tomar conta de nós, essa é a razão de sua surpreendente complexidade. A abordagem mente e corpo preenche uma lacuna dolorosa que encontrei em todos os programas de perda de peso. Os quilinhos sempre voltam, pois o que deveria ter mudado – a atitude de usar a comida para preencher vazios invisíveis – continua sendo a mesma. Eis aqui uma oportunidade de mudar. Quando isso acontecer, você verá uma mudança não apenas em sua aparência, mas também na maneira como trabalha, como enxerga o entorno e como ama as pessoas que fazem parte da sua vida, incluindo você mesmo.

PARTE 1

A SOLUÇÃO CHOPRA

MUDE SUA HISTÓRIA, MUDE SEU CORPO

Pontos principais
- Você escreve a sua própria história de vida. O seu corpo é uma projeção física dessa história.
- A sua história traz suas vivências e como você as processa física e mentalmente.
- Se você está acima do peso, a sua história provavelmente reflete aspectos negativos relacionados à comida, à alimentação e à imagem corporal.
- Antes de mudar a própria história, você precisa conhecer alguns dados sobre a relação entre a mente e o corpo. Conhecimento é poder.
- A fim de ativar essa relação entre a mente e o corpo, enuncie para si mesmo os seus objetivos conscientes. Essa é a mensagem mais poderosa para enviar a seu corpo.

Neste momento, embora sejamos desconhecidos um do outro, estamos fazendo a mesma coisa. Estamos vivenciando a nossa história de vida. A parte mais importante da vida de todos nós poderia ser intitulada: "O que me faz feliz". Toda história apresenta o mesmo objetivo, pois, ainda que a pessoa A esteja jogando futebol profissionalmente a fim de vencer o campeonato, a pessoa B esteja em um trabalho cotidiano e a pessoa C esteja criando duas crianças pequenas em casa, essas diferenças desaparecem diante do objetivo de ser feliz, da melhor forma possível.

Podemos alterar essa história de modo que um capítulo tenha o título "Como perdi todo o peso que desejava (e o mantive bem longe!)". Ora, toda história tem um tema que a percorre, e atualmente os temas sobre comida e alimentação provavelmente são negativos. Quando converso com pacientes com sobrepeso, os mesmos temas se repetem, às vezes por décadas. Será que algum deles lhe soa familiar?

- Já tentei de tudo e li um monte de livros sobre regimes, mas nada funcionou. Talvez seja melhor desistir.
- Acho que o meu excesso de peso é genético.
- Não sou atraente mesmo. A minha aparência é uma desgraça.
- Já estou velho demais para tentar de novo.
- O meu corpo é este. Melhor aceitar isso.
- Sei que devia fazer exercícios, mas não me entusiasmo.
- Conheço os alimentos corretos, mas não resisto a tentações e desejos.
- É tudo muito difícil.

A maioria dos médicos, quando ouve tais declarações, não está prestando atenção às implicações psicológicas – está tentando identificar uma queixa física. Além disso, grande parte dos médicos, inclusive eu mesmo, não recebeu nenhum ensinamento sobre nutrição na faculdade, apenas os ensinamentos mais elementares sobre peso (em aulas de endocrinologia), e não passou tempo nenhum estudando os efeitos dos regimes. Quanto às emoções, elas demandam um psiquiatra ou um terapeuta. Isso não faz parte das atribuições de qualquer médico.

Quando a relação entre a mente e o corpo é ignorada, trata-se de uma medicina incompleta. No histórico das pessoas, os principais temas não são acasos nem irrelevantes. Quando o cérebro recebe dados negativos, ele se altera em conformidade com as mensagens recebidas. O cérebro não tem pensamentos próprios. Não consegue escolher quais orientações obedecer e quais ignorar. É a pessoa, dona da mente, quem escreve a própria história. O que significa ter o maior controle. Pode-se alimentar o cérebro de mensagens negativas ou positivas – a escolha é de cada um.

Sei que a neurociência trata o cérebro e a mente como sendo um só, pois a mente é invisível e o cérebro, um órgão sólido, que pode ser tocado e mensurado. A minha posição é diferente e, acredito, mais próxima da vida real. Para mim o cérebro é como um rádio, que recebe o que a mente tem para dizer. Quando ouvimos a transmissão de um concerto, não confundimos o rádio com Mozart. Se alguém cochicha "eu te amo" em nosso ouvido, somos nós que nos apaixonamos, não o nosso sistema límbico. A mente vem antes, pois a pessoa vem antes.

O nosso corpo é o registro físico da história que vivemos até o momento. Cada quilo representa a escolha de uma certa maneira de comer, e cada mordida recebeu a silenciosa influência de um conjunto de hábitos, uma lista de coisas de que gostamos ou não gostamos, e de maneiras de comer de outras pessoas ao redor. Se não estamos felizes com o nosso peso, esses quilos a mais provavelmente representam algumas vivências infelizes: momentos de frustração, altos níveis de estresse, ansiedade no trabalho ou num relacionamento. Se o nosso corpo representa a nossa história até o presente, a forma mais natural de mudar o corpo é mudando essa história.

De acordo com a minha experiência, quando alguém está acima do peso repete coisas negativas sobre si mesmo. Lembremos: quando alguém muda essas mensagens íntimas, não está apenas falando consigo mesmo. Está escrevendo páginas novas no livro da vida. É essencial mudar as mensagens negativas para, em vez de reforçar comportamentos ruins, começar a reforçar os comportamentos positivos.

Atitude: Reverter as mensagens

Quando nos sentimos insatisfeitos, não é possível nos enganar. Mas é possível reverter as mensagens negativas que nos empatam. A tristeza prospera por inércia – é fácil continuar se sentindo hoje como nos sentimos ontem. O cérebro aguenta a inércia a menos que lhe dermos algo novo para processar.

Portanto, vamos fazer isso. Sempre que os temas familiares enunciados por pessoas com excesso de peso vierem à mente, pare e observe em que você está pensando. Em seguida, substitua esse pensamento por outro contrário, por um antídoto positivo. Assim, você dá um salto no processo de reescrever a própria história, mudando o seu corpo ao mesmo tempo.

Na lista seguinte, as mensagens positivas são apenas sugestões. Fique à vontade para criar as suas próprias mensagens novas. É o melhor jeito de realmente controlar o que o seu cérebro está recebendo.

1. *Negativa*: "Já tentei de tudo e li um monte de livros sobre regimes, mas nada funcionou. Talvez seja melhor desistir".
Positiva: "Hoje é um novo dia. Seja lá o que aconteceu antes, não conta. Sempre existe uma solução".

2. *Negativa*: "Acho que meu excesso de peso é genético".
Positiva: "Não posso mudar a genética, mas posso disparar outros genes que regulam um apetite normal. Afinal, sei que tem gente que perdeu peso aos montes. A genética não foi impedimento, então para mim também não vai ser".

3. *Negativa*: "Não sou mesmo atraente. A minha aparência é uma desgraça".
Positiva: "O patinho feio também se sentia desgraçado até surpreender todo mundo ficando bonito. Vou ser como ele. Já tenho facetas bonitas que as pessoas apreciam. Vou acentuar essas qualidades combinando-as com o corpo".

4. *Negativa*: "Sou velho demais para começar tudo de novo".
   Positiva: "A idade não importa, pois perdendo peso volto no tempo. Vou reverter o processo de envelhecimento e ter o meu corpo de volta do jeito que ele costumava ser – e gostava de ser".

5. *Negativa*: "O meu corpo é este. Melhor aceitar isso".
   Positiva: "As células do meu corpo estão sendo renovadas o tempo todo. Hoje não tenho o mesmo corpo que tinha há um ano. Então, se estou sempre renovando o meu corpo, posso renová-lo para ficar melhor".

6. *Negativa*: "Sei que deveria fazer exercícios, mas não me entusiasmo".
   Positiva: "Não preciso me exercitar se isso é muito difícil agora. Só preciso me movimentar, e existem muitos jeitos de fazer isso. Dançar ou simplesmente praticar ioga, por exemplo, é até divertido. Quando conseguir perceber como é bom caminhar e me movimentar, não vai ser difícil me sentir motivado".

7. *Negativa*: "Conheço os alimentos certos, mas não resisto às tentações e aos desejos".
   Positiva: "Esses desejos indicam que o meu corpo quer ser satisfeito. Vou dar a ele o que deseja, sintonizando-me com ele e o escutando. Gostaria de me sentir satisfeito, e comida não é a única maneira de fazer isso. Quanto mais feliz eu for, menos precisarei da comida como muleta".

8. *Negativa*: "É tudo muito difícil".
   Positiva: "Privação, disciplina e a luta contra a fome eram as dificuldades. Não vou mais fazer nada disso. Não é difícil buscar a satisfação, e é esse o meu novo caminho".

Essa substituição por pensamentos novos é na verdade um tipo de terapia cerebral, e usa a capacidade de crença da mente superior. O pensamento é um negócio complicado, mas as convicções ganham poder ao se ligar às emoções. Já é bem-sabido que as lembranças se conservam conosco por muito tempo porque as revestimos de emoções. Do primeiro beijo à repreensão feita pelo professor do primeiro ano, tudo pode permanecer conosco anos a fio, ao passo que acontecimentos sem valor emocional rapidamente desapareçam da memória. (Alguém consegue se lembrar da primeira vez que escovou os dentes ou arrumou a cama? O primeiro detergente que comprou ou quantas vezes estacionou o carro na semana passada?)

As convicções das pessoas com sobrepeso podem ser marcadas com palavras carregadas de emoção: *gorducho, derrotado, fracassado, preguiçoso, guloso, relaxado, glutão, feio* e assim por diante. Precisamos alterar esses termos pesados por termos novos, igualmente emocionais, mas positivos. Para se sentir bem é preciso que a mente preencha receptores específicos com mensagens químicas. Se esses receptores ficam sobrecarregados positivamente, a comida não vai mais dar fissura – é exatamente o que acontece com os viciados em drogas, cujos receptores de dor e prazer estão tão sobrecarregados que eles precisam de doses cada vez maiores da droga para se satisfazerem. Se alguém fica comendo o dia todo, a resposta cerebral fica enfraquecida. O equilíbrio natural entre fome e saciedade é desligado. É como jogar lenha úmida na fogueira. O combustível está correto, mas não vai pegar fogo.

Nutrido em todos os níveis

Quero apresentar palavras que carregam um colorido emocional positivo: leve, vital, sucesso, vencedor, satisfeito, esperançoso, renovado, livre. Ao alimentar a mente com elas, reforçamos novos caminhos, que afetam todas as células do nosso corpo. Graças à relação entre a mente e o corpo, que é holística, cada palavra nos influencia por inteiro. Todos os níveis da vida são nutridos. Na verdade, "nutrido" é o melhor termo para descrever como você vai mudar a sua vida. Sem dúvida você já sabe o porquê. O alimento satisfaz a nossa necessidade de nutrição; é o oposto da privação. Como somos criaturas complexas, associamos o alimento a várias experiências: ao lar, à mãe, à infância, à família, à união, ao aconchego, à proteção, à abundância, à doação.

São marcas fortes de vivências intensas. Quando as misturamos com vivências negativas que também são intensas, o que é bom fica contaminado. Não estou sugerindo que uma história de vida deva ser cheia de doçura e leveza. Encher a cabeça de propaganda é um equívoco, não tem sentido. Na vida de todo mundo essas marcas intensas – mãe, lar, família, infância – também são carregadas de lembranças de dor e tristeza. Mas a realidade está sempre se renovando. Podemos e devemos inserir novas mensagens se desejamos progredir. Não há motivo para ficarmos presos a condicionamentos antigos e lembranças negativas.

Atitude: Nutrido de leveza e luz

É possível provar a si mesmo como uma palavra nova pode ser nutridora assim que ela passar a ser um tema pessoal. Vamos experimentar com as palavras "leveza" e "luz". Como "leveza" é o oposto de "peso", é uma das melhores palavras para o nosso propósito. Quanto mais leveza (e luz) você trouxer para a sua vida, mais fácil será perder peso. Por quê? Porque muitas experiências positivas envolvem leveza e luz. Vejamos estas:

- Leveza de coração
- Leveza de gestos
- Iluminação

- Sentindo-se leve e solto
- A luz da inspiração
- Leveza de ser
- Leveza de alma
- Luz divina

Se você tivesse todas essas coisas na vida, seria muito mais fácil ter um corpo leve. A sua mente produziria mensagens muito distintas de "pesado, lerdo, inerte, cansado, entediado, sombrio, apagado". Portanto, comece a se livrar dessas mensagens e deixe o seu corpo ajustar-se à leveza e à luz, a todas as conotações positivas dessas simples palavras.

Nesse cenário é possível continuar usando essas palavras de várias maneiras, iniciando a experiência com uma sensação física de sentir-se leve e iluminado.

Exercício: Nutrindo-se de luz e de leveza

Acomode-se sozinho num lugar silencioso. Feche os olhos e respire fundo algumas vezes até se sentir centrado e pronto. (Se possível, é melhor se sentar ereto do que se recostar numa cadeira.)

Respirando normalmente, visualize uma luz preenchendo o seu peito a cada inspiração. A luz é suave, acolhedora e branca. Observe como ela se espalha pelo seu peito. Agora, expire normalmente, mas deixe a luz onde está.

Ao inspirar de novo, traga mais luz. Observe a luz do seu peito começando a se espalhar pelo resto do seu corpo, descendo pelo abdômen. Não force a visualização, e não se preocupe se tiver dificuldade em perceber a luz – uma leve sensação de luz branca já é suficiente.

A cada inspiração, deixe a luz se espalhar pelos braços, depois pelas mãos, até a ponta dos dedos. Deixe que se espalhe pelas pernas até a ponta dos dedos dos pés. Por fim, mande a luz em direção a sua cabeça, irradiando-a até o alto.

Continue sentado por alguns instantes com essa luz no seu corpo; depois, erga os braços, deixando que pairem acima da cabeça, como se a luz os tivesse levantado. Você parece um balão completamente cheio de luz. Aprecie essa sensação, depois abra os olhos.

Este é um bom exercício para se contrapor aos sentimentos de lentidão, peso, fadiga e tristeza. A sensação de estar fisicamente leve, combinada com a visualização de uma luz branca interna, muda muito a maneira de se relacionar com o corpo. Porém, é possível fazer muito mais com as palavras "leveza" e "luz":

- Prefira alimentos mais leves. Quanto mais frescos e naturais, melhor.
- Beba bebidas mais leves – água gaseificada com sabor em vez de refrigerante, por exemplo, ou cerveja sem álcool.
- Todo dia, faça alguma coisa para se sentir de coração leve.
- Seja mais gentil com você mesmo e com os outros, com gestos mais leves.
- Use cores e tecidos mais leves.
- Quando se sentir alegre, deixe que os outros vejam o seu brilho interior.
- Ilumine-se, juntando-se a pessoas que são fonte de inspiração para você.
- Leia poemas inspiradores e literatura espiritual, nutrindo assim a sua alma.

Quando compreender que a *luz* nutre todos os níveis, será maravilhoso brincar com esse tema. O significado de uma única palavra pode se transformar em inúmeras atitudes. Uma vida iluminada é tudo o que alguém pode desejar.

Como toda história de vida é complexa, a simplicidade é necessária para que seja possível fazer mudanças sem se perder nas ervas daninhas. Convenhamos, há muita erva daninha pelo caminho, com todas as distrações, complicações, acasos e obstáculos. Qualquer pessoa pode se beneficiar ao fazer uso desses padrões simples.

Se você se dedicasse apenas a dois desses temas que temos discutido – *leveza* e *luz* – a sua existência seria inteiramente transformada.

Compreensão da mensagem

Vamos aprofundar essa relação entre a mente e o corpo. Em nossa cabeça, as palavras seguem um caminho circular, conhecido como ciclo de *feedback*:

1. Pensamos alguma coisa.
2. O pensamento é registrado no cérebro.
3. O cérebro envia sinais químicos a cada célula do corpo.
4. As células reagem e reenviam a mensagem ao cérebro.

À medida que a resposta percorre esse circuito, vivenciamos uma nova sensação, emoção ou pensamento. No entanto, alguns aspectos passam despercebidos, e é por isso que a medicina moderna levou décadas para descobrir que todas as ocorrências mentais afetam também o corpo. As pesquisas feitas para descobrir os microscópicos e fugidios neurotransmissores cerebrais – que levam as mensagens de célula a célula – foram bastante cuidadosas.

Transformar as entradas negativas em entradas positivas faz uma diferença imensa. Alguns princípios elementares se aplicam a todo mundo (supondo a ausência de transtornos físicos ou mentais sérios). Já tratamos deles, mas é bom ser claro.

Princípio nº 1: Para mudar o seu corpo, mude primeiro a sua história.

Princípio nº 2: Toda história é sobre como ser feliz.

Princípio nº 3: Se encontrar um jeito melhor de ser feliz do que comendo, o seu corpo naturalmente vai voltar a um estado de equilíbrio.

Se estar acima do peso é algo crônico para você, um ou mais desses princípios elementares precisam da sua atenção. Eis aqui um exemplo de como esse enredo pode sair do controle mesmo que não precise.

Jerry tem 45 anos e um emprego estável. Este ano, passou por um divórcio difícil. Passaram-se dez meses, e tudo indica que Jerry já começou a se consolar comendo demais, pois ele já tem que espremer o começo de um pneuzinho na cintura. Mas isso não o preocupa; ainda não está atrás de outro relacionamento. Pode se soltar um pouco, essa é uma das vantagens de estar solteiro de novo.

Um mês depois, Jerry vai ao médico para um exame de rotina. Ele acha que a enfermeira se enganou quando lhe disse que estava pesando 7 quilos a mais do que no ano anterior. Mas a balança está certa, e o médico de Jerry observa um aumento da pressão arterial e o que chama de uma predisposição ao diabetes. É preciso fazer alguma coisa. Jerry imediatamente começa a frequentar uma academia. Abandona as pizzas congeladas, item principal de sua dieta desde que a esposa o deixou, mas, no fim das contas, ele trabalha demais e só consegue ir à academia uma ou duas vezes por semana. Começa a sair com uma mulher que, segundo ela mesma, não tem nada contra os quilinhos a mais dele – ela mesma vem ganhando alguns. E, embora Jerry não esteja muito satisfeito com o diagnóstico médico, os dois continuam frequentando alegremente restaurantes caros. Uma série de justificativas começa a se juntar em sua mente:

- Para minha idade, pareço bem e me sinto bem.
- Passei por um período difícil. Posso relaxar um pouco.
- Jamais gostei que implicassem com o meu peso.
- Sou adulto. Posso comer o que quiser.
- Tem muita gente pesando mais do que eu.

Não existe vilão nesta história, apenas uma corrente contínua de pensamentos e sentimentos que gradualmente vão dando um resultado ruim. E, enquanto tudo isso acontecia, o circuito mente e corpo estava sempre atento.

A mente tem um poder imenso, portanto, quando começar a mudar a sua história, há um roteiro que precisa conhecer:

1. Não somos o nosso corpo. Somos criadores do nosso corpo.
2. Criamos nosso corpo atual fazendo uso tanto de pensamentos conscientes como inconscientes.
3. Podemos criar um novo corpo através de escolhas conscientes.
4. O corpo é um verbo (um processo), não um substantivo (um objeto imobilizado).
5. O corpo físico é sempre reciclado – quase todo ele – uma vez por ano (o revestimento do estômago a cada cinco dias; a pele, uma vez por mês; o esqueleto a cada três meses; o fígado a cada seis semanas; o material genético a cada seis semanas).
6. Sempre mudamos a atividade dos genes por meio dos mesmos sinais enviados pelos pensamentos, emoções e comportamentos.

Como se veem no espelho como um objeto sólido, de pé e firme no espaço, as pessoas não compreendem que o corpo não é uma coisa. É um processo em constante mudança. Imaginemos um edifício que se parece com qualquer outro, porém, quando nos aproximamos dele, vemos que os tijolos ficam saindo do lugar e são renovados o tempo todo. Esse é o nosso corpo. Embora, por exemplo, o esqueleto pareça sólido, ele sempre troca o cálcio com o resto do corpo, e como esses átomos se movimentam, a substituição deles reage a mudanças. O esqueleto de um maratonista é completamente diferente do esqueleto de uma pessoa totalmente sedentária, se examinado no nível das células. Até um par de sapatos novos é o suficiente para alterar a forma dos ossos das pernas. Quando uma pessoa tem 20 anos, a sua coxa tem tanta musculatura quanto gordura. Diante da falta de atividade física, quando ela tiver 50 ou 60, vai ter o dobro de gordura.

Embora os órgãos conservem basicamente a mesma forma, estão sempre mudando seus tijolinhos fundamentais. Por isso, gosto de dizer que o corpo é um verbo, não um substantivo. As pessoas ficam surpresas ao descobrir que isso chega até os genes. Não é possível acrescentar ou perder os genes com que nascemos, mas eles não são fixos, são ligados e desligados por uma série de fatores. O dr. Dean Ornish e seus colegas da Universidade de Harvard, nos Estados Unidos, demonstraram que o rendimento de até quinhentos genes são alterados quando uma pessoa faz mudanças positivas no estilo de vida, tais como alimentar-se melhor, fazer exercícios moderados, meditar ou controlar o estresse.

O maior obstáculo: mensagens confusas

Se a mente tem tanto poder, por que as pessoas se sentem impotentes quando querem mudar? A questão são as mensagens confusas que estão sendo processadas pela ligação entre mente e corpo. Todo mundo que come demais conhece como é lutar contra as vontades e vê-las vencer. Eis um exemplo perfeito de duas mensagens em conflito: uma dizendo "Não devo ceder" e a outra dizendo "Não consigo resistir".

Se pudéssemos congelar a imagem da mente quando ela vai atrás de uma guloseima tentadora, a escolha entre "coma" e "não coma" seria simples de compreender. A história naquele instante seria: "Não tinha fome de fato, então comi uma cenoura em vez de um doce". Contudo, tal simplicidade nem sempre acontece na vida real. As mais variadas ocorrências mentais estão acontecendo de uma vez. Imaginemos que seis telegramas estão chegando ao mesmo tempo, mais ou menos assim:

- Estou com pressa, não tenho tempo para comer direito.
- Estou ansioso.

- Açúcar me faz muito bem.
- Não vou me preocupar com nutrição agora.
- A loja de doces fica bem ali.
- Bem que eu gostaria de me impedir.

Os seis telegramas chegam juntos ao mesmo lugar. O que acontece em seguida é que a pessoa faz uma escolha. Qual será? Qualquer pessoa adulta sabe que a escolha racional – em termos de saúde, peso, nutrição e satisfação como um todo – é passar longe da loja de doces. Mas cinco desses seis telegramas estimulam a vontade de comer, apenas um é claro e racional. A indústria alimentícia ganha uma fortuna ao contar conosco para ignorar o lado racional e ceder aos impulsos, esquecendo o que nos faz bem e pegando logo o primeiro doce que encontramos.

Enquanto milhares de pessoas entopem o corpo de alimentos nulos em nutrientes e adoçados, a ironia é que só nós temos controle sobre essa conexão entre a mente e o corpo. As palavras "sim" e "não" não são estranhas para nós, e sabemos como pesar os prós e os contras de nossas decisões. A vida inteira é feita de escolhas. Mas a ligação entre a mente e o corpo funciona mal por uma simples razão: os seis telegramas trazem mensagens que estão em conflito umas com as outras. Isso leva a um estado, só recentemente descoberto pela neurociência, conhecido como "inibição cruzada". Trata-se de um jargão que explica as mensagens conflitantes em nossa cabeça. Todo mundo que luta com o peso sabe como é essa briga:

- "Não devo ceder" *versus* "Não vai ter jeito".
- "Isso não me faz bem" *versus* "Mas é muito gostoso".
- "Não posso me prejudicar assim" *versus* "E daí? Faço isso o tempo todo".

Inibição cruzada: quem vai ganhar?

As mensagens em nossa cabeça não apenas falam conosco, mas também tentam anular as outras mensagens. Isso é quase literal, como têm demonstrado avançadas pesquisas sobre o cérebro. O grupo de neurônios que envia uma mensagem ("Não pegue este picolé.") emite sinais químicos para bloquear a mensagem inversa enviada por outro grupo de neurônios ("Vá em frente, pegue o picolé."). Nesse sentido, o cérebro age como algumas árvores, como as sequoias e nogueiras, cujas raízes secretam substâncias químicas que impedem outras árvores de germinar nas proximidades. Só que, nesse caso, a química defensiva vem de ambos os lados. Uma escolha deve ser feita, no entanto, e as ligações do cérebro são feitas de modo que uma mensagem acaba vencendo, caso contrário viveríamos em constante estado de indecisão.

A inibição cruzada é positiva – se a mensagem vitoriosa for a correta. A mente é bastante eficiente em reduzir decisões complexas a um mero "sim" ou "não". Pensemos em todos os elementos envolvidos na decisão sobre qual faculdade fazer ou com quem se casar ou ter filhos. Seria insuportável viver em eterna indecisão. O nosso cérebro está desenhado para nos levar a fazer uma escolha, e, o que é ainda mais fascinante, uma vez que o "sim" vença o "não", a decisão parece definitiva. Em geral, também parece acertada e boa.

Mas às vezes as mensagens negativas pesam injustamente contra as positivas, e então começam os problemas. As escolhas não se acomodam. Aparece um tipo de remorso ("Não acredito que comi tudo isso!"). O que faz o impulso para comer demais ser muito mais forte que o impulso de não comer? Não é a fome em si. A ligação entre a mente e o corpo faz um relato diferente. As mensagens negativas tornaram-se injustamente pesadas por meio da repetição, que altera o cérebro em prol da desistência.

Por que as mensagens negativas vencem?

- Hábito.
- Um histórico de escolhas equivocadas.
- Sensação de fracasso.
- Falta de controle do impulso.
- Pressão da família e dos companheiros.

Talvez a pessoa não se lembre de todas as vezes que as mensagens negativas venceram as positivas, mas o corpo dela sabe, graças aos caminhos cerebrais mais usados.

Grupos de apoio a obesos tentam reequilibrar a balança. Pode-se telefonar a um padrinho ou colega do grupo, e essa pessoa reforça as mensagens positivas que devem prevalecer. São o inverso das negativas. O que parece ser apoio moral é na verdade uma tática para alterar a fiação do cérebro.

Quando as mensagens positivas vencem

- Encontramos um jeito de romper o hábito ruim.
- Estabelecemos um padrão de escolhas corretas.
- Obtemos uma sensação de êxito.
- Controlamos o impulso.
- A pressão da família e dos companheiros não exerce influência, não somos levados a comer mais para acompanhá-los.

Essas duas listas levam a uma conclusão valiosa. Engordamos porque as mensagens que levam a comer em demasia têm derrotado as mensagens que dizem "você não precisa comer isto". (Um monitoramento cuidadoso sustenta essa conclusão. Quando se pede a pessoas com sobrepeso que anotem tudo o que comeram durante o dia, quase todas estão consumindo mais calorias do que imaginam.) Depois de derrotas suficientes, a mensagem "coma" formou uma trilha no cérebro, e esse trecho da fiação garante que as futuras vontades por comida triunfem.

Do mesmo modo, se firmamos vitórias sobre a mensagem "coma", recupera-se um estado de equilíbrio. Novos caminhos se formam no cérebro. Quando o impulso de comer cresce, a competição será mais equilibrada e, com o tempo, a ansiedade por comida vai desaparecer. Nesse ponto, a ligação entre a mente e o corpo será saudável de novo. O peso adequado vai ser conservado automaticamente.

São dois os aprendizados que devemos tirar dessa discussão sobre inibição cruzada:

1. Mensagens conflitantes tentam se derrotar mutuamente no cérebro.
2. Quanto mais atendemos às mensagens positivas, mais facilmente elas derrotarão as mensagens negativas.

Atitude: Escolha uma mensagem melhor

Quando sentimos impulso de comer fora do horário das refeições, essa é uma mensagem do nosso cérebro. Os impulsos são mensagens rápidas e fortes, e por isso é quase impossível controlá-los. Em vez de lutar contra o impulso da fome, a melhor maneira é deixar que o restante do cérebro o alcance. A parte relativa à tomada de decisão reage mais devagar, mas, se refazemos o treino do cérebro, a tomada de decisão fica cada vez melhor, ao passo que os impulsos voltam ao equilíbrio.

Da próxima vez que você sentir ansiedade por comida, use a técnica do PARE!

1. PARE o que está fazendo.
2. Inspire fundo por um minuto. Ao inspirar e expirar, conte até vinte, da seguinte forma: um ao inspirar, dois ao expirar, três ao inspirar e assim por diante.

3. Observe a sensação física de fome. Dê a ela uma pontuação de 1 a 5, sendo 5 para "faminto" e 1 para "sem fome".
4. Aja com consciência.

O objetivo principal dessa técnica é que você chegue no "Aja com consciência", pois isso indica que o seu cérebro racional faz parte de sua conversa íntima. Agir com consciência significa que você decide o que fazer em seguida, o que é muito melhor do que agir feito um robô, obedecendo o impulso de fome do cérebro reptiliano se ele estiver desequilibrado.

Que tipo de escolha consciente você pode fazer agora? Eis algumas sugestões:

- Beba um copo d'água. Vai preencher o ímpeto de se sentir satisfeito, e a água reprime o apetite.
- Coma dez amêndoas ou uma fatia de pão integral ou cinco bolachas de água e sal. Uma pequena ingestão de 100 a 200 calorias elimina a fome por uma a duas horas (um estudo no qual os participantes deviam comer uma fatia de pão integral antes de cada refeição constatou que eles perdiam um peso significativo sem fazer mais nada).
- Leia um livro ou artigo interessante por dez minutos, depois verifique se ainda está com fome.

Esse truque de comer dez frutas secas quando sinto muita vontade de comer tem sido bem eficaz na minha vida, aliás. Às vezes, as escolhas mais simples funcionam melhor.

Se fazemos uma escolha que nos leva a evitar a ansiedade, não devemos deixar de parar e desfrutar dessa pequena vitória. "Fiz a coisa certa. Que bom!" é uma mensagem forte quando repetida muitas vezes ao longo de semanas e meses, pois reforça a prevalência da escolha sobre a propensão de ceder.

Essa atitude nos torna conscientes do que fazemos, e perder peso está muito relacionado a escolhas conscientes. Assim como os fumantes que abandonam o hábito da nicotina, a repetição é fundamental. Quanto mais tentar parar, maiores são as chances de conseguir. É por isso que as pessoas que conseguem abandonar o cigarro são as que tentaram mais vezes – tantas quanto foram as recaídas. Por fim, a decisão de resistir a essa ansiedade sai ganhando. A repetição ajuda a reforçar a decisão, pouco a pouco. A mesma coisa acontece com a decisão de não comer demais.

HORA DE AGIR:
Temas para a semana

Este capítulo ofereceu exemplos de como você pode mudar a sua história adotando eficientes ferramentas como as palavras "luz" e "nutrição". Existem outros temas que também funcionam bem. Se acha essa abordagem interessante, por que não se concentrar em temas diferentes a cada dia da semana? Existem inúmeras maneiras de substituir um tema antigo por um novo, que seja mais positivo e estimulante para a mente e o corpo.

Segunda-feira: Transforme *passivo* em *ativo*.
Terça-feira: transforme *apático* em *vibrante*.
Quarta-feira: transforme *rotina* em *surpresa*.
Quinta-feira: transforme *rançoso* em *fresco*.
Sexta-feira: transforme *pessimista* em *otimista*.
Sábado: transforme *trabalho* em *lazer*.
Domingo: transforme *comum* em *inspirador*.

Para começar, aqui estão algumas sugestões. Uma vez que inicie a mudança, novas possibilidades rapidamente aparecerão.

Segunda-feira: como transformar *passivo* em *ativo*.
Pegue qualquer atividade passiva de um dia – assistir à TV deve estar na lista da maioria das pessoas – e a substitua por uma atividade ativa, por exemplo, dar uma volta no quarteirão. Em vez

de pegar o elevador, suba as escadas. Em vez de deixar que outras pessoas falem sem parar, leve a conversa para um tópico interessante para você. Ao fazer coisas assim, reforce a mensagem em sua mente: "Estou sendo ativo".

Terça-feira: como transformar *apático* em *vibrante*.
Defina vibrante como bem entender: uma cor viva, um sabor picante, uma conversa brilhante. Insira o vibrante em sua rotina hoje. Vista uma cor viva, coma algo mais picante ou mais colorido. Veja imagens de arco-íris na internet ou fique perto de uma fonte de água. Ao fazer coisas assim, reforce a mensagem em sua mente: "Estou sendo vibrante".

Quarta-feira: como transformar *rotina* em *surpresa*.
A vida fica confortável quando temos uma rotina, mas a existência seria sem graça sem uma pontinha de emoção. Hoje, mude alguma coisa em sua rotina. Vá a um restaurante diferente ou a uma loja instigante. Em vez de ler o jornal no ônibus, por que não ler algo mais inspirador? Inspire alguém que você ama com um bilhete. Em sua relação íntima, ouse sugerir alguma coisa excitante na cama – compartilhe uma fantasia erótica ou explore novas sensações de prazer. Ao fazer coisas assim, reforce em sua mente: "Estou sendo surpreendente".

Quinta-feira: como transformar *rançoso* em *fresco*.
Todos os temas têm um significado amplo, e com "frescor" é possível ir aonde quiser. Hoje, jogue fora a comida rançosa que está na geladeira e traga frutas frescas e verduras. Coloque flores novas na mesa. Observe algo novo em um velho amigo e conte a ele, como um elogio. Ao fazer coisas assim, reforce em sua mente: "Estou trazendo frescor para minha vida".

Sexta-feira: como transformar *pessimista* em *otimista*.
É muito fácil se acostumar a ficar lamentando sobre a vida. Hoje, pegue qualquer atitude pessimista e explore um ângulo oti-

mista dela. Pense em esperança, em novas possibilidades, na bondade das pessoas, na recuperação do tempo. Encontre uma maneira de sentir compaixão por quem sofre em vez de culpar as pessoas pela situação em que se encontram. Encare o seu futuro da mesma maneira, insistindo em coisas que vão melhorar. Ao fazer coisas assim, reforce em sua mente: "Estou sendo otimista".

Sábado: como transformar *trabalho* em *lazer*.

O fim de semana é de diversão e relaxamento, mas muitas vezes nos flagramos ainda trabalhando, seja em tarefas domésticas ou do trabalho. Encontre um jeito de se divertir, fazendo da recreação uma recriação. Tome parte em alguma atividade renovadora. Plante uma árvore, passe algum tempo com crianças, desenhando na calçada, faça um passeio pelos arredores, levante-se cedo e assista ao nascer do sol. Ao fazer coisas assim, reforce em sua mente: "Estou me recriando".

Domingo: como transformar *comum* em *inspirador*.

Um dos dias da semana deveria ser extraordinário, e nada é mais extraordinário que se conectar com uma perspectiva ampla e própria. Hoje, leia textos das escrituras ou um pouco de poesia. Veja obras de arte, ouça obras-primas musicais – tudo para alimentar a alma. Ao fazer coisas assim, reforce em sua mente: "Estou me sentindo inspirado".

PUREZA, ENERGIA E EQUILÍBRIO

Pontos principais
- Uma dieta ideal considera três aspectos: pureza, energia e equilíbrio.
- Pureza significa eliminar toxinas e voltar à natureza.
- Energia significa mais do que abastecer o corpo – o melhor tipo de energia tem origem na alegria de comer.
- Equilíbrio significa adaptar o corpo à vida que desejamos levar.

Eu mesmo, em minha vida pessoal, encontrei uma maneira de viver a história que desejava viver. Já discutimos o tema "leveza e luz", que foi essencial para mim. E ainda é. Não só me alimento de coisas mais leves, mas também aliviei a minha carga de estresse e evito sobrecarregar as pessoas. Durante trinta anos, aprofundei o significado da palavra "esclarecimento" e como conseguir alcançá-lo. É maravilhoso como os temas conseguem alterar várias dimensões de uma história. Afetam tudo: a mente, o corpo, as emoções e o espírito.

Espero que você tenha vivenciado os benefícios da leveza, primeiramente com mais saladas, mais frutas e verduras e porções menores. Mas um benefício mais amplo só acontece depois de tratarmos o tema holisticamente. Ao juntar três novos temas neste capítulo, nos aproximamos de uma dieta ideal e, o que é mais importante, vamos obter um sentido mais profundo da história que desejamos viver. Os novos temas são:

- Pureza
- Energia
- Equilíbrio

Esses temas são familiares, e uma das tendências encorajadoras das dietas atuais é que as pessoas estão dando mais valor a uma dieta com alimentos puros – isto é, naturais. Mas há também um efeito colateral que desfavorece a condescendência. "É assim que eu devia me alimentar" costuma baixar o ânimo mais do que aumentá-lo. "É assim que gosto de me alimentar" não pede nenhum dedo em riste; entendemos logo a mensagem. O meu objetivo é ajudar as pessoas a preferirem uma dieta natural, energética e equilibrada por gostarem mais dela do que de outras dietas.

Pureza

O acúmulo de toxinas no sistema corpo-mente leva ao ganho de peso descontrolado, acelerando o envelhecimento e prejudicando as funções físicas. Eliminar toxinas desperta a capacidade de renovação, assim retomamos um equilíbrio natural. As toxinas precisam ser eliminadas do corpo, da mente e da alma.

O trecho destacado resume os principais objetivos da pureza como temática da vida. O oposto de puro é impuro, tóxico, poluído, adulterado e assim por diante. Há muito o que dizer sobre excluir sentimentos e relacionamentos perniciosos. Todos os temas funcionam melhor quando aplicados de forma holística. Aqui, para começar, vamos nos concentrar principalmente em comida.

O que fazer:
- Como mencionado anteriormente, jogue fora toda a comida rançosa e velha.
- Diminua o consumo de alimentos processados.
- Ao armazenar frutas e verduras, conserve-as o mais frescas possível.
- Dê preferência aos grãos integrais e aos adoçantes naturais.
- Exclua as gorduras hidrogenadas e as gorduras trans.
- De preferência, compre produtos orgânicos.
- Prefira verduras verde-escuras, como o espinafre e a couve, além de toda a família do repolho (inclusive brócolis e couve-flor).

O que não fazer:
- Comer sobras rançosas.
- Cozinhar com gordura hidrogenada e gordura trans.
- Usar óleo velho ou rançoso.
- Comprar alimentos muito processados, que contenham uma longa lista de aditivos.
- Comprar alimentos enlatados ou de caixinha, exceto os que tenham poucos aditivos ou aditivos simples, como ácido cítrico e água.

Contei no início a minha história com uma dieta na qual "tudo era natural", considerada algo extremo há uma década. Mais do que nunca, agora acho que a dieta do cidadão norte-americano comum é que é extrema. Ter pureza em nossa comida e na água é uma exigência básica, que deveria ser geral. Se alguém tem a intenção de fazer uma alimentação completamente natural, existem inúmeras constatações médicas para embasar essa atitude.

Não é preciso consumir açúcar branco refinado para satisfazer o desejo por doce – mel, melado, xarope de agave e outros adoçantes naturais estão entre os alimentos puros, portanto são melhores. Não precisamos do estímulo do álcool, pois seus efeitos tóxicos não devem ser ignorados. Considerando apenas o peso, o álcool interfere nos níveis de insulina ao dar um choque no organismo, causado pelo açúcar mais elementar da natureza – o álcool não passa disso, afinal. Não é preciso aditivos e conservantes cujo efeito a longo prazo sobre o corpo não é conhecido, e existem novos surgindo a toda hora. Não é preciso realçadores de sabor, pois tudo o que fazem é embotar a nossa sensibilidade natural para os sabores.

Tenhamos como objetivo uma dieta completamente natural, e busquemos isso com entusiasmo. Não é por ansiedade que devemos mudar a vida. A pureza é um tema positivo, feito para incrementar a alegria de viver.

É possível criar uma dieta mais pura neste instante dando um passo simples: eliminando da sua casa o que estiver estragado ou velho. Se o nariz nos diz que algo não está muito fresco, lixo! O embolorado e rançoso têm uma química complexa, mas, pensando em termos amplos, alguém deseja que "ranço" seja um tema de vida? Fresco, puro e natural são palavras tão atraentes que os publicitários as empregam o tempo todo para comercializar produtos que estão longe de serem frescos, puros e naturais (por exemplo, o sabor "fresco" do creme chantili artificial, cheio de gorduras processadas, aditivos e ingredientes artificiais).

Cada vez mais a medicina preventiva tem se voltado para os efeitos danosos da oxidação, o mesmo processo que faz o ferro enferrujar, o vinho vinagrar e a maçã ficar marrom. No corpo, o processo é muito mais complicado, mas os agentes importantes são átomos de oxigênio de flutuação livre, conhecidos como radicais livres, que se ligam aos tecidos, causando danos. Alguns radicais livres vêm do ambiente (por exemplo, do ar poluído e da fumaça de cigarro), mas são produzidos principalmente pelo corpo. O efeito colateral decorrente da formação de radicais livres é responsável por doenças e pelo envelhecimento. Muitas das doenças mais comuns de nossa sociedade estão relacionadas a esses danos, inclusive as seguintes:

- Câncer
- Doenças cardíacas
- Derrame
- Diabetes
- Artrite
- Osteoporose
- Infecções da bexiga
- Glaucoma
- Degeneração da retina
- Doença de Alzheimer

Outros efeitos prejudiciais são visíveis no espelho. Pele enrugada, cabelo grisalho, juntas enrijecidas são também resultado dos radicais livres.

Em relação ao excesso de peso, se uma pessoa está comendo demais, e isso também vale para alimentos velhos, rançosos e sobras, ela está agravando o problema. Não quero estimular o medo dos radicais livres, pois a função deles no corpo é complexa e ainda não foi completamente compreendida (por exemplo, a quantidade de radicais livres aumenta muito diante de ferimentos e cortes, influindo no processo de cicatrização).

Os alimentos frescos não estão oxidados e, o que é ainda melhor, alguns contêm antioxidantes que podem se opor aos efeitos prejudiciais dos radicais livres. Um dos benefícios das frutas secas e dos óleos vegetais naturalmente processados é que são uma fonte primordial de vitamina E, um dos melhores antioxidantes que existem (mas seus benefícios se perdem se ficarem rançosos ou velhos ao serem armazenados). Dito isso, podemos fazer certas coisas que aumentam ou limitam a produção de radicais livres. Os seguintes fatores aumentam a formação de radicais livres:

- Cigarro
- Poluição ambiental
- Álcool

- Radiação, incluindo a excessiva exposição à luz solar
- Carnes defumadas ou churrasco
- Alimentos envelhecidos ou fermentados, como queijos
- Quimioterapia
- Consumir muitas gorduras saturadas ou hidrogenadas (a gordura hidrogenada, em geral gordura vegetal, fica sólida através de processos químicos)
- Estresse e hormônios do estresse

O corpo tem um sistema para desativar os radicais livres, e existem maneiras de ajudarmos nesse processo:

- Comendo mais alimentos ricos em antioxidantes – frutas frescas e vegetais, grãos, frutas secas e favas.
- Usando bastante ervas e especiarias ricas em antioxidantes – endro, coentro, alecrim, sálvia, tomilho, hortelã, erva-doce, gengibre e alho.
- Tomando vitaminas antioxidantes – A, C e E.
- Eliminando o cigarro, o álcool em excesso e drogas desnecessárias.
- Reduzindo o estresse.
- Meditando.

Estar acima do peso não contribui na prevenção desses problemas. Já é sabido que a obesidade está relacionada ao consumo excessivo de gorduras, calorias vazias do açúcar, todos os tipos de alimentos industrializados e às refeições em redes de fast-food. Se nossas escolhas favorecem a pureza alimentar, alteramos tudo isso.

E o que fazer com a falta de compromisso, a incapacidade de seguir bons conselhos? A resposta está em fazer da pureza uma parte dos planos de satisfação.

Satisfação "pura": imaginemos que estamos considerando o que comer no almoço e topamos com um "prato mexicano com enchiladas de carne e feijões fritos". Temos fome e começamos a salivar diante da perspectiva. Comer uma enchilada de carne seria um prazer, e, se nos negarmos isso, o cérebro vai registrar como privação. É preciso, então, encontrar uma outra escolha, igualmente satisfatória. Numa situação como essa, algumas pessoas vão suspirar e dizer: "Quero me comportar. Traga-me uma salada e pronto", o que é sensato e nutritivo, mas é difícil pensar que uma salada vai satisfazer da mesma forma que uma gordurosa enchilada.

Então, eis aqui um jeito novo de pensar, usando o tema da pureza. A enchilada é feita de carne, que vem de um animal que provavelmente recebeu hormônios para acelerar a produção muscular. O queijo é cheio de gorduras saturadas e, se a carne foi preparada no fogo, numa grelha, a fumaça da gordura queimada é um conhecido cancerígeno. Essas coisas não combinam com uma vida plena. Façamos uma pequena mudança para tacos de peixe. O peixe contém ômega-3 e é de fácil digestão; a alface ou o repolho que acompanham têm vitamina C e antioxidantes. Assim, ainda teremos a picante comida mexicana (as pimentas são boas para as funções pulmonares, pois limpam as vias respiratórias), mas com muito menos calorias. Mesmo se mantivermos o queijo, os tacos de peixe combinam com o tema da pureza. Ao decidir por esse pedido, obtemos uma pequena vitória positiva no contexto de nosso histórico.

(*Observação*: os estudos da medicina também ajudam aqui. O sangue é composto de células que flutuam num líquido claro, amarelado, conhecido como "plasma". Depois de um prato de enchilada de carne ou de um hambúrguer com queijo, o plasma fica manchado por até seis horas – é chocante ver a diferença do plasma extraído de uma pessoa logo após uma refeição assim. As manchas são de moléculas de gordura animal que permanecem sólidas à temperatura do corpo. Ficam facilmente depositadas em frestas microscópicas das paredes das nossas artérias, formando sedimentos de placas parecidos com flocos de neve nos buracos de uma calçada.)

Agora, temos para comer algo delicioso que não causará sensação de privação, pois acrescentamos uma nova satisfação – de melhor qualidade –, que se baseia no poder de escrevermos a história que desejamos. Se conquistamos duas ou três vitórias desse tipo todos os dias, a nossa história começa a tomar o rumo certo, assim como nosso corpo.

Atitude: Tudo puro!

Da próxima vez que for escolher o que comer, passe as possibilidades por um filtro mental, fazendo uso das melhores informações disponíveis (nas embalagens, na internet etc.):

- Será que é muito gorduroso?
- Será que contém açúcar?
- Tem aditivos e adulterantes?
- Tem bom potencial antioxidante?
- Os ingredientes são frescos?
- Os ingredientes são muito processados?

Esse tipo de verificação é fácil e rápido de fazer depois que você se acostuma. Nesse questionário mental, tente se lembrar dos alimentos mais deliciosos que puder.

Quando pegar o espírito da coisa, essa etapa será um desafio prazeroso. Você saberá que está consumindo alimentos que combinam com a história que deseja viver. Não escolha nada que não deseje de fato – decepção e privação estão proibidas. O objetivo é aumentar a satisfação pessoal, não diminuí-la. Como um bônus para a satisfação emocional, uma hora depois de consumir alimentos naturais o seu corpo quase sempre se sentirá melhor do que se consumisse alimentos gordurosos ou industrializados.

Se você deseja que a sua vida seja natural, e não o contrário disso, isto é, uma vida tóxica, todas essas mudanças oferecerão uma nova história e um novo corpo ao mesmo tempo.

Energia

A energia começa com um alimento nutritivo e natural. Os cinco sentidos contribuem com a vibração do alimento, que é mais uma fonte de energia. O melhor tipo de energia está na alegria de comer, que evoca a mente e as emoções.

O corpo precisa de combustível, portanto, o tema energia começa com a extração de calorias durante a digestão dos alimentos. Nesse tema, há muito mais coisas envolvidas. O alimento que consumimos deve acrescentar vibração, entusiasmo e alegria à vida – são esses os tipos de energia que propiciam uma satisfação verdadeira, muito além dos níveis de açúcar no sangue. O que não queremos é propiciar o tema oposto, a inércia, que é sem graça e apática. Ao considerar os alimentos em termos mais amplos, eis algumas orientações:

O que fazer:
- Comer para ficar com energia. Coma menos quando estiver inativo.
- Escolha os ingredientes mais frescos.
- Pare de comer quando estiver razoavelmente satisfeito, e não mais que isso.
- Escolha alimentos leves e de digestão mais fácil.
- Evite gorduras de origem animal e açúcar refinado.
- Quanto mais sentidos você satisfizer, melhor, prestando atenção no sabor, no cheiro e na textura dos alimentos.

O que não fazer:
- Comer até ficar empanturrado.
- Servir-se de doses rápidas de energia, por exemplo, de bebidas energéticas com muita cafeína e tabletes açucarados.

(O chá e o café são os melhores energéticos, pois são naturais e pouco calóricos.)
- Ficar enfraquecido de tanto açúcar, gordura ou álcool.
- Engolir a comida sem apreciar cada mastigada.
- Escolher sempre os mesmos alimentos, sem variar.
- Ignorar o aspecto visual de uma bela refeição.

A energia é um bom exemplo de como a mente, o corpo e as emoções estão intimamente relacionados. Podemos sair da mesa nos sentindo animados e alegres, de todo satisfeitos. Ou, apesar das mesmas calorias ingeridas, nos sentindo como se nada tivesse acontecido – a refeição não passou de algo rotineiro. Por essa razão, a energia é um tema holístico, cujo objetivo não é apenas extrair nutrientes do modo mais eficiente possível, mas fazer do ato de comer uma vivência alegre.

Lembro-me de ler uma autobiografia em que a autora, apaixonada por um europeu, encontrava-se nos Alpes num dia muito animado. Era maio, e o panorama, deslumbrante. Ela tinha todos os motivos para se sentir contente, e assim estava. Mas o que ficou em sua lembrança foi a comida. O pequeno grupo de amigos com quem estava fez um piquenique com pão fresco, pequenas ervilhas apanhadas na horta e manteiga cremosa. Assim, naquele cenário todo, esses alimentos simples se tornaram uma lembrança mágica.

Porém, considerados isoladamente, ervilha é ervilha, pão é pão e manteiga é manteiga: o valor calórico dos três é fixo, não muda, tenham sido os alimentos retirados de uma geladeira, onde ficaram durante algum tempo, ou se os consumimos bem frescos. Mas somos sensíveis em outros níveis, e cada estado tem uma energia própria. Não existe um método científico que explique por que uma rosa recém-apanhada e ofertada por alguém que amamos é diferente de uma rosa embalada disponível no supermercado. Não há como quantificar, mas a energia certamente é diferente.

Quando consideramos a energia como um todo, o alimento que consumimos deve estar de acordo com a história que queremos viver, ou seja:

- O mais **fresco** possível, sem monotonia, repetição nem rotina.
- O mais **colorido** possível, para deleite do olhar. O alimento é um arco-íris na terra.
- O mais **alegre** possível, para incrementar os momentos de alegria e prazer. Um sábio provérbio judaico diz: "É melhor comer palha numa manjedoura que um banquete na casa da discórdia".

É irônico que muitas pessoas achem que precisam viajar para ter prazer na hora da alimentação. Elas se deliciam com as demoradas refeições nos terraços da Toscana, na Itália. Ficam entusiasmadas nos cafés parisienses, onde o orgulho da boa mesa pode ser sentido no ar. Em comparação, comer em casa tende a ser rápido, eficiente e rotineiro. O combustível entra no estômago. Assim, não há nutrição nem dos sentidos nem da alma. Le Corbusier, um arquiteto modernista, dizia que a casa é a "máquina de viver", o que soa bastante árido. É bem árido também quando a refeição não passa de uma parada para reabastecer as energias.

O nosso corpo não precisa de combustível como um caminhão a diesel, ele procura uma imensidade de nutrientes. E os que funcionam como combustível são poucos e fáceis de resumir:

- Os *carboidratos* se convertem rapidamente em energia, como pode ser avaliado pelos níveis de açúcar no sangue.
- As *proteínas* se transformam em energia mais lentamente e são muito empregadas para a reconstrução das células, e não para gerar a energia que sentimos de imediato.
- As *gorduras* se destinam a ser armazenadas pelo corpo e levam mais tempo para se transformar em energia.

Para os nutricionistas, os carboidratos são um combustível essencial para o corpo e devem compor a maior parte da alimentação diária de qualquer pessoa. Uma pequena porção de proteína é necessária a cada 24 horas, a fim de reconstruir os tecidos (cerca de 100 a 300 gramas, o que é muito menos do que as pessoas em geral imaginam; uma boa porção de peixe magro é suficiente). As gorduras são necessárias, mas podem ser reduzidas a apenas 1 ou 2 colheres de sopa de óleo por dia, acrescentado aos pratos sem prejuízo da saúde. Na verdade, uma restrição drástica às gorduras é o único jeito de reverter artérias coronárias entupidas – o nosso corpo não utilizará a gordura acumulada nas veias a menos que cortemos qualquer outra fonte de gordura de nossa dieta.

Nesse panorama nítido, apareceram as mais variadas confusões, em especial em relação aos carboidratos. Há décadas os atletas eram alimentados com carne vermelha, pois se acreditava ser necessário mais proteína para formar massa muscular. Logo, com mais músculos, o atleta chegaria ao máximo do desempenho. Mas, em uma experiência na Universidade de Yale, nos Estados Unidos, dois grupos de atletas tiveram que pedalar até a exaustão. Os atletas de melhor resultado não foram os que comiam proteína, mas sim os que se alimentaram com carboidratos antes da atividade. Assim nascia a prática de se alimentar com carboidratos antes de práticas esportivas.

A fim de obter energia rapidamente, os carboidratos são processados pela insulina produzida no pâncreas, um mecanismo ágil que leva apenas alguns segundos se ingerirmos um refrigerante ou qualquer outra forma de sacarina, o mais simples dos açúcares e o de entrada mais rápida no organismo. Muitos problemas teriam sido evitados se as pessoas não se entupissem de açúcar refinado ou simples. Na natureza, os carboidratos são complexos. Levam mais tempo para se dividir, o que ajuda a nivelar o açúcar no sangue, ao passo que o açúcar branco refinado eleva o nível de açúcar no sangue. Além disso, o carboidrato natural se junta num alimento integral, então as gorduras e proteínas criam um amortecedor. Consumido puro, o açúcar branco refinado não tem esse recurso.

Infelizmente, as consequências são piores se a pessoa ganha peso. Os norte-americanos há muito correm o risco de problemas de excesso de insulina (hiperinsulinemia) devido ao consumo rápido de combustível em excesso, através do açúcar branco refinado e de xarope de milho com muita frutose. Embora esse último tenha como base a frutose, que não é um açúcar tão simples como a sacarina (a frutose aparece naturalmente nas frutas e em muitos vegetais), na fabricação do xarope de milho o processo de refinamento acaba com essa vantagem.

O que preocupa os médicos é que aparentemente existe uma epidemia de hiperinsulinemia, e esse estado de saúde é um ciclo vicioso: quanto mais insulina o corpo produz, menos eficaz ele é para extrair energia. A gordura se deposita, e a gordura secreta hormônios que elevam o nível de insulina, tornando-a ainda menos eficiente. Enquanto isso, o diabetes fica à espreita, junto com a pressão alta e inúmeros outros problemas. Não é possível julgar pelos sintomas se temos hiperinsulinemia, mas alguns de seus indícios são semelhantes aos do diabetes:

- Cansaço
- Dores de cabeça
- Sede excessiva
- Fraqueza muscular
- Confusão mental
- Tremores

No entanto, em vez de entrar numa espécie de safári de sintomas, é melhor parar e se conscientizar de que é preciso romper o ciclo vicioso entre excesso de peso e insulina. Um pouco de vigilância faz muita diferença.

Como romper o ciclo vicioso

- Alimentando-se com os carboidratos naturais presentes nos alimentos integrais (frutas, legumes e verduras, cereais).
- Não bebendo refrigerantes açucarados; cortando o açúcar branco refinado e usando mel, xarope de agave e outros adoçantes naturais. Usando todos os adoçantes com moderação.
- Reduzindo a ingestão de alimentos industrializados que contêm açúcar.
- Preferindo grãos integrais aos refinados.
- Fazendo refeições completas com diversos tipos de alimentos em vez de ficar beliscando fora de hora – o que ajuda a controlar os níveis de açúcar.

É bom saber que, para a maioria das pessoas, o fato de perder peso já resolve o problema de excesso de insulina. O diabetes tipo 2, que se espalhou em consequência dessa epidemia de obesidade, em geral desaparece quando as pessoas voltam ao peso ideal. Mesmo tendo nível normal de açúcar no sangue, é bom que todo mundo atente para o amido e o açúcar dos alimentos. Recentemente, a atenção se voltou para o índice glicêmico, que classifica os alimentos de acordo com a complexidade de seus carboidratos. Os números indicam quanto tempo um determinado alimento leva para se transformar em glicose. É melhor que seja devagar, pois isso previne elevações nas taxas de açúcar do sangue, propiciando um fluxo de energia mais estável e consistente. (Alimentar-se corretamente não resolve de todo esse problema, porém. Se comemos demais, por exemplo, a sobrecarga no aparelho digestivo não fará bem. Além disso, o excesso de peso, principalmente a gordura do abdômen, leva as células de gordura a secretarem hormônios que confundem e prejudicam os sinais de fome e saciedade, que estão comprometidos com a insulina e a glicose. Em resumo, a melhor estratégia é fazer boas escolhas alimentares e retomar o peso ideal.)

Uma vez que estamos aprendendo uma abordagem de controle de peso relacionada ao corpo e à mente, não considero de grande ajuda se aborrecer com a glicemia nem com a quantidade de calorias. Basta saber que os alimentos industrializados e refinados possuem um alto índice glicêmico, ao passo que os alimentos integrais tendem a estar na outra ponta da equação. Vale pesquisar o índice glicêmico dos alimentos, que são classificados como alto (ruim) e baixo (bom). Isso é o suficiente para introduzi-lo ao assunto.

Além do mais, o índice glicêmico não é infalível. Os valores variam de pessoa para pessoa, abrangem uma ampla faixa num simples alimento e o efeito no açúcar do sangue ao longo do tempo não é registrado. Uma orientação simples é suficiente. Existem algumas surpresas, como a batata, que tem altos índices glicêmicos mesmo sendo um alimento natural. Pão branco e arroz branco, que também têm valores glicêmicos altos, passam por processos de refinamento. Como nos lembra o dr. Andrew Weil, as principais palavras a evitar são: refinado, processado e industrializado.

Mas o mais importante sobre o tema energia é enxergar além da questão "alimento como combustível". O alimento nos dá energia, mas deveria também fortalecer a nossa vida.

Atitude: Comer para ter energia

Antes de comer, pergunte a si mesmo:

- Estou de bom humor?
- Esta refeição vai ser positiva?
- Esta comida é atraente e tentadora?
- Será que consigo me concentrar no prazer de comê-la?

Se a resposta for "sim" para todas essas questões, você vai obter a melhor energia do alimento. Se a resposta é "não", então não coma ou adie a refeição até que os elementos negativos tenham desaparecido.

Outra dica é comer até ficar satisfeito, mas não empanturrado. Pare de comer quando ainda houver espaço no estômago. Na metade da refeição, abaixe o garfo e espere de cinco a dez minutos. Só então verifique se ainda está com fome e, em caso positivo, decida se realmente precisa comer mais.

Como sempre, não se prive, e veja como é prazeroso dizer: "Estou acrescentando energia à minha história". Sendo essa a história que deseja viver, cada escolha que fomentar o tema energia, opondo-se ao tema "inércia", será uma pequena conquista.

Equilíbrio

Conservar o peso ideal é um sinal físico de equilíbrio emocional. Sentir-se contente e satisfeito demonstra que a mente e as emoções entraram em harmonia.

O equilíbrio não merece ser algo chato e entediante, pois é algo precioso, um meio-termo, um estado perfeito em que tudo existe na proporção exata. O seu oposto, o desequilíbrio, significa que algo foi levado ao extremo. E, quanto mais extremo, mais difícil para o sistema corpo-mente retomar o equilíbrio. A sociedade em que vivemos celebra todos os extremos, e os riscos são exaltados como um modo excitante de levar a vida. Isso é bem diferente do ponto de vista do corpo, que reage diante de situações extremas liberando hormônios do estresse, como o cortisol. Esses hormônios existem para serem temporários e transitórios, mas podem permanecer no corpo um dia inteiro e acabar contribuindo para o desenvolvimento de hipertensão ou osteoporose.

Quando estamos desequilibrados, inclusive pelo excesso de peso, o nosso corpo dispara uma tropa nociva de hormônios do estresse, levando a desarmonias escondidas em todo o sistema corporal. Aqui me atenho ao equilíbrio em termos de dieta, um dos mais importantes tópicos da vida saudável.

O *que fazer*:
- Alimente-se quando estiver num estado emocional equilibrado.
- Consuma uma ampla variedade de alimentos frescos.
- Cuide do essencial, como beber bastante água e dormir bem.
- Alimente-se em horários regulares e em intervalos regulares.
- Varie o consumo de calorias de acordo com o seu nível de atividade.

O *que não fazer*:
- Consumir sempre os mesmos alimentos.
- Seguir uma dieta monótona, em que um alimento "mágico" predomine.
- Fazer a refeição de mau humor.
- Comer quando estiver cansado ou exaurido.
- Evitar sempre o mesmo grupo de alimentos, por exemplo, grãos integrais, frutas frescas ou legumes e verduras.
- Deixar que o excesso de gordura desequilibre as refeições.

A minha formação como endocrinologista me ajudou a pensar sobre o equilíbrio, pois o estudo dos hormônios tem tudo a ver com o assunto. Essa química naturalmente gerada pelo sistema endócrino diz ao corpo como dormir, comer, crescer, fazer sexo e reagir ao estresse. Estar acima do peso é estar em um estado de desequilíbrio que envolve cinco hormônios:

- Insulina
- Cortisol
- Leptina

- Grelina
- Adiponectina

Os dois primeiros são bastante conhecidos, uma vez que a insulina é essencial à digestão, ao controle do nível de açúcar no sangue e à energia. O cortisol é conhecido como um importante hormônio do estresse. Mas a verdade é que esses cinco hormônios interagem entre si. A leptina e a grelina estão relacionadas ao apetite e também ao sono, assim como o cortisol. A adiponectina, palavra que tem a mesma raiz de "adiposo" – que significa "gorduroso" –, regula a divisão do ácido graxo. Quando fazemos um jejum e depois descobrimos que tudo que comemos foi parar na cintura ou nas coxas, o motivo é explicado por este hormônio, que propicia a retenção de gordura. O corpo reage ao que interpreta como escassez, armazenando gordura para o futuro.

O equilíbrio desses cinco hormônios leva a um equilíbrio geral no peso corporal. Parece que existem dois tipos básicos de obesidade. Um se baseia no excesso de cortisol devido ao estresse, assim a gordura se acumula no abdômen. É a pior gordura que podemos ter, pois secreta grelina, o chamado "hormônio da fome". É um golpe duplo, pois quanto mais gordura ingerimos, mais fome temos, e a gordura consumida dá mais fome. O outro tipo de obesidade está relacionada à insulina e aos problemas de açúcar no sangue de que já tratamos.

Os laboratórios farmacêuticos estão sempre tentando desenvolver novas drogas que reequilibrem os hormônios. Mas, a menos que necessitemos de remédios para uma doença como o diabetes tipo 1, acrescentar mais química ao delicado sistema endócrino não funciona. Os hormônios se desequilibram quando a vida está desequilibrada. Equilíbrio significa:

- Sono de boa qualidade
- Estresse reduzido
- Alimentação adequada

- Emoções positivas
- Sensação de bem-estar

Se brincarmos com os hormônios, colocamos a carroça adiante dos bois. Ao contrário, o que devemos fazer é equilibrar a vida; o equilíbrio hormonal acompanhará isso naturalmente.

Não é de surpreender que o tema equilíbrio pareça entediante – e que seja muitas vezes ignorado. Afinal, levar uma vida equilibrada soa como uma preocupação que devemos ter da meia-idade em diante. Temos fascínio pela juventude, um tempo em que os impulsos correm soltos, não há responsabilidades e o entusiasmo é movido a novas aventuras (e por uma onda de hormônios). Mas é também verdade que as maiores taxas de suicídio e acidentes de trânsito estão entre os adolescentes, que sofrem de insegurança e ansiedade em relação ao futuro, e as aventuras impróprias podem acabar mal.

Não estou descrevendo um quadro desanimador de propósito. A maior parte das pessoas se alimenta hoje da mesma forma como se alimentava na infância e na adolescência. Vamos pensar em alguns comportamentos típicos de adolescentes em nossa sociedade:

- Rompimento de regras
- Desejo de liberdade
- Temperamento irritadiço
- Rebelar-se contra as autoridades
- Cair na farra

Se alguém transferir esses comportamentos para a alimentação, não vai dar certo. Não quero condenar ninguém, mas, do ponto de vista corporal, não estamos quebrando regras nem sendo rebeldes quando consumimos seis cervejas, um pacote de salgadinhos e um pote de sorvete. Estamos, no entanto, lançando o corpo num desequilíbrio drástico. Ao sobrecarregarmos o sistema digestivo, o corpo é forçado a suspender ou diminuir o funcionamento de outras atividades que precisam de energia e atenção. Ele não consegue apagar todos os incêndios; vai lidar com o pior em primeiro lugar.

O desequilíbrio crônico do excesso de peso, se continuar por muito tempo, leva ao seguinte:

- Apatia e cansaço
- Sono de má qualidade
- Apetite descontrolado
- Diminuição do apetite sexual
- Problemas de saúde incipientes (um amplo leque, começando com dores nas juntas, pressão alta, diabetes tipo 2, doenças coronarianas etc.)

Teoricamente, quase todos esses efeitos poderiam ser resolvidos com um sermãozinho de dez segundos, assim: "Cresça. Seja mais maduro. Seja responsável". Mas isso seria em vão. A maturidade e o equilíbrio não são obrigatórios. Se uma pessoa tem convicções que se aferram à adolescência, não vai preferir uma vida mais equilibrada. Afinal, por que não continuar fantasiando, vivendo uma vida glamorosa em que a adolescência nunca termina?

Assim como todos os temas deste livro, o equilíbrio deve ser mais atraente do que as alternativas. Claro, esse apelo vem com o conhecimento e a experiência. Se a gente se lembrar de como se sente depois de uma noite de farra, o desejo de repetir a dose não será muito forte. Mas não tenho muita certeza de que as motivações negativas funcionem. O primeiro grupo de reações do cérebro consiste de ímpetos, impulsos, apetites e desejos. Esse grupo não quer saber de ouvir: "Você vai se arrepender depois". Mais tarde não interessa, o que importa é agora. (Lições de moral tampouco resolvem, caso contrário, todos nós teríamos um quadro com o seguinte provérbio protestante: "Pecar a correr, arrependimento no lazer".)

Atitude: Equilíbrio faz bem. Experimente!

O efeito positivo sobre a motivação negativa é este: faça o que é certo, depois veja como se sente. Você pode começar a praticar isso hoje. Tente qualquer uma das atividades sugeridas a seguir. Meia hora depois, observe como se sente. Registre mentalmente qualquer sensação positiva, especificando-as:

- Sinto-me concentrado.
- Sinto-me alerta.
- Estou pensando com clareza, sem entorpecimento.
- Estou pronto para a ação; tenho energia.
- Sinto-me satisfeito.
- Sinto-me disposto.

Estas são as atividades sugeridas que você pode testar uma a uma ou combinando-as do jeito que preferir:

1. Faça uma refeição leve e satisfatória.
2. Como já mencionado, deixe um espacinho no estômago em vez de empanturrar-se.
3. Tome uma bebida não alcoólica.
4. Pule a sobremesa.
5. Se está em boa companhia, corte o consumo de comida pela metade.
6. Escolha uma pequena porção de proteína acompanhada de muitas hortaliças saborosas e coloridas.
7. Quando gostar de tudo o que um determinado lugar oferece, dê preferência aos pratos vegetarianos.

Observe que não estamos forçando o tema "equilíbrio" como um chavão rotineiro, mas exercendo uma nova maneira de se alimentar. O tema equilíbrio é um tema maduro, pois a medida dele é "como nos sentimos depois". Ansiar por um estímulo imediato não é ruim. Afinal, o sabor delicioso da comida é algo para ser experimentado aqui e agora. A evidência de maturidade está em equilibrar o imediato e o longo prazo. Se um benefício acontece num prazo muito longo, não funciona. Mas um adiamento de meia hora funciona, pois a nossa sensação ainda vai estar ligada à refeição que acabamos de desfrutar.

O equilíbrio é um estado natural, mas o desequilíbrio também é, e isso acrescenta mais uma pecinha a esse quebra-cabeça. O nosso organismo faz adaptações milagrosas. Ele pode se adaptar às altitudes do Vale da Morte, o lugar mais baixo do mundo, e a da cordilheira dos Andes, no Peru, a mais de 5.000 metros acima do nível do mar. Somos onívoros; podemos nos adaptar a quase qualquer dieta, ao contrário de um panda, que morre sem seus tenros brotos de bambu, ou de um coala, que não sobrevive sem folhas de eucalipto (e uma enorme quantidade desses alimentos, já que o coala e o panda nunca desenvolveram um sistema digestório eficiente o bastante para dar conta dessa dieta – ambos comem sem parar enquanto estão acordados, e mesmo assim a energia que obtêm é tão pequena que passam o resto do tempo dormindo).

O mecanismo que está por trás dessa adaptação é conhecido como "homeostase", um tipo específico de equilíbrio. Se misturarmos uma colher de açúcar no café, esse açúcar vai se dissolver por completo, e então qualquer golinho de café, seja do fundo da xícara ou não, vai apresentar um equilíbrio de açúcar e líquido. O nosso corpo não sobreviveria num estado assim, estático e uniforme. São milhares de substâncias químicas, cada uma com um equilíbrio próprio, que está sempre mudando. O fluxo sanguíneo funciona como uma imensa rodovia, levando e trazendo do cérebro todo tipo de mensagem que podemos imaginar. Os músculos e o coração devem atender a comandos de ação em um instante, e isso leva a alterações automáticas de fluxo sanguíneo, batimento cardíaco e consumo de oxigênio.

A homeostase é como um elástico, que consegue voltar ao tamanho inicial depois de ter sido esticado. É muito bom sair do equilíbrio quando se trata de fazer exercício e não ficar parado, quando se trata de expandir os limites da criatividade em vez de seguir a mesma rotina, quando se trata da ação e não da resignação e da passividade. Em relação a alimentar-se, a homeostase adapta-se incrivelmente a todos os tipos de consumo, do empanturramento ao jejum. Mas assim como podemos exigir que os músculos se movimentem, o processo automático de digestão permite várias intervenções:

- Podemos pular uma refeição ou nem comer.
- Podemos levar comida à boca para compensar sentimentos negativos.
- Podemos comer até nos satisfazer, não importa o quanto.
- Podemos comer para esquecer os problemas.

Já discutimos essas coisas, mas a questão agora é que as mensagens que inserimos tanto podem funcionar para equilibrar o sistema mente-corpo quanto levá-lo ao desequilíbrio – e o corpo deve se adaptar, sem poder escolher nem reclamar. As células têm vida própria – uma vida complexa e fascinante –, mas, quando a mente exige, elas têm que ouvir.

As mensagens mais negativas

- Depressão
- Falta de sono
- Baixa autoestima
- Fracasso
- Perda
- Tristeza

Se fôssemos Sherlock Holmes procurando um vilão escondido, o nosso adversário acabaria sendo uma dessas coisas, que em silêncio vai levando o corpo a um estado de estresse, caos, desequilíbrio químico e assim por diante. Na falta de Sherlock Holmes, o único investigador é a consciência.

É aí que o equilíbrio se torna algo positivo. Tomar uma atitude equilibrada diante de mensagens negativas leva a benefícios. Em vez de rejeitar a mensagem ou de nos forçar a ter um pensamento positivo superficial, podemos interferir em nome do equilíbrio.

Intervenções benéficas

- Seja gentil consigo mesmo.
- Leve mais tempo para tomar decisões.
- Exercite a paciência quando tiver recaídas.
- Seja confiante.
- Procure consolo com amigos acolhedores.
- Ofereça paz e conforto a si mesmo.
- Reduza as experiências estressantes.

Todas essas coisas se aplicam à perda de peso, pois carregar peso em excesso é um estado de desequilíbrio do sistema corpo-mente, tanto quanto perder o emprego ou o luto por um ente querido. O corpo não sabe como rotular tais eventos, mas, se soubesse, a sua mensagem sempre seria: "Estou fazendo o possível para recuperar o nosso equilíbrio".

Devemos compreender essa mensagem silenciosa e interferir, oferecendo ao corpo o necessário para que ele se reequilibre. Se considerarmos as intervenções benéficas listadas anteriormente, o oposto delas impede a volta ao equilíbrio.

O que atrapalha os benefícios?

- Ser rígido consigo mesmo.
- Exigir soluções imediatas.

- Considerar-se um fracasso.
- Reprimir sentimentos reais.
- Não ter paciência nem prudência.
- Dar respostas sem refletir.
- A autocrítica.

Eu disse no início que não é preciso fazer análise psicológica para perder peso com a abordagem mente-corpo. E é isso mesmo. Mas é preciso ter consciência. A consciência mais fundamental diz respeito ao equilíbrio – ou estamos equilibrados ou não. Como, por definição, um corpo acima do peso não está equilibrado, cabe a você ajudá-lo a voltar ao equilíbrio tendo pensamentos e atitudes positivos.

Saber que estamos em um processo de cura é uma das maiores satisfações que o tema equilíbrio traz.

HORA DE AGIR:
Desintoxicar sem esforço

Embora o principal objetivo de uma desintoxicação seja eliminar as toxinas, fazer uma desintoxicação leve uma vez por semana auxilia os outros dois temas ao mesmo tempo. Assim, o organismo atinge o equilíbrio sem a costumeira exigência de energia necessária ao processo digestivo. A medicina tradicional de todas as culturas sempre recomendou algum ritual de purificação, e a sabedoria por trás disso é holística: se fazemos um leve regime purificador uma vez por semana, sentimo-nos mais leves em todos os sentidos, bem como nosso humor e pensamentos.

Para se desintoxicar, é fundamental consumir alimentos naturais. Inclua ingredientes com propriedades purificadoras na sua dieta habitual, tais como:

- Couve, repolho e brócolis
- Laranja, limão e grapefruit
- Munguba (fruto da mungubeira)
- Agrião
- Alcachofra
- Aspargo
- Beterraba
- Gengibre
- Alho
- Maçã

- Gergelim
- Amêndoas, castanhas e sementes

Escolha um dia para desintoxicar o organismo. Três grupos alimentares já foram testados e aprovados, fazem parte da minha rotina semanal, sem falta.

Óleos: vários óleos têm um efeito laxativo, mas também são considerados purificadores. Em meu dia de desintoxicação, tomo uma mistura de quatro óleos – de oliva, de gergelim, de linhaça e de prímula –, facilmente encontrados em lojas de produtos naturais. Uso 1 ou 2 colheres de sopa da mistura pela manhã, sozinha ou junto com o café da manhã.

Fibras: os benefícios medicinais das fibras estão bem documentados, em especial como um amortecedor do intestino – moderando os níveis de colesterol, por exemplo, e protegendo as paredes do intestino dos cancerígenos. A fibra natural dos vegetais é melhor para o corpo do que o farelo e outras fibras de grãos (elas podem ter um efeito abrasivo nas paredes do intestino). Eu tomo 2 colheres de sopa de fibra em pó pela manhã, misturadas em água com gás. Algumas variedades deliciosas desse tipo de fibra são vendidas em lojas de produtos naturais.

Sucos: jejuns à base de suco sempre fizeram muito sucesso, mas foram criticados pelo uso excessivo de açúcar. De qualquer modo, não devem durar mais que alguns poucos dias. No meu dia de desintoxicação, só tomo suco de hortaliças, e no fim do dia, um caldo à base de hortaliças, como o minestrone. O suco feito de folhas verdes é especialmente rico em fitonutrientes (mais adiante trataremos disso), que são micronutrientes com propriedades antioxidantes. Sucos de ervas e de brotos germinados têm ainda maior concentração de micronutrientes. É melhor preparar o suco você mesmo ou comprá-lo fresco, feito na hora.

Os sucos de hortaliças, exceto o suco de tomate (que é tecnicamente uma fruta), não têm quase nenhuma caloria, por isso deve-se tomar cuidado para não provocar um choque no organismo ao eliminar subitamente a ingestão de calorias. Já fiz desintoxicações por mais de um dia várias vezes, e não acho difícil aguentar, mas é importante se sentir satisfeito – nada de privação.

Os sucos de fruta não são muito recomendados. Em parte porque ao separar o sumo da fibra da fruta (a polpa da laranja, a casca da maçã), eles ficam reduzidos a puro açúcar. Por possuírem frutose, os sucos de fruta frescos propiciam energia sem pressionar o trato digestivo. Mas precisam ser consumidos com moderação, pois não queremos desequilibrar o nível de insulina com doses de açúcar num estômago vazio. Misturar o suco com fibra, pela manhã, funciona bem. Ao longo do dia, vá tomando o suco diluído em água morna, sempre com moderação.

A minha desintoxicação semanal, baseada em óleos saudáveis, fibras e sucos, acaba sendo o melhor dia da semana. Fico satisfeito ao dedicar uma atenção qualitativa ao meu corpo, ouvindo o que ele tem a dizer. As mensagens de leveza e energia são gratificantes, portanto, não há sentimento de privação.

Se você também deseja fazer isso – como sabe, existem mil programas de desintoxicação, basta uma pesquisa na internet para encontrá-los –, comece com os passos simples já delineados aqui. Depois, veja se outros tipos de desintoxicação funcionam para você. Sintonize-se com o seu organismo. Sofrimento não é purificação; agir com rigidez em relação ao corpo não significa estar sendo cruel agora para depois poder ser gentil – significa apenas crueldade.

Na desintoxicação tradicional há recomendações consagradas:

- O dia de desintoxicação deve ser de descanso. Reservar um tempo para a meditação é ainda melhor.
- Ficar em silêncio durante um dia leva à reflexão e à tranquilidade.
- Pode-se experimentar qualquer tipo de jejum. Um jejum moderado para um homem adulto deve ficar entre 1.000 e 1.500 calorias; para uma mulher adulta, entre 700 e 1.100 calorias. Jejuar também significa passar sem carne e álcool e beber

muita água ao longo do dia. Também é bom monitorar o nível de energia, comendo uma pequena porção caso se sinta apático ou lânguido. (Um desconforto mais sério significa que você deve parar o jejum de imediato.)

- Uma lavagem purificadora também atrai muita gente que busca os mais variados tipos de cura. No Chopra Center usamos ervas específicas e essências de frutas combinadas com *panchakarma*, os cinco métodos aiurvédicos de purificação. O *panchakarma* é feito em consultório, com profissionais especializados. Para muita gente, porém, "fazer uma limpeza" significa fazer uso de um único alimento desintoxicador durante um dia todo ou por vários dias (como a sopa vegetal conhecida como "caldo Bieler"), ou dosando isso com uma mistura de azeite de oliva e suco de limão. Se a sua saúde é boa, uma lavagem purificadora, embora seja algo drástico, pode aumentar a sensação de saúde e de bem-estar. Veja como o seu corpo reage e preste atenção nas mensagens enviadas por ele.

"O QUE DEVO COMER?"

Pontos principais
- Os princípios do aiurveda, a tradicional "ciência da vida" da Índia, propicia uma orientação confiável para a alimentação atual.
- O aiurveda considera o alimento como parte de toda a nossa experiência de vida.
- Segundo essa medicina oriental, existem seis sabores, cada um com um efeito diferente sobre a mente e o corpo.
- Ao conhecer os seis sabores, podemos expandi-los para as emoções e outras áreas da vida.
- O aiurveda respeita as sabedorias do corpo, procurando sinais de desequilíbrio muito antes que os sintomas da doença apareçam.

Desde o início, eu quis mostrar como um livro sobre perda de peso não é o mesmo que um livro sobre regime. As dietas drásticas nunca foram eficientes, e muitas nem fazem bem ao organismo. Mas a palavra "dieta" também tem outro significado: é um modo geral de se alimentar. Os seres humanos são onívoros. Temos a capacidade de digerir quase todos os nutrientes encontrados na natureza. No entanto, essa grande bênção é também uma desvantagem, pois existem muitas possibilidades para encontrar a melhor dieta. O que comer hoje e amanhã e nos próximos anos? Essa pergunta é normal, e tem uma resposta. Mas a resposta na verdade não está em uma lista de compras.

Quando comecei a comer melhor, cheguei a uma filosofia alimentar em que acredito completamente. Para mim, em todas as refeições, a melhor dieta deve:

- Conservar a minha saúde.
- Não contribuir com o processo de envelhecimento.
- Propiciar uma sensação de leveza e energia.
- Revigorar os sentidos.
- Enviar mensagens corretas ao meu corpo.
- Aumentar a sensação de bem-estar.

Já sabemos a importância desses aspectos. Para oferecer o pacote completo, o Chopra Center incentiva o bem-estar vida afora. No conhecimento de ponta da medicina existe a percepção de que as escolhas alimentares podem prevenir doenças e o envelhecimento precoce. Por exemplo, os Centros de Controle de Doenças anunciaram, em 2012, que até dois terços dos tipos de câncer podem ser evitados. Acredita-se que metade deles está relacionada à obesidade. Outro grande segmento está relacionado ao cigarro e a outras toxinas ambientais.

Não existem fórmulas mágicas na área da dieta e do câncer. Não é possível dizer que o alimento A previne um câncer, por duas razões: a interação entre alimento e corpo é extremamente complexa, e as causas de câncer são tão complexas quanto. Existem muitos tipos de câncer, e suas causas envolvem múltiplos fatores. Apenas poucos deles podem ser atribuídos a uma única causa. Se não conhecemos uma causa específica, não é possível dizer o que impede essa causa. De qualquer modo, existe um quadro promissor: a de uma dieta natural livre de toxinas; consumo de alimentos integrais e não industrializados; e a eliminação do excesso de gordura, açúcar e sal por causa da sua conhecida ligação com um amplo leque de transtornos decorrentes do estilo de vida. As doenças cardíacas há muito são consideradas transtornos do estilo de vida, ou seja, uma mudança para um estilo de vida melhor reduz muitíssimo o risco de contrair esse tipo de doença. Parece que o câncer também vai entrar para essa lista. Em outras palavras, podemos ter mais confiança em nós mesmos para conservar a saúde vida afora, com um mínimo de dependência de médicos, remédios e cirurgias. Muito mais que um bom conselho médico, isso há de ser, no final das contas, o melhor regime preventivo que existe.

Vou esboçar aqui como funciona a minha filosofia alimentar.

À maneira aiurvédica

Os princípios que me orientam em todas as refeições estão de acordo com o aiurveda, consagrado sistema medicinal da Índia, que em sânscrito significa "ciência da vida". De propósito, evitei o uso da terminologia aiurvédica neste livro, já que muita gente não tem familiaridade com essa tradição indiana ou acha que é esotérica, de conceituação difícil. Contudo, já que o programa do Chopra Center se baseia no aiurveda, vou explicá-lo em termos comuns, em resposta a qualquer um que faça a seguinte pergunta: "O que devo comer?"

Para começar, o aiurveda trata da experiência pessoal. Enxerga a alimentação como algo não isolado. Uma refeição harmoniosa se encaixa num dia harmonioso. Quando comemos um prato delicioso, não experimentamos conscientemente as 323 calorias, 25 gramas de proteína, 7 gramas de gordura e 40 gramas de carboidratos que ele contém. Em vez disso, vivenciamos com entusiasmo os cinco sentidos e as sensações que o alimento evoca. Ouvimos a sopa borbulhando no fogão e nos sentimos acolhidos. Deliciamo-nos com a textura de uma colher cheia de creme. No aiurveda, a harmonia abrange tudo. Inclui a vibração das cores dos alimentos e o prazer de uma mesa bem-posta. Todas as sensações dizem alguma coisa, e todas as mensagens são recebidas pelas nossas células.

Considerando essa compreensão aiurvédica, no Chopra Center prestamos mais atenção à experiência pessoal do alimentar-se do que a cada valor nutritivo específico. A ciência tratou de dividir os ingredientes nutritivos dos alimentos. Mas o conhecimento deve se converter em experiência e depois em sabedoria aplicada. A tabela nutricional do pacotinho de batata frita oferece o conhecimento. Não comprar o pacotinho de batata frita é uma escolha que nos dá a oportunidade de experimentar algo melhor. A sabedoria aplicada vai mais longe. Consideremos o seguinte versículo bíblico:

"Mais vale um pedaço de pão seco, com tranquilidade, do que um banquete em uma casa com desavença."
(Provérbios 17:1)

Encontramos aqui a sabedoria aplicada. Acho que o aiurveda permite mais coisas assim a quem estiver aberto para a qualidade dessa sabedoria.

Um fragmento de sabedoria aplicada é: "Primeiro, não faça mal", a mesma orientação dada aos médicos no juramento de Hipócrates. O alimento ingerido não deveria interferir no estado de bem-estar natural do corpo. Segundo, devemos consumir alimentos frescos, se possível colhidos no mesmo dia. O paladar consegue perceber a diferença de imediato, e, de acordo com o aiurveda, o resto do organismo também, pois é sobretudo pelo sabor que instintivamente moldamos a nossa dieta.

No Chopra Center recomendamos que sejam excluídos ou reduzidos os seguintes alimentos:

- Congelados
- Sobras

- Artificiais
- De micro-ondas
- Enlatados

No aiurveda, quanto mais fresco o alimento, maior a disponibilidade de força vital, chamada *"prana"*. Esse princípio se aplica a todas as categorias de alimentos, não só às frutas e verduras, mas também às carnes (inclusive peixe), ovos, laticínios e grãos. Embora estimulemos a dieta vegetariana, acreditamos que carne de boa qualidade (como frango e peixe, orgânicos quando possível) e laticínios, ambos com moderação, podem fazer parte de uma dieta equilibrada.

Mais dicas para o máximo de frescor

Escolha frutas e verduras recém-cultivadas na sua região e preparadas logo depois da colheita. São mais saborosas e dizem ao seu corpo que ele vai receber nutrientes da mais alta qualidade. Alimentos armazenados e transportados por longas distâncias têm mais probabilidade de serem afetados pela oxidação. Assim que uma fruta ou verdura é colhida, se inicia o processo de decomposição. Em uma hora, uma banana madura fica marrom, pois as moléculas dos radicais livres esgotam os seus antioxidantes naturais.

Alimentos da época

É melhor consumir frutas e hortaliças da época, pois elas terão sabor e valor nutricional melhores. Se você mora em uma região onde não há produção disponível o ano todo, procure frutas e verduras que irradiem maior força vital. Se parecem frescas e estão cheirosas, é provável que estejam saborosas e contenham ótimos níveis de energia.

Conheça os produtores regionais

Os produtores regionais não só oferecem alimentos mais frescos e orgânicos da estação, mas também ficam em lugares interessantes de conhecer, seja sozinho, com amigos ou familiares. É possível aprender muito sobre os alimentos e seus benefícios conversando com agricultores locais. Além disso, você estará apoiando o pequeno agricultor e a economia local.

Cultive você mesmo

É divertido e prazeroso cultivar as próprias frutas, verduras e ervas. Mesmo num apartamento pequeno, você pode ter um canteiro no peitoril da janela ou numa sacada. Existem muitos livros excelentes sobre jardinagem orgânica – escolha algum que combine com a sua região e clima.

O que significa "natural"?

O termo "natural" precisa de uma breve explicação. Em embalagens, o termo "natural" é uma denominação que pode significar o que o fabricante bem entender. O Ministério da Agricultura dos Estados Unidos (USDA) não tem definições nem regulamentos rígidos em relação ao uso desta palavra em embalagens, exceto nas de carnes. Um potinho de iogurte "natural" pode muito bem conter pesticidas tóxicos, organismos geneticamente modificados (transgênicos), antibióticos e hormônios de crescimento. Por outro lado, o padrão legal para alimentos rotulados "orgânicos", nos Estados Unidos, obedece a regras federais (embora sejam eternas as reclamações sobre inspeções confusas e negligentes). Em geral, escolher alimentos orgânicos frescos garante produtos com altos níveis de pureza e vitalidade. [No Brasil, todo produto orgânico comercializado deve levar o selo do SisOrg – Sistema Brasileiro de Avaliação de Conformidade Orgânica, administrado pelo Ministério da Agricultura, Pecuária e Abastecimento.]

Natural *versus* Orgânico

	Natural	Orgânico
Resíduos de pesticidas e herbicidas tóxicos	permitido	proibido
Transgênicos	permitido	proibido
Antibióticos	permitido	proibido
Hormônios de crescimento	permitido	proibido
Radiação	permitido	proibido
Regulamentação sobre bem-estar animal	não	sim
Níveis baixos de poluição ambiental	não necessariamente	sim
Auditoria da fazenda à mesa	não	sim
Necessidade de certificados, inclusive de inspeções regulares	não	sim
Vacas no pasto durante época de pastagem	não	sim
Restrições legais aos materiais usados	não	sim

Tabela adaptada de www.stonyfield.com/why-organic/organic-vs-natural [em inglês]

A tabela seguinte resume bem o que acabamos de explanar.

Eliminar	Preferir
Alimentos congelados	Alimentos recém-colhidos, sempre que possível
Sobras	Alimentos recém-preparados
Corantes, sabores e aditivos artificiais	Ingredientes 100 por cento naturais
Alimentos para micro-ondas	Alimentos preparados de modo convencional
Alimentos enlatados	Alimentos frescos, quando possível

Alimentos refinados e processados	Frutas, hortaliças e laticínios orgânicos frescos
Alimentos geneticamente modificados (transgênicos)	Alimentos que não foram geneticamente modificados

Meditação para uma alimentação consciente

A fim de extrair o máximo de benefícios do alimento que consumimos, nossa mente deve participar de tudo. Comer com pressa e sem pensar não satisfaz, ao passo que dar toda a atenção a cada mastigada – alimentando-se com consciência – é a maneira de obter satisfação plena. Mastigar um simples pedacinho com toda a concentração é muitíssimo diferente de simplesmente engoli-lo. Algumas pessoas se surpreendem diante de coisas que nunca tinham observado.

A meditação a seguir faz uso do poder da atenção para melhorar a digestão e o metabolismo, além de toda a experiência sensorial do ato de comer.

Deve ser realizada quando você estiver comendo sozinho e sem distrações. Essa técnica demanda desaceleração e intenção deliberada em cada movimento:

1. Comece olhando para a comida e absorvendo-a visualmente.
2. Tome consciência do aroma da comida. Aprecie-o por um instante.
3. Ao se servir, saboreie completamente cada bocado, sem distrações. Observe quais sabores consegue identificar, orientando-se pelos seis sabores do aiurveda (tratados nas páginas 105-119). Aprecie a textura de cada pedaço ao mastigar.

Este exercício de se alimentar com atenção aguça a consciência; não é para ser praticado continuamente. Fazendo isso em uma ou duas refeições por semana, gradualmente transformamos a nossa relação com o alimento, conseguindo um nível mais profundo de nutrição.

Uma palavra sobre inflamação

Pesquisas médicas modernas estudaram a inflamação como uma contribuição importante para muitos tipos de doenças, inclusive o diabetes tipo 2, doenças cardíacas e vários tipos de câncer. É difícil entender as origens de uma inflamação, pois se trata de um processo extremamente necessário e, ao mesmo tempo, prejudicial. A inflamação aguda é a resposta normal do corpo a qualquer ferimento ou ataque por bactéria, vírus ou fungo. Quando se torce o tornozelo, logo começamos a perceber o aquecimento da região, seguido de inchaço, vermelhidão e dor. É o nosso sistema imunológico trabalhando para proteger e curar os tecidos lesionados. A inflamação aguda é temporária, dura apenas alguns dias, no máximo, semanas. Sem ela, os ferimentos e as infecções não sarariam. Mas a febre é uma forma prejudicial de inflamação aguda, assim como a inflamação forte que leva as vítimas de queimaduras ao choque, ameaçando a vida delas.

Nem toda inflamação é aguda: a inflamação crônica é de longo prazo, e pode durar vários meses ou até anos. Em vez de ajudar na cura do corpo, ela exaure as células e os tecidos, e está relacionada a doenças crônicas. No início, poucos sintomas ou nenhum indicam a existência de algum problema. Em geral, quando a pessoa está se sentindo saudável e bem, não há necessidade de uma reação inflamatória, mesmo assim é o que parece acontecer em muitas pessoas. A causa desse estado crônico é complexo e ainda pouco compreendido, mas sempre que o nosso corpo se desequilibra, os tecidos podem se inflamar, sendo a causa mais provável um leve estresse crônico. Excesso de peso, gordura no abdômen e falta de sono também podem contribuir, já que tudo isso está relacionado a hormônios do estresse e desequilíbrios metabólicos. As toxinas dos herbicidas, pesticidas e de vários aditivos químicos também são suspeitas, e levaram alguns pesquisadores a culpar os alimentos muito refinados e processados como fomentadores de inflamações no organismo, sobretudo diante do uso generalizado de hormônios na ração dos animais para apressar a formação dos músculos e aumentar a produção de leite das vacas leiteiras.

Pesquisadores da área médica e nutricionistas também se referem à inflamação crônica quando falam sobre alimentos ou dietas inflamatórios. Alguns alimentos, ao que parece, contribuem para a inflamação crônica, enquanto outros ajudam a reduzi-la. Gorduras trans, sódio e conservantes são fontes potenciais importantes de inflamações crônicas. Alimentos integrais e frescos diminuem a inflamação e propiciam fibras valiosas, que podem amenizar a inflamação.

Em geral, se evitamos congelados, sobras, produtos artificiais, alimentos preparados em micro-ondas e enlatados e damos preferência a alimentos frescos de verdade, estamos oferecendo nutrientes anti-inflamatórios ao organismo.

Os seis sabores das refeições

De acordo com o aiurveda, uma maneira simples de garantir uma alimentação equilibrada é incluir todos os sabores que existem em todas as refeições. Eles são seis: os quatro de sempre – doce, azedo, salgado e amargo – e ainda mais dois, o pungente e o adstringente.

A ampla variedade de alimentos na natureza fornece esses seis sabores. Nos séculos anteriores à nutrição moderna, incluir esses seis sabores em todas as refeições garantia que os principais grupos alimentícios e nutrientes estivessem representados, além de propiciar uma satisfação completa, o que também é importante no aiurveda.

Quando ficamos satisfeitos ao final de uma refeição, é muito menos provável que ataquemos a geladeira duas horas depois com aquela sensação de vazio.

Uma dieta norte-americana típica tende ao predomínio dos três sabores básicos de guloseimas e fast-food: doce, azedo e salgado (os principais sabores do "molho especial" do Big Mac, por exemplo). Sim, precisamos desses sabores, diz o aiurveda, mas em excesso geram vontades e, portanto, desequilíbrio. Para dizer o mínimo, se ficamos apenas no doce, azedo e salgado, excluímos as verduras folhosas, principal fonte do amargo, e a maioria das leguminosas e legumes, que são adstringentes, de acordo com a medicina oriental aiurvédica. No esquema ocidental, esses dois sabores também agem como anti-inflamatórios.

Traduzindo o aiurveda em termos ocidentais, os seis sabores são os códigos que informam o sistema nervoso sobre o conteúdo nutricional de uma refeição. A evolução combinou sabores e benefícios dos alimentos – uma sabedoria milenar da experiência. A sensação de sabor é tão sutil que, ao contrário de mamíferos cuja demanda nutricional pode ser satisfeita com uma pequena série de alimentos (por exemplo, os leões se abastecem de gazelas e outros antílopes), ou até com um único alimento (por exemplo, os coalas comem apenas folhas de eucalipto), os seres humanos acham enjoativo um único sabor o tempo todo – percorremos todos os sabores a fim de obter satisfação.

Vamos considerar os sabores em detalhes. Nem todas as fontes dos seis sabores coincidem exatamente com a nossa percepção normal, embora isso aconteça com a maioria deles. Vamos também mencionar alguns benefícios em potencial para a saúde, mas é preciso fazer uma advertência. Há exaustivas pesquisas em andamento sobre como certos alimentos podem ser eficazes na prevenção de um grande número de transtornos devidos ao estilo de vida, tais como doenças cardíacas, diabetes e câncer. No entanto, o fato de uma pesquisa médica isolar um composto promissor não deveria ser considerado uma prova positiva de que vamos receber um benefício importante, nem as alegações tradicionais do aiurveda podem substituir estudos cuidadosamente controlados. O importante é o efeito holístico de uma dieta natural, na qual todos os componentes benéficos dos alimentos entram em ação. A medicina moderna, em convergência com o aiurveda, reconhece que as causas das doenças crônicas estão relacionadas umas com as outras; portanto, depois de décadas em busca da fórmula mágica, é maior o respeito pelas soluções holísticas.

Doce

Fontes: grãos, cereais, pão, massa, frutas secas, leite, laticínios e óleos são classificados como alimentos doces, juntamente com todos os peixes, aves e outras carnes. Além das frutas maduras, existem hortaliças doces, inclusive o tomate (tecnicamente uma fruta), ervilhas, milho, inhame e batata-doce.

No aiurveda, os alimentos que oferecem o sabor adocicado são considerados os mais nutritivos, ricos em carboidratos, proteínas e gorduras. Alimentos com amido, sem adição de açúcar, também pertencem à categoria dos doces, pois a ação da saliva os converte em açúcar. (O açúcar refinado e processado e o xarope de milho não eram conhecidos na Índia quando o aiurveda se estabeleceu.) Se analisarmos uma nota de compras na saída do supermercado, é provável que reconheçamos o grande consumo de alimentos dessa categoria de sabor mais do que qualquer outra. O açúcar adicionado aos alimentos e guloseimas industrializados reforça o sabor doce além dos limites saudáveis, como já foi confirmado pelos nutricionistas. Como a categoria dos doces abrange uma ampla gama de substâncias comestíveis, dos mais diversos doces à quinoa, é importante saber que no Chopra Center jamais nos referimos ao açúcar refinado como fonte do sabor doce. Todos os sabores deveriam ser equilibrados e nutritivos; as calorias vazias estão longe disso. Em geral, recomendamos:

- Preferir alimentos ricos em carboidratos complexos, incluindo pelo menos cinco porções diárias de hortaliças. Uma porção de hortaliças significa ½ xícara de qualquer legume cozido ou 1 xícara da maior parte dos verdes. Devemos escolher entre uma ampla variedade de hortaliças verdes e amarelas.
- Reduzir o consumo de todos os alimentos à base de farinha. A ação do fermento nos pães transforma amido em açúcar. Atenção: mesmo que o pão tenha o rótulo de "farinha integral" ou "grão integral", é em geral feito de grãos que fo-

ram transformados em farinha, e não de grãos inteiros ou quebrados. Por isso, em termos de taxa de glicemia, a maior parte dos pães de farinha integral se classifica como os pães brancos (ou seja, o carboidrato deles não é mais do tipo complexo, mas simples, elevando a taxa de insulina e de açúcar no sangue). Em vez de comer pão, devemos priorizar grãos em seu estado natural, como a quinoa, o arroz integral, o painço e os grãos de trigo. No final deste livro, apresentamos várias receitas deliciosas com alguns desses ingredientes.

- Quando desejamos alguma coisa realmente doce, melhor que o açúcar seja o mais complexo possível, ou seja, sobremesas feitas com frutas integrais ou a própria fruta. Frutas enlatadas na calda, assim como sucos de frutas, não são recomendados – esse açúcar é simples ou foi separado da casca e de outras fibras. Não devemos passar de duas ou três porções de fruta por dia. Uma maçã, pêssego, pera ou banana; meia xícara de frutinhas vermelhas; ou metade de um pequeno cantalupo (variedade de melão) são exemplos de uma porção de fruta.
- Em vez de carne ou aves, devemos preferir fontes vegetais de proteína, inclusive leguminosas, legumes, sementes e frutas secas. Embora com alto teor de gordura, a maior parte é gordura poli-insaturada ou monoinsaturada, que é melhor do que a gordura saturada encontrada nos produtos de origem animal. Devemos eliminar da dieta as gorduras hidrogenadas e trans, originadas a partir de um processo químico que transforma óleos líquidos em gorduras sólidas. As oleaginosas (nozes, amêndoas etc.) contêm muitos fitonutrientes benéficos (dos quais trataremos adiante em mais detalhes) e demonstraram ter níveis baixos de colesterol.
- Devemos preferir laticínios frescos e orgânicos. Embora existam controvérsias sobre os benefícios dos laticínios para a saúde, no Chopra Center defendemos que, a menos que alguém tenha alergia, o consumo moderado de laticínios desnatados tem como efeito equilibrar e realçar a sensação dos seis sabores.

- Se a pessoa não é vegetariana, deve diminuir o consumo de carne vermelha, preferindo os peixes de água fria e aves magras. Devemos lembrar das esclarecedoras descobertas de 2013, sobre os benefícios da dieta mediterrânea na redução de doenças cardíacas e derrames. Esse estudo feito na Espanha e amplamente divulgado não afirma que a dieta mediterrânea reverta a doença cardíaca, mas que é considerável a diminuição de incidências de ataques cardíacos e derrames se comparados com o grupo controle que simplesmente reduziu o consumo de calorias. A dieta mediterrânea é rica em peixes, oleaginosas, frutas frescas, hortaliças e azeite de oliva, com menos manteiga, queijo e carne vermelha em comparação à dieta ocidental média.
- Preferir gorduras e óleos derivados de fontes vegetais e peixe. O óleo de cozinha deve ser monoinsaturado, como o azeite de oliva, ou poli-insaturado, como o de canola, girassol ou açafrão. Uma pequena quantidade de manteiga (menos de 1 colher de sopa por dia) acrescenta sabor doce com uma dose de colesterol aceitável.

Ajuda para formiguinhas

Entre todos os sabores, a maior ansiedade das pessoas é pelo doce. Talvez porque o adocicado tem um efeito calmante, levando-nos de volta ao peito materno. Se alguém é apaixonado por doces, deve fazer uma dieta bastante equilibrada, incluindo os seis sabores preparados de maneiras deliciosas. A completude é satisfatória em si, muito mais que uma dose de açúcar.

Se a pessoa consome os seis sabores todos os dias e ainda anseia por doce, deve reconhecer que esse desejo exagerado vem de um condicionamento sobretudo social e quase todo da infância. Ela não deve se exigir muito enquanto muda esse hábito antigo. Não deve ficar fanática e querer eliminar o consumo de açúcar refinado de uma vez – cortar os quilos de açúcar branco que em geral fazem parte da maioria das dietas já é uma conquista, mesmo sem chegar à total abstinência dele. Como provavelmente todo mundo já experimentou, sempre que reprimimos um desejo para tentar ter a alimentação mais natural possível, a recaída é inevitável.

Um alimento que ajuda a diminuir a ansiedade por açúcar é o leite. Ele tem o sabor adocicado e tem um efeito tranquilizador sobre a fisiologia dos adultos, não apenas das crianças. Se alguém sempre anseia por doces e não é vegano, pode experimentar uma xícara de leite morno, talvez no café da manhã. O mel também pode reduzir essa ansiedade por doce. Pode-se usar uma xícara de água quente com uma colher de chá de mel e acrescentar gotas de limão.

Dicas para o desejo por açúcar

Se você tem desejos incontroláveis por açúcar, pode tentar algumas destas estratégias:

- Não consuma guloseimas adocicadas (refrigerantes, bolinhos ou barras de chocolate) isoladamente. Uma dose de açúcar faz a gente querer ainda mais, além de ter efeitos drásticos sobre a insulina e o nível de açúcar no sangue. Espere até o almoço ou o jantar, quando os outros grupos de alimentos podem amenizar os efeitos do açúcar.
- Tente se desligar do açúcar. Para beliscar, fatie uma maçã ou outra fruta qualquer e polvilhe com uma colherzinha de açúcar ou mel. Isso oferece um intenso sabor açucarado, mas a quantidade real de açúcar ingerido é mínima, e a fruta natural vai ajudar a amenizar o efeito.
- Não use adoçantes artificiais. A gente acha que está enganando o corpo com um refrigerante diet, mas só o sabor doce já é o suficiente para alterar o açúcar do sangue e para alimentar a vontade de mais sabor doce.
- Espere dez minutos antes de pedir uma sobremesa num restaurante. Tome uma xícara de café ou chá ou se distraia com

uma boa conversa. Dar a oportunidade de o corpo registrar que não está com fome é meio caminho andado para baixar essa ansiedade por açúcar.
- Antes de se dar uma dose de açúcar, pare, feche os olhos e espere um instante. Pergunte-se se quer mesmo fazer essa escolha. Se não, essa ansiedade muitas vezes passa naturalmente. Mesmo que você se dê essa dose, deve continuar repetindo esse exercício. Quanto mais chances nos dermos para tomar a decisão certa, maior a taxa de êxito.

Se comermos com moderação, com consciência, não vamos abandonar as melhores intenções e nos flagrar devorando uma caixa de biscoitos. Apresentamos algumas receitas de sobremesa no final do livro. Se nos restringimos a comer sobremesa uma ou duas vezes por semana, o nosso organismo logo volta a um estado de equilíbrio. De qualquer modo, o doce deve ter sabor de prazer, sem carregar a culpa junto.

Azedo

Fontes: alimentos como queijo feta e vinagre trazem o sabor azedo. As melhores fontes são as frutas frescas, como maçã, damasco, morango, cereja, mirtilo, framboesa, grapefruit, uva, limão, laranja, abacaxi e tomate. O iogurte orgânico é uma boa fonte de sabor azedo e oferece bactérias acidófilas, que são úteis para equilibrar o trato digestivo.

O sabor azedo resulta da ação química de ácidos orgânicos nas papilas gustativas. Todos os ácidos são sentidos como azedos, inclusive o ácido cítrico, o ascórbico (vitamina C) e o acético (vinagre). Uma pequena dose de sabor azedo desperta o apetite e estimula a digestão. Pode também diminuir o vazio do estômago, reduzindo o efeito dos carboidratos de estimular a insulina.

O aiurveda considera que a fermentação tem efeitos maléficos sobre o corpo, portanto não recomenda que se obtenha o sabor azedo a partir de vinagres e queijos curados. É aconselhável diminuir o consumo desses queijos porque em geral têm taxas altas de colesterol e calorias. Os queijos frescos são mais aceitáveis, embora os industrializados talvez usem químicas para separar o coalho e o soro. O processo caseiro aposta no suco de limão ou numa pequena quantidade de vinagre.

As frutas de sabor azedo são associadas a poderosos benefícios para a saúde. São em geral excelentes fontes de vitamina C e flavonoides, que nos protegem de doenças cardíacas e câncer, de acordo com alguns estudos. Oferecem fibras solúveis, que reduzem as chances tanto de doenças coronarianas quanto de diabetes. Muitos condimentos fermentados, como picles, azeitonas e chutneys, também apresentam sabor azedo. Embora ajudem a estimular a digestão, é melhor consumi-los em quantidades pequenas. Obtenha a maior parte de suas porções de azedo preferindo mais frutas ácidas e menos molhos de salada e alimentos fermentados ou picles.

Salgado

Fontes: além do sal de mesa comum, o sabor salgado está presente no peixe, no shoyu, no molho tamari, nas algas marinhas e nas carnes embutidas ou defumadas, como bacon, linguiças e presunto.

Assim como o sabor doce, o sabor salgado é necessário com moderação e perigoso se levado a extremos. Esse sabor é o dos minerais que produzem íons na língua. Esses sais minerais, que refletem a nossa herança marinha de bilhões de anos atrás, são fundamentais para o equilíbrio químico do organismo. Essencialmente, somos um oceano ambulante, mas um século atrás consumíamos um terço do sal que em geral consumimos hoje em dia. Os alimentos industrializados e com conservantes normalmente têm alto teor de sódio. Somando-se aos enlatados, fast-food, queijos e condimentos, temos as principais fontes de sódio da nossa dieta.

No aiurveda, o sabor salgado propicia a digestão, é levemente laxante e também tem um efeito ligeiramente relaxante. Sal em demasia pode levar à retenção de líquido e desempenhar um pequeno papel no desenvolvimento da osteoporose. Em termos médicos, a preocupação com o sal está relacionada principalmente à pressão alta, mas não existe um teste fácil para sabermos se somos sensíveis ao sal. Os rins são responsáveis por eliminar o excesso de sal do organismo, e em geral são confiáveis. Porém, à medida que envelhecemos, ou se os rins entram em declínio por alguma outra razão, o sal se torna mais perigoso. A quantidade de sal que o organismo realmente necessita é muito pequena, cerca de 0,5 gramas, ou menos de ½ colher de chá. Podemos usar um pouco do sal de mesa a gosto, mas quase ninguém corre risco com menos sal na dieta. O jeito mais prudente é continuar reduzindo o consumo de sal constantemente até atingir um mínimo confortável. Se reduzimos o sal gradualmente, nos surpreendemos com a facilidade de as papilas gustativas se adaptarem ao menor sinal de sal.

Amargo

Fontes: hortaliças verdes e amarelas são a principal fonte do sabor amargo, inclusive as folhas verdes das saladas (chicória, rúcula e endívia); e o amargor menos pronunciado do pimentão, brócolis, salsão, acelga, berinjela, espinafre e abobrinha. Muitas ervas também apresentam o sabor amargo e elementos vantajosos numa refeição equilibrada. Camomila, coentro, cominho, endro, feno-grego, alcaçuz, ruibarbo, alecrim, açafrão, sálvia, estragão e cúrcuma são exemplos de ervas culinárias e condimentos que contêm o sabor amargo.

O sabor amargo reprime o apetite e tem um efeito calmante. Combinado com o doce, como na água tônica, ele esfria o organismo no calor do dia. Equilibra o efeito de saturação do excesso de doce e a tendência que os alimentos salgados têm de nos fazer comer em excesso. Pequenas quantidades de sabor amargo realçam os outros sabores da refeição. Além disso, o amargo pode ser usado estrategicamente. Se comermos folhas amargas em uma salada ao final de uma refeição, o apetite vai diminuir e com ele o desejo de uma sobremesa.

O amargo espelha os muitos fitoquímicos (do latim *phyto*, planta) naturais contidos nos vegetais. Além de normalmente serem saudáveis, o aiurveda acredita que combatem o envelhecimento precoce. Por exemplo, o brócolis e a couve-flor são ricos em fitoquímicos conhecidos como isotiocianatos, que parecem desempenhar algum papel na prevenção de câncer e de doenças cardíacas. O aspargo, o pimentão verde e o repolho são ricos em outros flavonoides que podem proteger o organismo de danos genéticos, combater infecções e até reduzir o risco de perda de memória.

Além de dietéticas, a maior parte das ervas medicinais, como a babosa, erva-de-são-cristóvão, equinácea, genciana, hidraste, alcaçuz, passiflora, escutelária e erva-de-são-joão, é predominantemente amarga devido a altas concentrações de fitoquímicos.

Pungente

Fontes: a pungência é o sabor picante encontrado em várias ervas e condimentos, e também na pimenta, cebola, alho, gengibre, rabanete, mostarda e salsão. É também encontrada em ervas pungentes não consideradas tão picantes, como hortelã, manjericão, tomilho e alecrim.

A pungência, que descrevemos como picante ou condimentado, em geral vem de óleos essenciais, que são antioxidantes naturais. Na verdade, sua habilidade de neutralizar os radicais livres causadores de deterioração talvez explique por que os condimentos eram comumente usados para conservar os alimentos antes da invenção da geladeira. O aiurveda também considera antibacterianas as substâncias químicas naturais dos condimentos picantes.

Algumas pesquisas indicam que os compostos naturais presentes na família da cebola, inclusive no alho-poró, na cebolinha e no alho, podem baixar os níveis de colesterol e a pressão sanguínea. Outras pesquisas apontam que esses alimentos pungentes protegem o organismo de elementos cancerígenos presentes no ambiente. E, por abrir as vias respiratórias, as pimentas às vezes são recomendadas para problemas respiratórios e para limpar os seios da face. Deixando de lado qualquer possível benefício para a saúde, no aiurveda, o principal encanto das ervas e condimentos é que eles transformam o ato de comer em uma experiência mais variada e colorida. A pungência é o mais estimulante dos seis sabores. Nos países tropicais, a gastronomia conta com esse sabor para animar e energizar as pessoas, contrapondo-se ao efeito letárgico de um longo dia de calor.

Adstringente

Fontes: o sabor seco e um tanto ácido dos alimentos adstringentes é mais familiar de bebidas como o chá e o café. As principais fontes são todos os tipos de leguminosas, como a soja, a lentilha, ervilha, grão-de-bico. Porém, uma leve adstringência está presente em muitas frutas e hortaliças, como a maçã verde, alcachofra, aspargo, pimentão, salsão, cereja, mirtilo, pepino, figo, limão, cogumelos, romã, caqui, batata e espinafre. O centeio e o leitelho são bastante adstringentes.

O sexto sabor, o adstringente, é o menos conhecido do paladar ocidental, mesmo sendo o mais predominante nos chás. De acordo com o aiurveda, os alimentos adstringentes expandem o efeito seco, concentrado e ácido por todo o organismo. Embora a medicina tradicional não classifique as propriedades adstringentes como sabor (a língua não tem papilas gustativas específicas nem para a pungência nem para a adstringência), o aiurverda considera que a química natural que produz adstringência oferece benefícios para a saúde: ajuda a regular a digestão (combatendo a diarreia, por exemplo) e reforça a cicatrização de ferimentos. As leguminosas adstringentes são ricas em carboidratos complexos, proteína vegetal e fibras solúveis e insolúveis.

Boas notícias para os amantes do café

Durante muitos anos, as pessoas que adoram uma xícara de café forte recém-preparado sentiram-se culpadas por seus malefícios para a saúde. Um substancioso número de pesquisas, no entanto, sugere que beber entre três e cinco xícaras de café por dia tem o potencial de prevenir uma ampla gama de doenças, como diabetes tipo 2, doença de Parkinson, doença de Alzheimer, câncer e doenças cardiovasculares.

Embora os pesquisadores ainda estejam trabalhando para descobrir por que o café traz tantos benefícios, já sabem que ele contém poderosos antioxidantes que ajudam a evitar que radicais livres causem danos aos tecidos do organismo. O café também contém traços de minerais como magnésio e cromo, que fazem o organismo produzir insulina, regulando assim o açúcar do sangue.

Dando preferência ao café orgânico, não ingerimos pesticidas nem outras toxinas que contribuem para anular os benefícios dessa saborosa bebida matinal. Além disso, devemos evitar adoçantes artificiais, como a sacarina, o aspartame ou a sucralose, pois contêm substâncias químicas tóxicas ao organismo, de acordo com o aiurveda.

E o álcool?

Embora algumas bebidas alcoólicas, como o vinho tinto, tenham propriedades antioxidantes, o aiurveda considera que os efeitos negativos do consumo de álcool excedem qualquer benefício que ele possa ter para a saúde. Em primeiro lugar, o álcool tem altos níveis de açúcar e calorias, oferecendo relativamente poucos nutrientes (nenhum em sua forma pura, como na vodca). Uma caneca de cerveja ou 230 ml de vinho apresentam 200 calorias; 30 ml de licor destilado têm cerca de 80 calorias. As calorias do álcool contribuem facilmente para o ganho de peso e a obesidade. Quando consumido em excesso, também tem o potencial de prejudicar todos os sistemas do organismo, inclusive o sistema nervoso central, o fígado e o trato digestivo.

Mesmo consumido com moderação, o álcool interfere na qualidade do sono de algumas pessoas. Quando não dormimos o suficiente, nosso organismo diminui a produção do hormônio leptina, que gera uma menor satisfação quando nos alimentamos. Ao mesmo tempo, a falta de sono dispara um aumento da produção do hormônio grelina, estimulando o apetite e nos levando a comer mais. Esse desequilíbrio contribui com o aumento de peso.

O terceiro argumento contra o álcool é que ele enfraquece a consciência. E este livro vem estimulando constantemente a descoberta da consciência para expandi-la em busca de mais alegria, equilíbrio e bem-estar.

O álcool é o oposto dessa intenção, pois entorpece as emoções, esgota a energia e diminui a clareza mental.

Reconheço que, apesar dessas advertências, beber faz parte da vida cotidiana de milhares de pessoas. Beber suaviza as relações sociais, complementa as refeições nos restaurantes e, ao término de um dia difícil, é a automedicação escolhida. Se desejamos beber, o melhor jeito é nos limitarmos a uma taça de vinho ou um equivalente – um coquetel, uma latinha de cerveja – e acompanhar a bebida com algum alimento. O nosso organismo vai agradecer se esse consumo não for diário. Apesar da tradicional tolerância médica com "beber um pouquinho", não se iluda: aqui você está descobrindo como melhorar sua saúde e bem-estar. Como é comprovado que o álcool desempenha um papel na formação de doenças, há grandes chances de que ele não faça parte de nenhum programa para melhorar a saúde.

Resumindo os seis sabores

A fim de incluir os seis sabores em todas as refeições, é preciso experimentar alimentos diferentes e novos temperos. As receitas apresentadas ao final deste livro oferecem uma variedade de paladares inspiradores. Se for difícil incluir os seis sabores em uma determinada refeição, é aconselhável pelo menos tentar provar cada um deles ao longo do dia. Depois de começar a fazer isso, fica cada vez mais fácil incorporá-los à dieta.

Sabor	Fontes alimentares	Principais componentes	Efeito na fisiologia do corpo e da mente
Doce	*Prefira*: grãos integrais, frutas, hortaliças com amido e laticínios orgânicos com baixo teor de gordura *Reduza*: carne (inclusive frango e peixe), melado e mel *Elimine*: açúcar, grãos, massa e arroz refinados	Carboidratos, proteína e gordura	Tem efeito calmante sobre o organismo; traz satisfação e forma massa muscular
Azedo	*Prefira*: frutas cítricas, frutas vermelhas e tomates *Reduza*: picles, alimentos fermentados e álcool	Ácidos orgânicos: ácido ascórbico, ácido cítrico e ácido acético	Estimula o apetite e ajuda a digestão (mas pode irritar o estômago para quem sofre de azia)
Salgado	Não se preocupe em consumir alimentos salgados, pois o sal está presente em muitos dos alimentos que consumimos *Reduza*: alimentos muito salgados, como batatas fritas, salgadinhos, carnes salgadas e molho de tomate pronto	Sais minerais	Reforça o apetite e acentua os outros sabores; o excesso de sal, porém, embota o paladar

Amargo	*Prefira*: todas as hortaliças verdes e amarelas	Alcaloides ou glicosídeos	Desintoxica o organismo; o consumo excessivo pode causar gases ou indigestão
Pungente	*Prefira*: porções pequenas de alimentos picantes, como cebola, alho, pimenta-de-caiena, pimenta-do-reino, cravo-da-índia, gengibre e mostarda	Óleos essenciais	Propicia o suor e limpa os seios da face; estimula o metabolismo
Adstringente	*Prefira*: lentilhas, ervilhas, maçã verde, cereja, figo, chá verde, romã	Taninos	Provoca ressecamento e sensação de peso no organismo; regula a digestão e ajuda na cicatrização

A expansão dos sabores

Nasci na Índia, logo depois que o país conquistou a independência dos britânicos, em 1945. Os meus pais tinham um imenso orgulho de fazer parte dessa nova geração, mas ainda se voltavam para o Ocidente. O meu pai, também médico, não tinha paciência alguma com a medicina tradicional indiana. Para ele, o aiurveda pertencia a um mundo de curandeiros de vilarejos, que receitavam remédios caseiros, algo superado pela avançada medicina ocidental.

Meu irmão Sanjiv e eu seguimos os passos dele, e ambos nos tornamos médicos em Boston, nos Estados Unidos. Tive que mudar muito meu jeito de ser, tanto social quanto pessoalmente, para o aiurveda me tocar. Quando por fim isso ocorreu, reconheci não apenas um sistema medicinal, mas um modo de vida milenar que oferecia ao ser humano um lugar harmonioso e holístico na natureza. Nele, o corpo não era visto como uma máquina que, ao quebrar, é levada ao médico para fazer reparos específicos. Era um espelho do cosmos, e seu ritmo estaria relacionado às estrelas e às marés; as células plenas de inteligência, com o propósito de fazer da existência diária algo prazeroso e produtivo.

De acordo com esse modo de vida chamado aiurveda, sintonizar-se com o corpo não é uma escolha acidental – é um vínculo com a mais profunda inteligência da natureza. Dito assim, "sintonizar" parece genérico e amorfo demais, parece não passar de verificar se alguma parte do seu corpo dói. Mas no aiurveda sintonia é algo bem específico. Os seis sabores demonstram como o conhecimento aiurvédico é preciso, e eles são apenas uma frequência, por assim dizer, do sistema de mensagens do organismo. O aiurveda trata da troca entre a mente e o corpo, antecipando-se em séculos ao entendimento moderno sobre o ciclo de *feedback*. Depois de mapear o sistema de mensagens do organismo em detalhes, esses sábios orientais delinearam um modo de vida que serve para qualquer lugar. Vou apresentar um panorama mais amplo do alcance desses seis sabores.

Sabores da emoção

O aiurveda afirma que as emoções são uma parte crucial da conversa entre a mente e o corpo. Os seis sabores não se restringem aos alimentos – são considerados parte da consciência que descreve nossos sentimentos. Em um nível profundo, reconhecemos essa relação porque todos os idiomas usam metáforas de sabor para descrever sentimentos. Um exemplo disso são expressões como "doces sonhos", "pessoa amarga", "conversa picante" e "cara azeda".

Assim como é importante incluir os seis sabores nas refeições, o nosso cérebro reage a todos os sabores da vida, e mesmo que a amargura e a acidez não sejam compreendidas como emoções positivas, os seres humanos se desenvolveram com um desejo de experimentar o máximo da vida – degustamos o doce junto com o amargo. O drama da vida é encenado por opostos. Se alguém é doce o tempo todo, o efeito é de enjoamento, como aconteceria se tomássemos sorvete o dia inteiro. Um toque de acidez acrescenta profundidade, porém em excesso parece afetação. Não devemos realçar demais nenhum sabor emocional, mas, pelo mesmo motivo, não devemos negligenciar nenhum inteiramente. Cada sabor tem um lugar no metabolismo da experiência, e cultivar o equilíbrio de todos eles enriquece a vivência pessoal.

Emoções: os sabores da vida

Sabor	Equilibrado	Desequilibrado
Doce	Alentador	Enjoado
Azedo	Estimulante	Cáustico
Salgado	Vigoroso	Exasperado
Amargo	Energizante	Ressentido
Pungente	Apaixonante	Hostil
Adstringente	Espirituoso	Cínico

O arco-íris de cores dos alimentos

Além de incluir os seis sabores em todas as refeições, encher o prato com as cores do arco-íris propicia uma aparência atraente. O que agrada aos olhos agrada ao corpo todo. Vamos fechar os olhos e imaginar que estamos numa ensolarada praia do Caribe. Junto ao azul brilhante da água foi organizado um piquenique exótico na areia. Em vez de porcelana, temos folhas de bananeira. A refeição é um banquete para os olhos: peixe grelhado com brilhantes mangas alaranjadas, um cheiroso arroz branco com raspas de coco e um belo melão cor-de-rosa com gomos de limão. Ao imaginarmos esta refeição, é provável que o nosso paladar seja estimulado pelas imagens e que a expectativa seja de uma experiência feliz. Essas mensagens percorrem todo o organismo.

Podemos criar essas mesmas imagens em tempo real, com comida de verdade. Bastam alguns minutos para acrescentar cores vibrantes a uma refeição com salsinha, hortelã e outras ervas, um gomo de limão-taiti ou siciliano e/ou um bocadinho de chutney – os restaurantes se dedicam para fazer a apresentação do prato valer tanto quanto o sabor. O aiurveda considera as cores como um sabor em si. Imagine um prato de porcelana repleto de peixe cozido no vapor, couve-flor e arroz. O fato de as cores serem claras causa a impressão de uma refeição insossa, mesmo que os sabores sejam variados. Isolada, porém, a cor branca é a cor da pureza. A chave é oferecê-la combinada com outras cores.

Seguem aqui algumas sugestões para acrescentar vibração à paleta de cores de suas refeições. De acordo com o aiurveda, um espectro ideal incluiria todas as cores.

Cor	Alimentos
Vermelho	Framboesa, maçã, cereja, morango, romã, tomate, melancia, grapefruit rosa, pimentão vermelho, pimenta malagueta
Laranja	Laranja, melão, manga, damasco, batata-doce, cenoura, abóbora, caju, cajá, acerola, pitanga, mexerica
Amarelo	Limão, banana, abacaxi, pêssego, maracujá, milho, abóbora amarela, pimentão amarelo

Verde	Kiwi, maçã verde, limão, uva verde, espinafre, alface, acelga, rúcula, couve, brócolis, alcachofra, aspargo, salsão, abacate, abobrinha, couve-de-bruxelas, ervilha, agrião, escarola, pepino
Azul e roxo	Uva roxa, repolho roxo, beterraba, berinjela, ameixa, mirtilo, açaí, jabuticaba, amora
Branco	Pera, coco, cebola, alho, couve-flor, inhame, nabo, alho-poró, mandioca, tapioca, graviola, arroz

O aiurveda também enxerga aqui uma relação nutricional. Os alimentos com cores fortes e vivas são líderes em antioxidantes e os derivados de plantas contêm muitos fitonutrientes, que reforçam a imunidade maximizando a saúde. As melhores pesquisas atuais sugerem que os alimentos mais medicinais são aqueles que contêm concentrações de compostos vegetais, responsáveis pelo sabor e pela cor. Os seis sabores estão bem coordenados com esses compostos.

A desvantagem em dividir os componentes nutricionais em químicos é que nós não experimentamos realmente os fitonutrientes. É pouco provável que alguém diga a um amigo: "Acabei de comer um delicioso licopeno no almoço" ou "Esse foi o melhor flavonoide que já experimentei!". Estou incluindo aqui essas informações sobre os fitonutrientes porque conhecimento é poder, mas é melhor nos concentrarmos em fazer das refeições uma experiência enriquecedora. Ao apreciar os prazeres sensoriais de uma alimentação consciente, nutrimos de modo muito mais completo o organismo do que qualquer tabela de valores nutricionais jamais descreveria.

A seguir, veja alguns dos fitonutrientes contidos nas frutas frescas, hortaliças, condimentos e ervas que reforçam a saúde.

Fitoquímicos	Ação	Fonte	Sabor
Flavonoides	Antioxidante, anticancerígena, protege de doenças cardíacas	Cebola, brócolis, uva roxa, maçã, cereja, frutas cítricas, tomate, frutas vermelhas	Azedo, pungente, doce
Compostos fenólicos	Antioxidante, inibe alterações cancerosas	Frutas secas, frutas vermelhas, chá verde	Adstringente, azedo, doce
Sulfetos	Antioxidante, anticarcinogênica, inibe a coagulação sanguínea	Alho, cebola, cebolinha	Pungente
Licopenos	Antioxidante, anticarcinogênica	Tomate, grapefruit rosa	Azedo
Isotiocianatos	Inibe o desenvolvimento de câncer	Brócolis, repolho, couve-flor	Adstringente
Isoflavonas	Bloqueia o câncer estimulado por hormônios, baixa o nível de colesterol	Soja e derivados, grão-de-bico, feijão-carioca	Doce, adstringente
Antocianinas	Antioxidante, baixa o colesterol, estimula a imunidade	Frutas vermelhas, cereja, uva, groselha	Doce, azedo
Terpenoides	Antioxidante, antibacteriana, previne úlcera do estômago	Pimenta, canela, salsão, alecrim, tomilho, cúrcuma	Pungente, amargo
Ligninas	Anticancerígena, baixa o nível de colesterol e a pressão sanguínea	Linhaça, gergelim, farelo de trigo e azeitonas	Adstringente, doce

Coumestans	Anticancerígena	Cravo, alfafa, brotos de soja, lentilha, feijão--carioca	Amargo, adstringente
Ftalida	Anticancerígena, baixa o nível de colesterol e a pressão sanguínea	Salsão, salsinha, cenoura, inhame e erva-doce	Adstringente, amargo, doce

Condimentos do bem-estar

Antes que os farmacêuticos entrassem em cena, a medicina tradicional se baseava nas propriedades naturais das ervas, especiarias e em outros produtos naturais. O aiurveda não é uma exceção, e pesquisas desenvolvidas, principalmente na Índia, continuam a explorar esses remédios. As propriedades medicinais da maioria dos medicamentos não podem ser identificadas previamente com análises químicas grosseiras, então as empresas farmacêuticas ainda esquadrinham a caixa de remédios naturais a fim de encontrar novas curas.

A preocupação deste livro não é com medicamentos, mas, já que o aiurveda é holístico, muitos alimentos recomendados têm propriedades curativas. A seguir, apresentamos os benefícios de algumas especiarias de sabores fortes para a manutenção do bem-estar. As especiarias têm aromas intensos, portanto enviam mensagens fortes ao organismo (sem acrescentar calorias). Embora os pesquisadores tenham isolado os princípios ativos de algumas ervas e especiarias, disponibilizando-os em cápsulas, eles foram despojados de sua condição natural. É definitivamente mais agradável usufruí-los em sua forma natural, preparados com condimentos e ervas frescas.

Observação: os benefícios de cada condimento mencionado a seguir fazem parte da tradição aiurvédica; não há nenhuma pretensão médica. No Chopra Center o objetivo é criar bem-estar. Diante de sintomas de doenças, que o aiurveda considera como um estágio avançado de desequilíbrio, a medicina ocidental é na maioria das vezes mais eficaz, pois é especializada no período depois da erupção da doença. O aiurveda é especializado na manutenção de um equilíbrio de bem-estar prolongado, uma abordagem diferente da medicina ocidental.

Gengibre

O gengibre é uma especiaria pungente e aromática que há muito vem sendo empregada em processos de cura tradicionais para melhorar a digestão e aliviar a náusea, gases intestinais e cólicas menstruais. O aiurveda recomenda o uso da raiz fresca em vez do gengibre em pó. Os pesquisadores descobriram que o gengibre possui fitonutrientes anti-inflamatórios conhecidos como "gingeróis", bem como poderosos antioxidantes e propriedades antibacterianas. Seguem aqui algumas das novas descobertas sobre os potenciais benefícios do gengibre:

- Consumi-lo com regularidade reduz o nível de dor e inchaço em pessoas com osteoartrite ou artrite reumatoide.
- Pesquisas apontam que o gengibre possui um componente específico que pode estar ligado aos receptores de serotonina do cérebro, que ajudam a aliviar a ansiedade.
- O gengibre é eficaz na prevenção dos sintomas de enjoos, inclusive náusea, tontura e vômito.
- Pequenas doses ajudam a aliviar os enjoos e os vômitos em gestantes, sem os efeitos colaterais dos remédios para enjoo.
- Estudos sugerem que o gengibre também ajuda a estabilizar o metabolismo, inclusive reduzindo o risco de diabetes.
- O gengibre pode inibir o crescimento de alguns tipos de células cancerígenas humanas, inclusive células do câncer colorretal.

Há muitas maneiras de apreciar o gengibre, e eu incluí neste livro receitas de chá de gengibre e outros pratos. É melhor usá-lo fresco do que em forma de pó – ele terá um sabor superior e maiores níveis de gingeróis e outros compostos anti-inflamatórios. Ao fazer uso do gengibre seco, devemos preferir o produto cultivado organicamente, que não recebeu radiação.

Outra dica do aiurveda: devemos beber chá de gengibre ou água morna antes das refeições. Isso melhora a digestão e diminui a tendência a comer demais.

Cúrcuma

No aiurveda, este lindo condimento amarelo é um remédio. Para começo de conversa, pesquisas descobriram que a cúrcuma apresenta potentes propriedades anti-inflamatórias e antioxidantes – isso é de grande valor diante das suspeitas da relação entre níveis baixos de inflamação crônica e muitos transtornos devidos ao estilo de vida. Estes são alguns outros usos possíveis:

- A cúrcuma exerce sobre o fígado um efeito protetor e ajuda a reduzir níveis elevados de colesterol no sangue.
- Em tratamentos de artrite, usada sozinha ou combinada com outros componentes, ajuda a diminuir a dor e a rigidez.
- Muitos estudos em animais demonstraram que a cúrcuma pode prevenir ou inibir o desenvolvimento de certas células cancerígenas.
- A cúrcuma tem um efeito calmante sobre a digestão e ajuda a reduzir o risco de úlceras e indisposições estomacais.
- Sendo um antibiótico natural, ela pode inibir o desenvolvimento de bactérias, leveduras e vírus em condições de laboratório.

Um dos principais princípios ativos da cúrcuma é conhecido como curcumina, que não é facilmente absorvido pelo organismo. Mas outro elemento químico, a piperina, da pimenta-do-reino, pode aumentar a absorção da curcumina. A cúrcuma e a pimenta estão presentes na maioria das misturas de curry em pó. Estudos feitos por epidemiologistas indicam que na Índia, onde o curry é o principal ingrediente da dieta cotidiana, as taxas de doença de Alzheimer estão entre as mais baixas do mundo.

Entre a população de 70 a 79 anos, a taxa é 25 por cento menor que nos Estados Unidos. Embora a menor expectativa de vida e morte por outras causas tenham um papel importante, a hipótese de alguns pesquisadores é de que as propriedades anti-inflamatórias e antioxidantes de um composto como a curcumina talvez sejam um fator relevante na prevenção do Alzheimer. Podemos apreciar a cúrcuma em sopas, hortaliças refogadas e outros pratos. Sua cor vibrante e leve sabor picante oferecem uma nova dimensão ao prato.

Canela

A canela é uma especiaria adocicada, calorosa e pungente derivada da casca interna da árvore de canela. Há aproximadamente cem variedades da árvore *Cinnamomum verum*, que desde tempos remotos tem sido usada para dar energia e tratar de resfriados, indigestões e cãibras. A canela é um antioxidante poderoso e contém componentes que reduzem inflamações e combatem bactérias, vírus e fungos. A canela pode ajudar a reduzir inflamações crônicas relacionadas a transtornos neurológicos, como doença de Alzheimer, doença de Parkinson, esclerose múltipla e meningite. Os pesquisadores continuam a agregar novas descobertas. Seguem aqui algumas das mais recentes:

- Alguns estudos indicam que a *Cinnamomum cassia* pode ajudar no tratamento do diabetes tipo 2 porque baixa o nível de açúcar do sangue e aumenta a produção de insulina.
- A canela possui um composto anti-inflamatório conhecido como cinamaldeído, que ajuda a evitar a aglomeração doentia das plaquetas sanguíneas.

- Estudos descobriram que a canela ajuda a reduzir o nível de colesterol LDL e a diminuir o risco de doenças cardíacas.
- Em condições laboratoriais, a canela diminui a proliferação de células cancerígenas de leucemia e linfoma.
- Quando combinada com o mel, a canela pode reduzir as dores da artrite.
- O perfume da canela ajuda a melhorar funções cognitivas, inclusive a concentração, a memória e a agilidade visual e motora.

Quando compramos canela, seja em pau ou em pó, devemos cheirá-la para garantir que esteja com o perfume pronunciado e adocicado.

Pimentas

Empregadas na culinária mundial, tanto as pimentas doces quanto as picantes contêm elementos fitoquímicos com propriedades antioxidantes. (Embora compartilhem do mesmo nome, as pimentas pretas em grão não pertencem à mesma família das malaguetas, pimentões e afins.) As pimentas frescas apresentam variedade de cores, como vermelho, amarelo, verde e roxo. Cada cor está associada a um grupo diferente de fitoquímicos e outros nutrientes. A pimenta-malagueta, por exemplo, é rica em licopenos, luteína (que faz bem para a saúde dos olhos), betacaroteno e vitaminas B_6, C e A.

Pimentas como a jalapeño e a habanero apresentam taxas altas de uma enzima chamada capsaicina, um antioxidante natural que nos faz suar e transpirar com uma única mordida.

Os pesquisadores descobriram que pimentas picantes podem aumentar o metabolismo e controlar o apetite, benefícios que ajudam na perda de peso. Seguem aqui algumas das mais recentes descobertas sobre a capsaicina (que é encontrada apenas em pequenas quantidades nos pimentões e em outros tipos adocicados):

- A capsaicina ajuda a reduzir a dor ao extrair um elemento químico chamado "substância P", que transmite sinais de dor para o cérebro. Os estudos descobriram que a capsaicina alivia a dor de cabeça causada por enxaquecas e sinusite.
- Estudos em animais apontam que a capsaicina pode ser eficaz para combater células cancerosas no pâncreas, na próstata e nos pulmões.
- A capsaicina ajuda na prevenção de doenças cardiovasculares ao reduzir o colesterol e o triglicéride e previne a coagulação doentia do sangue.
- As pimentas apresentam propriedades bactericidas, que ajudam a combater infecções crônicas dos seios da face.

À medida que as culinárias locais foram se diversificando, incorporando pratos do mundo inteiro, os cozinheiros passaram a usar pimentas em saladas, molhos, guacamole e curry. Devemos experimentar pimentas variadas a fim de obter uma ampla gama dos fitonutrientes que elas oferecem.

Alho

O alho é nativo da Ásia central, mas era também bem conhecido na antiga China, Grécia e Egito. Há séculos essa planta pungente é um gênero de primeira necessidade na região do Mediterrâneo, valorizada tanto pelos propósitos medicinais quanto culinários. Há muito tempo tem reputação de ser eficaz no tratamento e no alívio da congestão pulmonar e da dor e rigidez de artrites. Nas curas tradicionais, o alho também foi usado para acalmar a ansiedade, promover a regularidade menstrual das mulheres e para aumentar a libido masculina. O óleo de alho é aplicado topicamente em músculos inflamados e para acelerar a cura de ferimentos.

Já foram publicados milhares de estudos científicos sobre esse aliado botânico complexo, que contém quase duzentos componentes químicos diferentes. A maioria deles ainda não foi cuidadosamente estudada. Até agora, a maior parte das pesquisas se concentrou na alicina, um fitoquímico do alho que tem muitas propriedades curativas. Veja alguns aspectos desse alimento revelados nos estudos científicos mais recentes:

- O alho cru apresenta fortes propriedades antibacterianas, antifúngicas e antivirais. Ajuda a fortalecer o sistema imunológico, previne o resfriado comum e trata de infecções fúngicas e de leveduras.
- Pode reduzir o risco de alguns tipos de câncer, como o de mama, próstata, estômago e cólon. Os pesquisadores descobriram que pessoas que consomem mais do que seis dentes de alho por semana têm um índice de desenvolvimento de câncer colorretal 30 por cento menor do que quem não o consome. No caso do câncer de estômago, o índice de desenvolvimento cai 50 por cento.
- O alho ajuda a aliviar a congestão das cavidades nasais.
- Alguns estudos indicam que o alho ajuda a reduzir os níveis de colesterol no sangue, embora sejam necessárias mais pesquisas para confirmar essas descobertas e determinar que formas de alho trazem mais benefícios.
- Estudos descobriram que o consumo regular de alho ajuda a prevenção da arteriosclerose e de doenças cardíacas ao diminuir as placas e acúmulos de cálcio nas artérias coronarianas, reduzindo a coagulação doentia do sangue e melhorando a circulação sanguínea.

Devemos lembrar que quando o alho é cozido ou seco, ele perde a maior parte de seus benefícios medicinais. Por essa razão, as cápsulas de alho não são tão valiosas para a saúde quanto o alho cru. Quem gosta de pratos temperados com alho, mas não gosta de seu efeito no hálito, pode experimentar mastigar salsinha depois da refeição ou depois de tomar a cápsula.

A mais antiga prevenção

Ao dividir cada doença em seus componentes, a medicina científica chegou a uma sofisticação surpreendente. Assim que um novo tipo de gripe é deflagrado, o vírus pode ser analisado em questão de dias. O câncer tem sido acompanhado em um nível molecular e descrito de acordo com o genoma do paciente.

Mas, segundo o aiurveda, esse diagnóstico avançado – que é o grande esforço da medicina científica – entra em cena no final de uma longa série de acontecimentos. Antes que qualquer sintoma apareça, e a intervenção de remédios e de cirurgias seja necessária, o próprio sistema de cura do organismo atingiu um crítico estágio de colapso. Esse colapso é resultado dos ciclos de realimentação sobrecarregados por causa de algum tipo de desequilíbrio grave. O desequilíbrio tem início num nível sutil, que se deixa conhecer através de sinais de conforto ou desconforto. Portanto, a longa cadeia de eventos que culmina na doença na verdade tem início nas escolhas cotidianas, que ajudam o nosso organismo a permanecer em equilíbrio ou o tiram do equilíbrio.

A medicina moderna não nega essa lógica simples. Mas os médicos são treinados para funcionar como interventores, que entram em ação depois que o dano está adiantado demais para que o organismo cuide de si mesmo. Não existe nenhum treinamento para o estado pré-enfermidade, embora nas últimas duas décadas o papel esmagador que a prevenção pode desempenhar tenha começado a impressionar as principais correntes da comunidade médica.

O aiurveda concentra a sua visão em como criar uma vida de boa qualidade, de acordo com práticas que unem mente e corpo. Devemos fazer escolhas mais nutritivas no dia a dia, sejam elas baseadas no aiurveda ou nos princípios expressos pela linguagem dos ciclos de realimentação. Um estilo de vida equilibrado e harmonioso é o mais antigo programa de prevenção. Veja a seguir um resumo do estilo de vida que venho recomendando ao longo deste livro.

As nossas melhores escolhas, muito antes de a doença surgir

- Consumir alimentos naturais e integrais.
- Acompanhar os sinais de fome e saciedade do organismo.
- Sintonizar as sensações de desconforto e observá-las.
- Prestar atenção ao biorritmo diário, sobretudo ao sono.
- Permanecer num estado de tranquila atenção.
- Propiciar energia e leveza na dieta e também na escolha dos exercícios.
- Lidar conscientemente com níveis de estresse.
- Ter um conceito de bem-estar em mente e o segui-lo.

A melhor maneira de prevenir doenças é viver de modo tão harmonioso que o precursor sutil da doença (isto é, os primeiros desequilíbrios) não consiga ganhar apoio do sistema mente-corpo. É esse o pressuposto do aiurveda, e ainda que seus princípios tenham sido estabelecidos há mais de duzentos anos antes do surgimento da ciência, sem nenhuma compreensão técnica da homeostase ou de ciclos de realimentação do cérebro, os melhores conhecimentos atuais sobre bem-estar e doença aproximam-se dos temas mais importantes do aiurveda de modo notável.

Os primeiros sinais de desequilíbrio sistêmico não são misteriosos; todos nós os conhecemos bem: cansaço, falta de energia, insônia, susceptibilidade a resfriados e gripes, azia, dores de cabeça, problemas digestivos, dores sem causa definida, depressão e ansiedade. Quando são ocorrências menores, que ainda não podem ser chamadas de sintomas sérios (a maior parte do tempo), esses sinais não significam muito para a medicina ocidental a menos que persistam. Mesmo assim, pressupõe-se que esses desconfortos não sejam tão sérios quanto doenças em estágios avançados.

A concepção do aiurveda é o oposto dessa, pois enxerga o desequilíbrio inicial como o primeiro elo de uma cadeia de acontecimentos que podem levar à doença propriamente dita. Essa perspectiva, no entanto, tem ganhado espaço rapidamente na medicina científica, uma vez que os pesquisadores perceberam que as mudanças genéticas relacionadas a diabetes, autismo, depressão, esquizofrenia e doença de Alzheimer – para mencionar apenas alguns transtornos mais proeminentes – são geradas anos e às vezes décadas antes que os sintomas apareçam. Também percebemos que o estilo de vida afeta a configuração genética a longo prazo. Os genes não ligam e desligam como um interruptor, mas gradualmente, como um *dimmer* ou um reostato.

Por essa razão, o que entra diariamente no sistema mente-corpo é muito importante. O organismo foi construído como uma duna, grão a grão, e não como uma parede, tijolo por tijolo. Então, cada dia é como um microcosmo de uma vida inteira – o que comemos, pensamos, sentimos e fazemos está profetizando o nosso futuro. Uma vivência harmoniosa hoje profetiza um futuro harmonioso, o que é diferente de viver como bem entender até o dia em que as coisas desandam, para só então correr atrás do prejuízo para compensar o que foi feito antes. Às vezes, isso é impossível.

O aiurveda consegue resolver esse problema da falta de compromisso? Acho que sim. Apesar das campanhas de saúde pública, as pessoas continuam a ser sedentárias e a se alimentar mal. Uma das principais razões disso é o clima de medo em relação a câncer, doenças cardíacas, derrame, doença de Alzheimer e outras enfermidades relevantes. Essas são doenças sobretudo da meia-idade e da velhice, e as pessoas têm muito medo delas porque estão relacionadas a uma imagem assustadora de degeneração. A motivação baseada no medo raramente funciona a longo prazo. A ansiedade não leva ninguém a cumprir metas no dia a dia.

O aiurveda inverte essa situação tendo o foco nos primeiros desequilíbrios. Afinal, eles não são assustadores, pelo contrário. Ter uma vida harmoniosa e equilibrada traz mais alegria e afugenta o espectro do que poderia ocorrer nos anos de declínio do corpo físico. Estando em equilíbrio, não é preciso definhar. A nova "terceira idade" já substituiu os piores pressupostos de uma velhice inútil, solitária e desapercebida em cadeiras de balanço. A geração dos *baby boomers* enxerga os 70 anos como uma meia-idade avançada, e uma pesquisa que perguntava aos participantes quando a velhice começava concluiu que a resposta média foi aos 85 anos. A melhor maneira de ter uma vida longa e ativa é ter essa expectativa sempre em mente.

A solução é encontrar um estilo de vida que nos faça feliz aos 20, 30, 50 e 80 anos. Acredito que o aiurveda apresenta uma bela base para tal estilo de vida. Se acrescentarmos outro elemento-chave, podemos fazer da vida inteira uma curva crescente, sem medo do declínio. Esse elemento-chave é ter uma maior consciência e estarmos prontos para explorá-la profundamente. A consciência alimentar é apenas uma aplicação da consciência – um horizonte mais amplo se dispõe quando descobrimos que a consciência oferece a chave para uma maior satisfação mental e espiritual.

PARTE 2

COMO DESENVOLVER A CONSCIÊNCIA

A ALEGRIA
DA CONSCIÊNCIA

Pontos principais
- Quando comemos, ou temos consciência do que estamos ingerindo ou nem nos preocupamos com isso, comendo de maneira inconsciente.
- Muitas pessoas se alimentam sem consciência, e por isso a alimentação delas fica fora de controle. Só podemos ter controle do que temos consciência. Quando nos alimentamos inconscientemente, nossa mente "dá um branco", e não nos damos conta do que estamos fazendo. Fazer as coisas de maneira automática é uma escolha, não precisamos agir assim.
- A conscientização propicia um modo simples de sintonia com o cérebro, que nos envia quatro tipos de mensagens: sensações, imagens, sentimentos e pensamentos (o quarteto SISP).
- A alegria da conscientização desponta quando escapamos da prisão do condicionamento. Ter consciência significa recuperar a liberdade de escolher o que desejamos em vez de escolher o que o nosso passado nos impõe.

Venho muitas vezes enfatizando que não podemos ter controle do que não temos consciência. Para mim, esse aprendizado foi surpreendente no início, porque eu superestimava a minha própria conscientização, não em todas as áreas, mas em várias. Uma delas era a minha carreira médica. Durante anos eu me empenhei em ser bem-sucedido me autodisciplinando, por exemplo, a levantar às cinco da manhã para fazer plantão em dois hospitais antes de ir para minha clínica particular, cuja lista de pacientes chegava aos milhares. O sucesso veio, mas não a sensação de satisfação que supostamente o acompanha.

Então, um dia, um sábio amigo me disse: "Sabe, acho que você venceu a força de vontade. Que tal considerar a aceitação? Você não tem que ficar correndo o tempo todo". Ele talvez tenha acrescentado mais algumas coisas cruciais para alguém encontrar satisfação, tais como demonstrar gratidão e aprender a viver no presente.

Eu tinha muito o que aprender sobre a arte de viver. Acabei aprendendo – pelo menos, espero que sim –, e gostaria de usar o resto deste livro para mostrar o que isso significa. Fico preocupado e sensibilizado com o fato de milhares de pessoas não terem consciência do que estão fazendo com a própria vida. A alegria não deve ser ilusória. Ela é o subproduto do despertar para o que somos e para o porquê de estarmos aqui. É possível descobrir essas coisas apenas por meio da expansão da consciência, mas expandi-la depende primeiro de outra coisa: da coragem de enxergar a própria situação sem negá-la nem ceder à tentação de permanecer inconsciente.

Vamos começar pela maneira como o comportamento inconsciente se aplica ao excesso de peso, pois é essa a situação em que se encontram muitos dos leitores deste livro. Tomara que você já tenha começado a mudar, fazendo uso dos passos para uma alimentação consciente. Mas a conscientização pode levá-lo ainda mais longe, como você vai ver.

O elo perdido

Alice tem 30 e poucos anos e marcou uma consulta porque estava ganhando peso e não entendia por quê. Conforme dizia, estava fazendo tudo certo.

"Fui criada para me alimentar de modo saudável, e ainda faço isso", ela disse. "Quando engravidei da minha filha, que agora está com 4 anos, fiquei ainda mais cuidadosa, cortando o álcool e todas as porcarias. Continuei assim depois que ela nasceu, mas os meus hormônios devem ter mudado, pois estou pesando 11 quilos a mais."

Perguntei a ela se o ganho de peso começou logo depois de o bebê nascer. Alice pensou um pouco, mas não tinha certeza.

"Parece que se passaram dois anos e de repente as minhas roupas não serviam mais", ela disse.

Conversamos sobre as mudanças na vida dela depois que se tornou mãe. Alice não tinha como se sustentar se ficasse em casa tomando conta da criança, e ter que voltar ao trabalho logo depois de ter dado à luz representou uma pressão de um jeito como ela nunca tinha sentido antes. Houve alguns conflitos no casamento também, já que o seu marido achava que ela voltava toda a atenção para o bebê e tinha perdido o interesse por ele, sobretudo na cama. O cansaço era a sua maior defesa, mas essa tensão ainda permanecia, quatro anos depois. Ela tinha muita coisa para encarar, e com frequência esse é um bom motivo para enterrar algumas coisas, com medo de se sobrecarregar.

Sugeri que adiássemos qualquer exame médico (que provavelmente seriam inconclusivos, já que um desequilíbrio hormonal, se encontrássemos algum, poderia ser o resultado do ganho de peso e não a causa). Em vez disso, pedi a Alice que fizesse um diário de tudo o que ela comia. A cada item que anotasse, deveria registrar a quantidade.

Quando nos encontramos na semana seguinte, ela parecia envergonhada. Acabou descobrindo que estava comendo mais do que imaginava – embora não muito mais.

Contei a Alice que os estudos em que pessoas com sobrepeso contam as calorias com cuidado revelam que elas estão consumindo mais do que imaginavam e, ao mesmo tempo, superestimavam a quantidade de atividade física que praticavam.

"Quando comemos mais do que pensamos e somos menos ativos do que pensamos, ganhamos peso", eu disse. "Você poderia manter um diário de seu consumo, mas em geral as pessoas desistem depois de algum tempo. É uma tarefa chata, e a gente perde o entusiasmo. Acho que o seu problema pode ser resolvido se tiver consciência do que come."

Alice ficou surpresa e intrigada. A maior parte das pessoas com sobrepeso se alimenta num estado de inconsciência, e não leva muito tempo para que esse comportamento leve ao excesso de peso. Em vez de vigiarmos o quanto comemos (ninguém consegue acompanhar isso, sobretudo se dá esse branco), podemos fazer uso da ligação entre a mente e o corpo e ter consciência enquanto comemos. Seguem aqui os principais suspeitos quando investigamos esses momentos de branco.

Os comportamentos inconscientes mais prováveis

- Fazer as refeições às pressas, sem saborear o prato.
- Petiscar em frente à TV.
- Repetir mesmo estando satisfeito.
- Limpar o prato inteiro automaticamente.
- Comer quando estamos cansados.
- Comer quando estamos estressados.

Eu disse a Alice que, como ela considerava realizar uma alimentação saudável, ter consciência desses lapsos de consciência provavelmente era o que ela precisava. Até agora, funcionou. Alice reconheceu o maior de todos eles – a tensão entre ela e o marido à mesa do jantar. Ambos tinham desistido emocionalmente, o que nunca resolve tensões latentes. Incapaz de aproveitar a refeição com tranquilidade, ela ainda queria ter algum tipo de satisfação, o que a levou a comer mais.

Muita gente vai achar ameaçador observar os próprios hábitos alimentares e descobrir que existe muito mais a ser analisado. Prefeririam conservar o ato de comer num compartimento separado das questões emocionais ou de relacionamento. Porém, se alguém sente esse tipo de desconforto, eu o estimularia a mudar de perspectiva. A negação e a resistência são maneiras de não ter consciência. Não é possível mudar o que não temos consciência; na verdade, com o tempo o que ocorre é que questões enterradas ficam ainda piores. Como me disse um terapeuta: "Quando resistimos, persistimos".

Alice teve sorte, pois estava pedindo permissão para despertar. Não queria permanecer inconsciente. Percebendo como se sentia constrangida à mesa do jantar, ela criou coragem e começou a encarar o problema, inicialmente admitindo esse desconforto para o marido. Não é de surpreender que ele, do seu lado da mesa, também se sentisse mais ou menos do mesmo jeito. Ambos queriam discutir os problemas do casamento e, felizmente, quando se abriram se sentiram melhor. A ansiedade e o ressentimento começaram a diminuir – com a ajuda inicial de uma terapia de casal –, e Alice teve cada dia menos motivo para comer em excesso. Foi retomando o controle sobre a vida e, quase como um efeito colateral, começou a perder peso.

Dinâmica familiar

A história de Alice serve como lembrete de que poucos de nós comemos sozinhos, e com certeza não aprendemos a comer sozinhos. Toda criança desenvolve hábitos alimentares em família. Uma das razões para persistir com os hábitos alimentares ruins é também a família. Vamos considerar uma típica cena de nossa mesa de jantar. Qual é o clima? Os membros da família estão interagindo? Independentemente da resposta, acontece muita coisa à mesa além de passarmos o saleiro e enchermos o estômago.

Estudos demonstraram que o comportamento é contagioso; ele se espalha de pessoa para pessoa, como um vírus invisível. Se alguém na família, ou mesmo um amigo, gosta de praticar exercícios é mais provável que vamos gostar disso também. Por outro lado, se temos familiares e amigos obesos, o risco de obesidade aumenta, mesmo que não tenhamos consciência do que está acontecendo. Em relação ao ato de comer, a dispersão viral do comportamento funciona de modo positivo ou negativo.

Teste: A sua família à mesa

A seguir, listamos duas categorias de comportamentos "contagiosos". A primeira contém influências positivas em relação ao ato de comer; a segunda contém influências negativas. Verifique cada item que se aplica a você e a sua família quando fazem uma refeição juntos. Como parâmetro de tempo, use as *duas últimas semanas*.

Influências positivas
- ☐ Gostamos de estar juntos e ficamos de bom humor.
- ☐ O clima da refeição é tranquilo.
- ☐ O ritmo da refeição é tranquilo.
- ☐ Ninguém tem pressa de ir embora. Muitas vezes ainda ficamos um tempo na mesa mesmo depois de termos acabado de comer.
- ☐ Fazemos elogios ao(à) cozinheiro(a).
- ☐ Fazemos uma prece pelo alimento.
- ☐ Comemos com prazer. Ninguém torce o nariz para certos alimentos nem reclama do que está comendo.
- ☐ A família considera que a alimentação saudável é prazerosa.
- ☐ Não beliscamos antes nem depois das refeições.
- ☐ As porções são moderadas. Ninguém se sobressai por comer muito ou pouco.

☐ Somos abertos em relação aos nossos hábitos alimentares. Se alguém está comendo demais habitualmente, é possível chamar sua atenção sem ferir seus sentimentos.
☐ A atenção está toda voltada para a refeição. A TV não fica ligada ao fundo.

Pontuação: _____

Influências negativas

☐ Quando fazemos uma refeição juntos, não damos valor um ao outro. Não há muita conversa. Um ou dois membros da família mal participam dos assuntos.
☐ O clima da refeição é neutro ou tenso. Existem comentários pessoais.
☐ O ritmo da refeição é acelerado, de modo que todo mundo possa retomar o que estava fazendo antes.
☐ Assim que a comida termina, todo mundo se dispersa. Ninguém se demora à mesa.
☐ Com frequência, ninguém elogia o(a) cozinheiro(a) ou alguém resmunga mecanicamente algumas palavras.
☐ Não fazemos nenhuma prece nem agradecemos pelo alimento.
☐ Há quem reclame do que está no prato ou diga que a comida não está boa.
☐ Não há conversa sobre alimentação saudável.
☐ Pelo menos um de nós belisca antes ou depois das refeições.
☐ As porções são grandes. Mesmo assim, sempre tem quem repita.
☐ Não conversamos sobre hábitos alimentares. Se alguém está comendo demais habitualmente, não há abertura para chamar sua atenção. Cada um cuida do que come.
☐ Não prestamos muita atenção no que estamos comendo. Às vezes a TV fica ligada ao fundo.

Pontuação: _____

Resultado

Se você marcou de 8 a 12 itens positivos, a dinâmica de sua família é saudável. Fazer uma refeição juntos é uma experiência bastante satisfatória. Como o vínculo entre vocês é bom, vocês "contagiam" um ao outro com comportamentos positivos, e o esforço para que a alimentação de todos seja mais saudável será bem recebido. Parabéns!

Se você marcou de 3 a 7 itens positivos, existe uma boa experiência à mesa de refeição. A sua família provavelmente dará apoio se você mudar os hábitos alimentares para perder peso ou simplesmente para se alimentar de modo mais saudável. (Menos de três itens positivos significa que você provavelmente caiu no grupo das influências negativas.)

Se você marcou de 8 a 12 itens negativos, a dinâmica de sua família à mesa não é boa. É provável que você não consiga mudar seus hábitos alimentares com tranquilidade, seja para perder peso, seja para se alimentar de modo mais saudável. Você precisa se esforçar para interromper o "contágio" dos maus hábitos. Comece a seguir os princípios da consciência alimentar e gradualmente apresente a sua família uma dieta saudável. A melhor maneira de provocar mudanças é a partir da mesa – haverá muita resistência se você começar a fazer alterações sem avisar. Converse e tente chegar a um consenso sobre maneiras de se alimentar melhor, mesmo que as mudanças sejam pequenas. Enquanto isso, trabalhe nesse sentido consigo mesmo. A configuração familiar pode não ser a ideal, mas isso não deve desanimá-lo.

Se você marcou de 3 a 7 itens negativos, a dinâmica da família está presa a hábitos ruins e a comportamentos inconscientes. A situação provavelmente não parece tão séria a você, mas mesmo uma alimentação neutra não pode ser considerada satisfatória. É provável que a mesa de refeições de sua casa seja um lugar de trégua. Um ou mais membros da família não se sentem felizes ali, ou talvez prevaleça um clima geral de indiferença. É bom saber que você tem uma boa oportunidade de persuadir todo mundo a se juntar a você, seja para perder peso ou para se alimentar de maneira saudável. As suas refeições precisam ser mais satisfatórias, e há muito espaço para isso. Consulte os conselhos do aiurveda para fazer refeições mais saborosas e vibrantes.

Se houver pessoas teimosas, totalmente resistentes a mudanças, use estratégias. Convide-as para se juntarem a você em seu novo regime. Dê a essas pessoas uma semana ou duas para que vejam como você se sai com a sua nova maneira de se alimentar. Se ainda encontrar muita resistência, diga a qualquer um da família que tenha 16 anos ou mais que precisam ser responsáveis pelo que comem. Isso pode levar a diversas escolhas:

- Ofereça informações impressas sobre alimentação saudável (por exemplo, um livro ou artigo da internet), deixando claro que você quer conversar sobre os riscos de uma dieta ruim a longo prazo.
- Negocie. Converse e estabeleça limites para a ingestão de gordura, açúcar, sal e calorias em geral. Diante do que foi reduzido, prometa que a comida vai continuar sendo saborosa, e, caso isso não aconteça, você vai tentar fazer substituições que agradem mais.
- Se a discussão sobre como se alimentar melhor chegar num impasse, diga que cada um cozinhará para si mesmo, sem dinheiro extra para ser gasto em porcarias e em redes de fast-food. E as refeições devem ser feitas com o restante da família.
- Talvez não seja viável chegar a um ponto em que todos os doze itens positivos façam parte da experiência da família, mas eles são realizáveis. O primeiro passo é tomar consciência do que está acontecendo à mesa de refeições e depois, diplomaticamente, ajudar os demais a também tomarem consciência, sem julgar, culpar nem reclamar.

O direito de ser consciente

Apesar dos benefícios da tomada de consciência, as outras pessoas não enxergam as coisas assim. Para elas, a ordem do dia é manter os outros inconscientes. A indústria alimentícia é muitas vezes responsabilizada – e com razão – por usar açúcar, sal e gorduras em excesso nos alimentos processados. O mais pernicioso, porém, é a investida contra a conscientização. Os alimentos são deliberadamente manufaturados para encorajar uma forma robótica de se alimentar, como o "ritmo ao mastigar" tão propalado pelas propagandas em frases como: "Impossível comer um só". A indústria dos salgadinhos e as redes de fast-food desejam que obedeçamos a uma resposta automática da fome criada pelo excesso de sal, açúcar e gordura, que são estimulantes do apetite. Para completar, eles servem os mesmos três sabores – salgado, doce e azedo – que instigam a salivação. Lembremos que o aiurveda considera esses sabores como os que mais tendem a gerar desequilíbrios.

Ao comer salgadinhos e fast-food as pessoas seguem uma sugestão inconsciente, e não apenas em termos de sabor. Ficar viciado nesses alimentos acontece quando não estamos nem cientes. Para provar isso, vamos fazer um simples experimento de mente e corpo. Vamos fechar os olhos e imaginar um limão. Mentalmente, peguemos uma faca e o cortemos ao meio. Vejamos uma gota de limão caindo. Ao fazer isso, o que acontece? Quase todo mundo começa a salivar. Basta a imagem do limão para desviar a mente superior. Ficamos viciados em porcarias porque temos memória de todos os alimentos salgados, doces e azedos que nos estimularam anteriormente. A indústria alimentícia conta com a ativação dessa memória quando olhamos as imagens tentadoras de hambúrgueres suculentos, quando ouvimos o som crocante das batatas fritas num comercial de TV ou quando observamos a expressão de um deleite quase orgástico de uma modelo mordendo uma barra de chocolate.

Devemos reivindicar o nosso direito de ter consciência. Se não o fizermos, uma avalanche de estímulos de venda continuará nos levando a ter perda da consciência alimentar. A criança estimulada pelos programas de TV matinais a pedir uma refeição no McDonald's consome 1.842 calorias em um lanche completo grande. Só um Big Mac tem 700 calorias, mais da metade do que uma criança pequena precisa por dia. Um desejo inconsciente de alimentos doces, salgados ou gordurosos está sendo reforçado e, ao mesmo tempo, a quantidade de calorias de um lanche completo é suficiente para um homem adulto de 80 quilos que não comeu nada durante o dia. (Em 2004, no elucidativo documentário *Super size me*, o diretor Morgan Spurlock ganhou quase 11 quilos a mais por apenas se alimentar no McDonald's durante um mês. Enquanto ganhava peso, Spurlock viu a sua saúde se deteriorar, pois o colesterol e a pressão sanguínea subiram vertiginosamente, e, ao mesmo tempo, a sua libido despencou. Embora fora do comum, *Super size me* soou familiar para muitos, já que se tratava de uma versão em ritmo acelerado do que milhões de pessoas fazem com o próprio corpo.)

A medida de oferecer McDonald's nas escolas dos Estados Unidos para baixar custos é vergonhosa, ainda mais do que o fato de esses sanduíches serem vendidos em hospitais norte-americanos. Temos que recuperar o direito de ter consciência. A solução é nos alimentarmos com atenção plena. O termo "atenção plena" foi originalmente cunhado pelo budismo, e agora se tornou popular no Ocidente. Significa perceber o que estamos fazendo, pensando e sentindo. Aproveito para adaptar o acrônimo SISP, proposto pelo inovador psiquiatra e escritor dr. Daniel Siegel. Ele abrange os quatro elementos de que a mente tem consciência em qualquer momento:

S = Sensações
I = Imagens
S = Sentimentos
P = Pensamentos

Neste instante, a nossa consciência está voltada para uma dessas ocorrências mentais. Uma sensação corporal está presente, levando mensagens de conforto e desconforto. Ou um quadro em nossa cabeça está nos mostrando uma imagem, que pode ser agradável ou desagradável. Também podemos estar experimentando um sentimento (humor, emoção), seja ele positivo ou negativo. Por fim, a mente pode estar ocupada com certos pensamentos, e eles também podem ser agradáveis ou desagradáveis.

Estou enfatizando a dualidade agradável/desagradável porque, quando realizamos tarefas de modo automático e comemos sem perceber, estamos evitando o lado desagradável do quarteto SISP e tentando nos entorpecer. Um instante de inconsciência é o mesmo que dessintonizar, e todos nós já aprendemos a sair de sintonia quando não queremos ver, ouvir, sentir nem pensar sobre determinado assunto.

Quando decidimos nos sintonizar com nosso eu interior, é possível ser consciente. Os inimigos da conscientização são bem conhecidos:

- *Negação:* nos recusamos a enxergar o problema.
- *Distração:* encontramos uma distração do problema.
- *Esquecimento:* não nos lembramos da existência do problema.
- *Entorpecimento:* não sentimos nada, portanto, não há problema.

Um ou mais desses mecanismos assumem durante uma alimentação inconsciente. A incapacidade de saber quando o estômago está cheio – uma das situações mais comuns entre pessoas acima do peso – é uma forma de entorpecimento. Ficar entorpecido nunca é uma solução, e mesmo quando alguém age com desatenção para o fato de estar obeso, por exemplo, em uma outra camada da mente há um pedido de ajuda e em outra ainda mais profunda está a solução. Essas camadas profundas vêm à luz simplesmente com consciência, pois querem ser ouvidas – podemos ter certeza disso.

As coisas que tiramos de sintonia ainda estão por aí. Nos privamos da oportunidade de melhorá-las ao relacioná-las com a alimentação. Praticar a atenção plena é eficiente para manter intacta a relação entre mente e corpo. É fácil atingir o nível mais elementar de atenção plena, e isso pode ser feito a qualquer hora do dia.

EXERCÍCIO:
Como ter atenção plena

Encontre um cômodo onde possa ficar tranquilo e sozinho. Sente-se com as costas eretas e com os pés separados e apoiados no chão. Apoie as mãos nos joelhos e feche os olhos. Quando estiver relaxado e pronto, vá se sintonizando devagar com o que está acontecendo no seu corpo. Deixe que a sua consciência passeie por cada uma das seguintes áreas:

- *Sensações*: observe como o seu corpo se sente.
- *Imagens*: observe as imagens fugidias em sua mente.
- *Sentimentos*: observe qualquer emoção que surja. Perceba o seu humor como um todo.
- *Pensamentos*: observe os pensamentos que vão e vêm.

Leve um minuto em cada área antes de abrir os olhos. Não reaja diante do que percebeu. Simplesmente observe, sem julgar e sem tentar mudar nada. Ser observador é o mesmo que sair do caminho, e, quando saímos do caminho, criamos espaço para que a ligação entre a mente e o corpo descanse e se reajuste.

Este exercício é uma adaptação das técnicas que o dr. Siegel tem empregado com impressionante eficácia. Seu método terapêutico é pertinente para a mente e o corpo, e visa especificamente cada área do cérebro ao relacioná-la ao desconforto, aprisionamento ou entorpecimento do corpo. Estando ciente desses sintomas, ele pode levar o paciente a reativar as áreas específicas do cérebro que se tornaram pouco usadas ou deficientes. A atenção é sempre poderosa quando estamos conscientes do que devemos focar, e o corpo vai nos dizer para onde ir. O exercício que acabei de recomendar é tranquilo, mas não passivo. Ele nos desperta para a realidade "aqui dentro".

Sei que as pessoas ficam ansiosas só de pensar em sintonizar com lembranças, sentimentos e sensações dolorosas. Quando estamos acima do peso, a simples ideia de prestar mais atenção ao corpo já não soa bem. Mas a atenção plena não é sobre sentir-se mal consigo mesmo, encarar verdades desagradáveis ou entrar num processo de culpa. Trata-se da alegria de ter consciência. Muitas das boas coisas da vida passam batidas quando não temos consciência, e quando despertamos toda a nossa experiência de vida é elevada. Acessamos poderes íntimos que estavam ocultos. A criatividade exige consciência. Bem como a solução de qualquer problema.

Em relação à maneira de comer, existem vários passos para a tomada de consciência que não envolvem nenhum tipo de ajuste doloroso, como veremos.

Atitude: 12 maneiras de comer com atenção plena

Qualquer atitude que leve a nossa atenção para o ato de comer ajuda a quebrar o feitiço de um vazio mental. Isso se aplica tanto ao que colocamos na boca quanto aos hábitos comportamentais, como comer depressa. Percorra a lista a seguir e comece a adotar cada dica. Considere uma de cada vez, começando com as mudanças que tragam mais benefícios aos seus hábitos alimentares. (*Observação*: muitos itens são resumos de tópicos anteriores – eles reaparecem com a decisão de desenvolver a atenção plena.)

1. Coma apenas quando sentir fome. Observe e sinta a sua fome. Esta é a base da alimentação consciente.
2. A fim de encorajar a sua atenção plena, sempre faça as refeições sentado, numa mesa posta para esse fim, sem distrações.
3. Comece as refeições com uma porção moderada, por exemplo, meio prato. Ao terminar, permaneça sentado e veja se ainda tem fome. Tome um pouco de água antes de comer mais.
4. Saboreie cada garfada, demorando-se nela, dando atenção ao aroma e mastigando um pouco mais do que geralmente faz. Em outras palavras, faça do sabor uma experiência completa em si.
5. Saiba que o apetite é atiçado pelos sabores gordurosos, salgados e doces, e é reprimido pelos alimentos amargos. Tente tomar uns golinhos de água com gás e limão, e um pouquinho de Angostura antes de comer (a água tônica é amarga, mas tem muito açúcar).
6. Retire a pele do frango e a gordura de todas as carnes antes de comer. Em um restaurante, coloque essas sobras indesejadas num pratinho separado ou peça ao garçom para levá-las.
7. Coma no ritmo mais lento que puder. O ritmo moderado vai melhorar a digestão. Não encha o garfo ou a colher novamente se ainda não tiver engolido o que está na boca.
8. Se for do tipo que come depressa, sobretudo se engole sem

mastigar, enquanto fala, sirva-se de pequenas porções. (Você come tão rápido que mal percebe quanto tem no prato.)
9. Se você tende a ser impulsivo ao comer, e sabe que isso fica pior ao longo da refeição, conte a todos da mesa o quanto pretende comer, e cumpra a sua palavra. (Mas não peça para ser lembrado. O objetivo é monitorar a própria refeição, e não que outras pessoas façam isso para você.)
10. Em um restaurante, peça que levem imediatamente o que não for comer. Não deixe comida no prato para ficar beliscando sem parar.
11. Se pedir sobremesa, peça que metade dela seja embalada para viagem. Dê a embalagem de presente a alguém da mesa.
12. Coma o correspondente a dois terços da quantidade que o faria se sentir completamente satisfeito (a melhor medida é comer dois terços de sua porção normal). Ao atingir esse ponto, retire o prato ou levante-se da mesa. Observe que é possível se sentir bem com um pouquinho de espaço no estômago.

A *prisão do condicionamento*

Quando saímos do piloto automático, ficamos mais conscientes de nossa alimentação. Ao mesmo tempo, começamos a nos libertar de antigos condicionamentos. Nada mais importante. Essa liberdade maior revela a alegria da conscientização. Sem saber, estávamos vivendo numa prisão sem paredes visíveis, em que o confinamento da cela está inteiramente filiado aos hábitos e condicionamentos da mente. Não é nossa culpa essa vida de limitações desnecessárias, mas, ao mesmo tempo, só nós mesmos temos a chave da liberdade. Ela também é invisível: significa mudar da inconsciência para a conscientização.

Venho orientando sobre como fazer essa mudança, ao mostrar como cada pessoa pode mudar a própria história. Aqui, gostaria de apresentar as recompensas por nos libertarmos dessas limitações ocultas. O condicionamento é diferente de fazer as coisas sem perceber – é a maneira como nos treinamos. Para ilustrar isso, lembro de dois pacientes que abordaram seu problema com a obesidade de modo diferente. Desde que se conhece por gente, Cheryl tem excesso de peso. Quando lhe perguntei de sua infância, ela não falou de gozações, de sermões de sua mãe nem de uma frustração imensa, porque os meninos não prestavam atenção nela.

Embora esteja com sobrepeso de quase 36 quilos aos 40 anos, e se sentindo horrível com isso, Cheryl ergueu um monte de barreiras. Ela nunca usa a palavra "gorda", sempre se referindo a si mesma como "uma mulher grande". Se alguém diz que ela talvez esteja comendo demais (o que é óbvio), ela fica na defensiva imediatamente. Ela tem um pacote de reações condicionadas; não enxerga as muralhas em volta de si mesma. Embora sempre pense em seu peso, ninguém pode falar dele a não ser outras "mulheres grandes". Não aceita nenhuma orientação nutricional, pois conhece tudo sobre a sua situação.

Por fim, tudo se resume à seguinte desculpa: "Sempre fui assim. É assim que eu sou". Se não fosse pelo fato de ter desenvolvido diabetes tipo 2, ela não consultaria um médico.

A outra pessoa de quem me lembro é Sean, também na casa dos 40, um homem despreocupado que ascendeu na área administrativa com uma grande empresa de construção. Como tem mais de 1,80 de altura e fica tempo demais no escritório ou vendo TV em casa, sente dores na coluna. Recentemente, percebi que ele parecia uns 8 quilos mais magro do que a última vez que o vira. Perguntei o que tinha feito para perder peso. Ele deu de ombros.

"Tive que perder", disse. "Minha mulher não gosta de me ver gordo."

Mas como ele conseguiu?

"Às vezes, fico chateado e começo a petiscar batatinhas, ou o que tiver à mão, à noite. É assim que ganho barriga. Aí, parei." Ele sorriu. "E a minha mulher está mais feliz agora."

O contraste entre essas duas pessoas é total – uma perdeu peso simplesmente tomando consciência sobre a origem do problema e então mudando a situação. Felizmente, não havia nada de compulsivo por trás da comilança de Sean. Cheryl, entretanto, está condicionada a comer compulsivamente. Ela até se descreve como viciada em comida; prefere ter um distúrbio a ter que encará-lo e superá-lo. Para ela, comer faz parte "de como eu sou". Infelizmente lutar contra o peso e perder a batalha, também.

A realidade sempre é o que entendemos dela. É assim que a realidade, em toda a sua amplitude, se torna algo pessoal. Em nossa realidade pessoal, se entendemos que o nosso corpo é feio, ele jamais será nosso aliado. Se achamos que perder peso é fundamentalmente "muito difícil", é exatamente assim que vai ser. Por fim, a sociedade tem imposto crenças de segunda mão que acreditamos serem verdadeiras. Na melhor das hipóteses, elas são verdades alheias. Em geral, são apenas tijolos usados para construir uma parede mais espessa da prisão.

Tomar consciência traz liberdade

Quando uma pessoa se identifica com o fato de ser gorda, é preciso mudar toda a sua história a partir de um nível profundo. (Uma minoria entre os obesos afirma que "gordo é bonito", e se alguns têm orgulho de marchar de acordo com um ritmo diferente, tudo bem. No entanto, ter orgulho de ser como se é não reduz os sérios riscos à saúde, e em geral percebe-se que essa atitude na realidade é defensiva, pois sugere que o obeso tem sentimentos mais profundos e negativos.) Ou seja, é como um prisioneiro, tão desesperançoso que aprendeu a chamar a prisão de lar. É preciso mover uma montanha de experiências negativas, lembranças, hábitos, fracassos e frustrações. É exatamente a liberdade da qual abriu mão que precisa ser reforçada, ser o tema do dia a dia.

Felizmente, nós não somos apenas cérebro. Se estamos diante de uma pizza e o nosso cérebro ativou a mensagem "você tem que comer isso" ou mesmo "você tem que comer tudo", podemos dizer "não". As pessoas que não conseguem negar uma tentação sentem-se prisioneiras porque seus impulsos prevalecem. Uma parte deles observa com desalento enquanto a pizza é engolida até a última fatia, como um espectador indefeso vendo um acidente de carro em câmera lenta. O que está ausente é na verdade básico e simples: uma janela para a liberdade.

Estou me referindo ao pequeno espaço mental que se abre antes de tomarmos uma decisão. Quando comemos normalmente, temos liberdade de escolha. Não olhamos para uma pizza e reagimos automaticamente como estamos condicionados a reagir. Em vez disso, existe uma lacuna entre a fome e a escolha. "Estou com fome? Quanto quero comer? Será que eu escolheria esta comida?" A pessoa que se sente impelida a comer tudo não mais aprecia a liberdade de escolha.

Quando fazemos a escolha que desejamos, o espaço entre a fome e o ato de comer não está vazio. Está pleno de consciência. A consciência é muito semelhante ao que se chama de "mente aberta". Temos liberdade de pensar. O condicionamento é o oposto da mente aberta, pois não temos controle consciente sobre o nosso comportamento – a mente condicionada é que tem o controle, cedendo a antigas e profundas trilhas criadas no passado.

A alegria da tomada da consciência traz o poder para escapar de qualquer limitação imposta. Não tentemos descobrir de onde essas limitações vêm. A questão é que a mente as aceitou. Portanto, o primeiro passo é abrir um espaço em que a pessoa – que faz uso de sua mente – possa dizer "não" a percursos antigos e começar a construir novos.

Atitude: Novas ideias no lugar das antigas

Quando a mente está condicionada, automaticamente envia os mesmos pensamentos sem parar. A menos que um novo pensamento intervenha, os antigos percursos são reforçados. No entanto, não é difícil intervir. É preciso apenas fazer disso uma prioridade, fundamentada no compromisso de ser livre. Consideremos isso como um tipo de terapia de reposição.

Veja a seguir alguns pensamentos típicos ditados por uma imagem corporal insatisfatória, frustração e maus hábitos. Se você tem pensamentos assim, pare e substitua-os no momento em que surgirem. Repita o pensamento substituto muitas vezes até ele silenciar a mente. Se esse novo pensamento parecer desconfortável ou levantar certas emoções, acalme-se, feche os olhos e deixe essa reação passar. Não lute, apenas observe o que está acontecendo. Quando se sentir centrado de novo, repita o novo pensamento uma vez mais.

Pensamento antigo: Fiz isso comigo. A culpa é minha.
Pensamento novo: O que importa saber quem é o culpado? Culpar não é saudável – quero concentrar todas as minhas energias na solução.

Pensamento antigo: Sou fraco e feio. Não presto pra nada.
Pensamento novo: Sou forte; não preciso me comparar com os outros; não se trata de prestar ou não prestar para alguma coisa. Até as estrelas de cinema ganham peso, portanto, não se trata de feiura.

Pensamento antigo: Não sirvo pra nada. Olha só quantas vezes fracassei.
Pensamento novo: Antes eu não sabia o que sei agora. A longo prazo, fazer regimes nunca foi a estratégia correta. Vou fazer da minha história uma história de sucesso. Se algo não der muito certo, tudo bem. Estou aprendendo.

Pensamento antigo: Só estou me enganando. Olhe para mim. Nada vai funcionar.
Pensamento novo: Não preciso ficar olhando toda hora para o meu corpo. Posso encarar a minha nova história e ver os pro-

gressos. O meu corpo vai acompanhá-la. Neste momento, vou procurar algo que eu goste mais de fazer do que ficar com pena de mim mesmo.

Pensamento antigo: Não tenho tempo nem energia para tentar perder peso.
Pensamento novo: Para ser sincero, penso no meu peso o tempo todo. Se eu parar de ser obsessivo, restará muito tempo para mudar a minha história. Tenho energia de sobra para fazer o que realmente gosto, e, neste momento, mudar a minha história é o que realmente quero.

Observe que você está simplesmente substituindo o negativo pelo positivo. Isso vai funcionar por algum tempo, mas num determinado ponto você perde a motivação – a negatividade é ativada cada vez que você se olha no espelho ou vê outras pessoas fazendo coisas que não pode fazer. Essa atitude oferece razões para que seu cérebro mude. A mente superior é responsável pelas escolhas racionais e pelo comportamento. Se você continua alimentando-a com novos pensamentos que trazem soluções racionais, esses novos pensamentos vão começar a ficar gravados como "a sua maneira de fazer as coisas". Trata-se de mudar a sua percepção, de modo que a realidade – ou seja, a sua realidade pessoal – vai mudar ao mesmo tempo.

Consciente versus *inconsciente*

O nosso estilo de vida depende do nosso nível de consciência. Toda escolha remonta à mente. Muitos problemas estão vinculados aos momentos de distração, negação e entorpecimento, e a condicionamentos que já discutimos anteriormente. O que se dispõe adiante é uma visão mais clara, e essa percepção leva a uma vida consciente. Venho mostrando ao longo dessas páginas como levar essa vida, em que a nossa mente superior fica livre dos impulsos, ímpetos e ansiedades da mente inferior.

Se nos afastamos de nosso estilo de vida atual, com todos os seus aspectos positivos e negativos, veremos que o apelo para continuar com atitudes inconscientes é grande – as pessoas não entrariam em negação nem procurariam distrações se isso não fosse verdade. Ao mesmo tempo, o encanto de tomar consciência de si é também muito real, mesmo que a sociedade não nos ensine que isso é verdade. A propaganda de massa, não só de porcarias alimentares, mas de todo tipo de bens de consumo, tenta fazer o impulso parecer emocionante. A resposta para tudo é consumir cada vez mais, como se mascarar a dor com o prazer seja a melhor solução.

É bastante útil olhar para a realidade, mostrando o que de fato acontece se adotamos um estilo de vida consciente em oposição a uma vida sem consciência.

Estilo de vida sem consciência

Quando não temos consciência, a nossa história de vida foge do controle. Ficamos como marionetes do cérebro, ou seja, nossas escolhas não são de fato nossas, e sim repetições mecânicas de escolhas anteriores. Cedemos a impulsos momentâneos. Tomamos decisões apressadas e nos arrependemos mais tarde. Consequências involuntárias vão surgindo como se fossem ervas daninhas. As pessoas que levam um estilo de vida inconsciente não conseguem resolver os problemas de maneira realista. Elas tendem a ter os seguintes pensamentos:

- Por que isso está acontecendo comigo?
- Por que não consigo resolver nada?
- Por que me sinto tão sobrecarregado?
- Alguém tem que me ajudar.
- Estou fora de controle.

Esses pensamentos não são agradáveis e podem facilmente levar ao pânico. No entanto, quem já não ficou dessa maneira em determinadas circunstâncias? Diante de muito estresse, ficamos paralisados por pura exaustão. Incapazes de resolver um difícil assunto pessoal, nos resignamos. Um processo mente-corpo está em funcionamento, é o instinto natural que evita a dor. Um estilo de vida sem consciência nos desvencilha das situações duras. A curto prazo, isso é um alívio – a sensibilidade ao sofrimento fica reduzida.

Mas a longo prazo é preciso evitar muita coisa para se manter nesse estado indiferente. A negatividade que tentamos bloquear não é resolvida. Coisas ruins continuam a acontecer, e elas aumentam, pois quando não desenvolvemos uma boa habilidade para enfrentar, não resolvemos os problemas. Se nos habituamos a viver inconscientes, a tendência é adiar e continuar adiando decisões importantes. É provável que nos tornemos esquecidos e indecisos. Será difícil exprimir a nossa verdade, pois não teremos certeza de quem somos.

Sentimentos típicos do estado de inconsciência

- Impulsividade
- Depressão
- Ansiedade
- Impaciência
- Vitimização
- Desamparo

Ser consciente

Quando somos conscientes, temos controle sobre os nossos impulsos. Não viramos marionetes do nosso cérebro. Ao contrário, o usamos como um presente magnífico da mente. Ele faz as intenções e os sonhos se tornarem realidade, e propicia um fluxo de criatividade. A mente superior é explorada por causa dos recursos de inteligência e evolução. Quando levamos um estilo de vida consciente, é possível tomar decisões racionais, que nos dão o poder de moldar nosso futuro. É muito menor o número de consequências imprevisíveis, e, quando elas surgem, confiamos que vamos encontrar uma solução. Não ficamos como joguetes do destino.

Ser consciente é saber como lidar com a imprevisibilidade e a incerteza. A experiência nos ensinou que a incerteza tem uma sabedoria própria – sem ela, a vida seria um tédio de previsível. Portanto, vamos surfar na onda da incerteza, em vez de ficar embaixo dela. Vamos ficar atentos e ser ativos nas mudanças da vida. Quando levamos um estilo de vida consciente, nossa mente formula pensamentos como:

- Preciso planejar com antecedência.
- Está tudo sob controle.
- O que é melhor para mim nesta situação?
- As coisas estão caminhando como deveriam?
- Vou refletir um pouco. Preciso de tempo para pensar.
- Sei o que estou fazendo.

Esses pensamentos trazem segurança. Quanto mais conscientes nos tornamos, mais nos sentimos responsáveis por trilhar uma história de orgulho e satisfação. Ninguém a está traçando para a gente, e, se alguém tentar intervir, não vamos medir esforços para reivindicar nossos direitos. Ser consciente também está relacionado com o domínio de certas habilidades. Esse conhecimento demanda uma capacidade de lembrar de nossos erros e de aprender com eles, ter paciência com o processo de aprendizado e saber adiar resultados imediatos a troco de ganhos a longo prazo. Ser consciente abre um caminho de êxito diante dos desafios da vida.

Sentimentos típicos do estado de consciência

- Atenção
- Vigilância
- Interesse

- Curiosidade
- Estabilidade
- Segurança
- Mente aberta
- Flexibilidade

Uma das razões de este livro explorar certos temas é que, ao contrário do que acontece com um simples conselho, é possível apropriar-se dos temas e ser criativo. Incorporando esses temas na vida pessoal – seja a leveza, a pureza, a energia ou o equilíbrio – você poderá mudar seu estilo de vida, caminhando da inconsciência para a tomada de consciência. Chegar ao peso ideal é importante, mas, para ser sincero, os livros de dieta, nutrição e controle de peso, mesmo os mais confiáveis (que são uma minoria ínfima), não mudam a vida de ninguém da maneira que prometem. Apenas tomar consciência de si pode ajudá-lo a fazer isso.

Quando alcançamos um estilo de vida consciente, podemos celebrar a existência. Tenhamos isso em mente todos os dias. Façamos disso a nossa regra, moldando então as nossas escolhas. Eis aqui uma versão de minha visão pessoal. Trata-se de um manifesto, que surgiu do direito de ser consciente. Adote-o, personalize-o. Quando perceber que perdeu o foco, volte-se para o seu manifesto e reforce-o ao máximo.

Manifesto consciente

- O meu corpo deve representar o que eu desejo.
- Quero estar no meu peso ideal.
- Quero me sentir leve, com energia e alegre.
- Não quero sentir dor.
- Quero me sentir bem com a aparência do meu corpo.
- Quero ficar tranquilo e centrado.
- Quero me sentir bem comigo mesmo.

Antigos condicionamentos podem nos impedir de viver esse nosso manifesto em sua plenitude. Mas nada pode nos impedir de ter uma regra de vida, uma visão, e, uma vez que a busquemos, as possibilidades se expandem, bem como a tomada de consciência. As sábias tradições mundo afora há milhares de anos fizeram essa promessa, e inúmeras pessoas encontraram satisfação nesse mesmo caminho que estamos percorrendo agora.

HORA DE AGIR:
"Como estou me saindo?"

Todas as atitudes têm origem na mente, portanto, aprender a dirigir a mente é um pré-requisito para qualquer tipo de mudança. Eis um ditado muito verdadeiro: "A nossa segurança reside em nossos pensamentos". Se os pensamentos falam de tentação, de não desistir, de ansiedades irresistíveis, de incapacidade de controlar o peso, ninguém se sente seguro. O que importa não é o quanto você pesa. Mas permanecer consciente da perda de peso. É possível conservar essa consciência da perda de peso da seguinte maneira:

- Não lutando contra você mesmo.
- Ignorando a contagem de calorias.
- Abandonando os alimentos dietéticos.
- Consumindo alimentos naturais.
- Sabendo se está mesmo com fome.
- Recuperando o equilíbrio mental quando for importante.
- Lidando com as coisas que tiram você do sério.
- Concentrando-se no peso ideal desejado.
- Satisfazendo-se sem comer em excesso.

Quando alguém está firme na consciência da perda de peso, está traçando um caminho – não importa o que faça em termos de atitude, todos os caminhos são de consciência, o lugar onde crenças, esperanças, desejos, sonhos e medos são ativados.

Hoje, gaste um tempinho do seu dia para rever o seu estado emocional. Dê uma nota de 1 a 5 para cada elemento da consciência de perda de peso, levando em consideração a legenda a seguir:

5. Obstáculo superado – estou orgulhoso do ponto ao qual cheguei.
4. Estou indo bem.
3. Preciso prestar mais atenção.
2. Eu falhei – preciso me concentrar pra valer.
1. Ih, esqueci completamente.

Atente para o aspecto que você precisa trabalhar mais e pense nele em algum momento do seu dia. O objetivo é apenas relembrar. Com a repetição, isso se transforma numa ferramenta poderosa para treinar a sua mente.

Ao mesmo tempo, reconheça os aspectos em que está se saindo bem. Valorize seus avanços. Identifique-se realmente com um estado positivo de consciência – é isso que vai mudar a sua vida.

AJUSTE PESSOAL
Deixe que seu corpo tome conta de você

Pontos principais
- O sistema corpo-mente se ajusta sozinho. Esse ajuste é chamado homeostase – uma não mudança dinâmica em meio à mudança.
- Todas as funções do organismo se ajustam através dos ciclos de realimentação. Os pensamentos, sentimentos e desejos são o que o organismo recebe de mais importante nesses ciclos.
- Os indícios de consciência corporal são saciedade/fome, conforto/desconforto, energia/letargia e leveza/peso.
- Centenas de ciclos de realimentação funcionam sem esforço para nos manter vivos, saudáveis, vigorosos e em movimento sem a nossa participação consciente. Mas o que fazemos é fundamental para conservar biorritmos importantes, sobretudo o sono.
- Um biorritmo mais favorável está relacionado a um metabolismo mais favorável, que resulta em mais energia e na adequação do peso normal. Um biorritmo prejudicado gera desequilíbrios hormonais, rompendo muitos desses ciclos de realimentação.
- O nosso organismo tem consciência de si mesmo, é como uma sinfonia de processos engrenados. Ele não se vê como uma máquina ou uma "coisa". Devemos considerar o nosso corpo como um verbo, não como um substantivo.

Podemos ignorar o nosso corpo, mas ele jamais vai nos ignorar. Tem tomado conta de nós, com lealdade, desde que fomos concebidos. Independentemente de quanto o negligenciamos ou judiamos dele, o corpo não abandona a sua missão. Ele existe para tomar conta de nós, se permitirmos isso. À noite, dormindo, quando ficamos inconscientes, o nosso organismo continua a ajustar centenas de processos sem atenção nenhuma de nossa parte. A missão dele é nos manter vivos, com saúde e em movimento. Essa capacidade é conhecida como autorregulação – 50 trilhões de células funcionando em nome da honra, digamos assim.

Se conscientemente deixamos o corpo tomar conta de nós, ele se tornará nosso maior aliado e companheiro fiel. O mais importante a fazer é parar de interferir nessa regulagem. Em casos sérios de excesso de peso, a interferência assume uma forma física. O peso a mais faz uma pressão desnecessária sobre todo o organismo. Se o corpo funciona como um supercomputador, processando constantemente entradas e saídas, despejar gordura animal derretida e caramelo não vai ajudar.

Digo isso superficialmente, pois as coisas ficam mais sérias se juntamos aí as toxinas mentais e emocionais. Todas as crenças negativas enfraquecem a parceria entre a mente e o corpo. Já tratamos ligeiramente desse assunto, conhecido como homeostase – a capacidade de o organismo preservar a não mudança em meio à atividade. Essas palavras abstratas apontam para a capacidade milagrosa do ajuste pessoal. A vida está estruturada para que esse autoajuste fique longe da vista, de modo que possamos fazer o que quisermos. Talvez uma pessoa vista uma roupa de ginástica, pensando: "Hora de dar uma volta no parque", o que parece ser uma mensagem simples. Ela está pedindo ao corpo para se mexer. Mas, num nível oculto, essa instrução afeta o açúcar do sangue, o colesterol, a pressão sanguínea, a temperatura, a gordura corporal, a massa muscular, a densidade óssea, os níveis hormonais, a atividade metabólica, a função imunológica e o peso. Não existe nenhum momento em que todas essas funções não estejam sendo reguladas. E a meta principal é a homeostase, que permite que a pessoa faça algo dinâmico (dar uma volta no parque) enquanto conserva um estado constante de equilíbrio do corpo.

Se a homeostase for desligada, o organismo envia um sinal. Por exemplo, talvez a pessoa não tenha corrido durante três meses e, de repente, um lindo dia de primavera a inspira a correr no parque. Despreparado para essa decisão repentina, o corpo fará tudo o que pode para se proteger. Mas, exigido demais, ele vai enviar sinais de desconforto e tensão: a pessoa se sente sem fôlego, os músculos estão fracos, as juntas doem, a respiração fica ofegante, o coração bate acelerado no peito. Esses são resultados automáticos de uma homeostase exigida a ponto de ser necessária uma interferência. O que fazer em seguida depende da pessoa.

Como funciona a consciência do corpo

Muitos processos ocorrem simultaneamente no organismo para pensarmos nele como um substantivo. Como mencionei anteriormente, gosto de pensar no corpo como um verbo. A nossa mente consciente não tem como monitorar todos os processos biológicos do organismo. Os sinais básicos do corpo que necessitam de nossa consciência envolvem os temas que temos trabalhado neste livro:

- Saciedade/Fome
- Conforto/Desconforto
- Energia/Letargia
- Leveza/Peso

A primeira palavra de cada dupla indica um estado de equilíbrio emocional – a homeostase está tomando conta da pessoa sem pressão, estresse e tensão desmedida. Já a segunda palavra indica que a homeostase está sob pressão. Ou seja, um sistema automático está avisando que precisa que a pessoa corrija conscientemente a situação. Se ela faz a correção, o autoajuste volta ao seu milagroso funcionamento normal, e tudo entra em atividade de novo.

A melhor maneira de corrigir o desequilíbrio é através da consciência do corpo, que não exige esforço. É possível monitorar como nos sentimos, prestando atenção aos sinais primordiais acima listados: saciedade/fome, conforto/desconforto, energia/letargia e leveza/peso.

Atitude: Consciência da fome

Quanto mais afinada for a nossa tomada de consciência, maior o contato com o nosso organismo. É comum dizermos "estou morrendo de fome" e ir atrás de um monte de comida quando o corpo, na verdade, está dizendo "tenho um pouquinho de fome" (e se sentiria satisfeito com metade de um sanduíche ou com uma salada).

Da próxima vez que você for comer, pare e classifique sua fome de acordo com esta escala de 0 a 8.

- 0 a 1: O estômago está completamente vazio – você não consegue sentir nada da refeição anterior em seu organismo. Ao mesmo tempo, há uma sensação de fome. É nesta hora que você deve começar a comer.
- 2 a 4: É como se sente quando está comendo com tranquilidade, ou depois de ter acabado de comer, ainda fazendo a digestão, satisfeito. Você não sente fome.
- 5: Enquanto se alimenta, começa a se sentir satisfeito.
- 6: Este é o ponto de maior conforto. Você se sente bem satisfeito – não existe nem sensação de fome nem nenhum incômodo por ter comido demais. Você deve parar de comer.
- 7 a 8: Você ultrapassou o nível de conforto. Depois de comer, fica com uma sensação de desconforto, como peso, falta de vigor ou dilatação do abdômen.

Muitas pessoas sentem o impulso de comer mesmo quando o organismo delas indica que já estão satisfeitas. Talvez não sejam compulsivas, mas essas pessoas estão sentindo algum tipo de pressão e precisam de algum consolo. Ou então é algo normal, como um cliente que telefona inesperadamente e quer marcar um jantar cedo, portanto, a ida a um restaurante algumas horas depois de ter almoçado se torna obrigatória.

Seja qual for a situação, ter consciência do nível da sua fome, e obedecê-lo, preserva a força dos ciclos de realimentação entre a mente e o corpo.

Algumas dicas:

- Obedeça ao nível de fome. Não coma se já está satisfeito. E, ao contrário, não deixe de comer caso se sinta faminto (é o que a maioria das pessoas faz, acreditando que assim vai perder peso).
- Fique atento aos seus níveis de fome enquanto come. Quando estiver satisfeito (no nível 6 da nossa escala), pare de comer. Levante-se da mesa ou tire o prato da sua frente.
- Aprenda a considerar a sensação de uma fome leve como um sinal positivo de seu organismo. Não a use como desculpa para começar a comer instantaneamente.

A consciência do corpo é algo que acontece com naturalidade. Se algo dói, por exemplo, o desconforto é um sinal desagradável e instintivamente desejamos melhorar. Mas a reação mental nem sempre é simples. Muitas pessoas com sobrepeso mal se dão conta de suas convicções negativas, de tanto tempo que elas ali estão. Mesmo assim, é possível identificá-las pelos pensamentos prejudiciais que geram. Que tipo de parceria está em andamento entre a mente e o corpo se os seus pensamentos são como os seguintes?

- O meu corpo é feio e medíocre.
- Estou preso a este corpo. Não há nada que eu possa fazer.

- Mesmo me esforçando para perder peso, meu corpo não ajuda.
- Estou muito desapontado com este corpo.
- É só uma questão de tempo para que alguma coisa desande no meu corpo.
- O jeito é ignorar a aparência e o estado do meu corpo.

Obviamente, há dificuldades nessa parceria. De acordo com minha experiência, as pessoas com histórico de problemas de peso são em geral bastante desligadas dessa conexão entre a mente e o corpo. Com certeza, não a usam em benefício próprio.

Amanda, uma paciente minha, desenvolveu diabetes tipo 2 aos 55 anos, depois de viver com sobrepeso desde a adolescência. Eu era apenas mais um de uma longa lista de médicos que ela havia consultado, o que não surpreende, pois o diabetes tem efeitos sistêmicos. O oftalmologista dela lhe disse que a sua visão embaçada era consequência de uma deterioração na retina, que felizmente ainda era pequena. Outros médicos cuidavam de seu cansaço, alterações de humor, hipersensibilidade a medicamentos, instabilidade nos níveis de açúcar do sangue e dores na lombar (esse último problema não estava relacionado ao diabetes).

Amanda é uma mulher estoica e franca. Ela arrasta-se de um médico a outro, determinada a resolver esses sintomas. A primeira coisa que me contou foi: "Eu me considero uma curadora. Trabalho com uma abordagem holística do corpo. Os meus clientes me contam que mudei a vida deles".

"E você se pergunta por que não muda a sua", eu a interpelei. Ela concordou.

Perguntei a Amanda o que ela estava fazendo para si mesma, e ela desfiou uma lista impressionante. Consultava-se com um amplo leque de terapeutas alternativos. Tomava suplementos e preocupava-se muito em evitar alimentos processados. Fazia uma lavagem uma vez por mês. Eram todos passos proativos, mas havia algum nó.

"Gosto das coisas que você está fazendo", disse. "Mas como se sente?" Ela me parecia preocupada e tensa.

"Estou um farrapo", Amanda admitiu. "Detesto todas essas consultas. Queria que esses problemas sumissem."

"Tenho a impressão de que todas essas preocupações fizeram você comer mais", eu disse. Ela tinha ganhado cerca de 4 quilos desde a nossa última consulta, dois meses antes. Amanda concordou, aflita. O corpo dela lhe dizia que havia problemas, mas a sua reação a esse estresse era comer ainda mais. Portanto, o corpo dela já não era mais um parceiro, e ela precisava mudar isso. Havia muito drama também, além das preocupações médicas.

"Você se preocupa com a situação toda", salientei. "Mas está cuidando dela de um jeito negativo. O desequilíbrio de seu corpo foi tão longe que ele está enviando a você sinais de irritação. É preciso diminuir essa irritação, e, quando fizer isso, a sua irritação também diminuirá. As duas estão intimamente relacionadas."

O cuidado adequado ajuda o corpo a recuperar a homeostase; a cura não progride até isso acontecer. Amanda poderia fazer muita coisa para oferecer ao seu organismo uma chance de se reajustar:

- Poderia parar de comer demais.
- Poderia meditar.
- Poderia tomar providência para reduzir os níveis de estresse.
- Poderia avaliar as suas convicções negativas.
- Poderia alimentar a conexão entre o corpo e a mente fortalecendo a satisfação de modo positivo.

Essas são reações positivas. Eu tinha também uma sugestão mais imediata. Pedi a Amanda que fechasse os olhos e ficasse em silêncio. Então eu a conduzi pela seguinte meditação:

"Visualize o seu corpo saudável e equilibrado. Veja-o com o peso ideal. Sinta a alegria que é estar assim. Visualize a você mesma sorrindo, sentindo-se satisfeita com esse corpo. Diga a si mesma: 'Esta sou eu. Quero ter o corpo que estou vendo. Este vai ser o meu corpo o mais rápido possível'."

Ao longo dessa meditação, Amanda sorriu. Dava para ver a tensão deixando o seu organismo. O rosto dela relaxou, e ela ficou com um ar de contentamento e esperança.

Por que os outros médicos de Amanda não a ajudaram? Porque eles enxergaram o corpo dela como uma máquina quebrada que precisava ser consertada. Tinham pouco conhecimento sobre a figura humana como um todo – e não tinham interesse. Mas essa figura humana era de grande importância para ela. "Pare de comer tanto" era só uma brecha na estratégia entre o corpo e a mente para ela começar a melhorar sua vida.

A necessidade de reação

O nosso organismo precisa de entradas e respostas positivas. Os seus ciclos de realimentação funcionam automaticamente, e é por isso que conseguimos sobreviver durante meses ou anos em coma. Mas o sistema nervoso tem uma segunda parte – o sistema nervoso voluntário – que exige a nossa participação. Ele reage diante do que dizemos, pensamos e fazemos.

Desligamento significa que recusamos essa participação. Estamos instruindo a nossa mente e o nosso sistema nervoso a seguirem adiante sozinhos. Pode parecer algo neutro, mas não é. Esse desligamento tem muitas formas enraizadas na autocrítica. As principais são: negação, inércia, apatia e resignação. As pessoas com problemas de peso conhecem isso tudo muito bem. Esse desligamento ou desapego não é sinônimo de sabedoria e calma, como o de um Buda. O desapego espiritual é um estado de paz. Já o tipo de desligamento que ignora o que o corpo está nos dizendo tem origem na negatividade – não há nada de pacífico nele. Uma mistura de pensamentos e convicções maléficas se resume em: "O meu corpo está contra mim".

É importante reverter essa atitude, pois o nosso organismo sabe o que estamos pensando e o que estamos sentindo. Nós estamos o alimentando de negatividade. Trilhões de células não param de receber mensagens químicas vindas da mente, codificadas como elementos químicos. Um hormônio do estresse como o cortisol desempenha um papel vital em duas funções essenciais à vida: alimentação e sono. Como endocrinologista, quando estudei esse fato, minha atenção se dirigia à estrutura da molécula do cortisol e como ela interagia com os demais hormônios. Essa interação era complexa e fascinante. Impressionava-me como um estresse repentino – causado, por exemplo, pela frase "Está despedido" – instantaneamente causa uma descarga de hormônios do estresse e, dois minutos depois, o corpo inteiro se modificava. Tudo por causa de uma única frase.

Essa ideia me faz enxergar o cortisol não como uma molécula, mas principalmente como uma ameaça. Como uma mensagem de texto ("Está despedido") enviada pela corrente sanguínea, levando más notícias. Ao estudar medicina, nós ignorávamos essas mensagens porque tudo era muito científico; o lado humano era secundário. Mas, claro, "Está despedido" é uma mensagem humana, assim como os pensamentos negativos sobre o excesso de peso. "Você está gordo" é uma frase que ninguém quer ouvir, e é tão ou mais devastadora do que "Está despedido".

Os hormônios reajustam o corpo

Vamos analisar mais de perto o que o organismo faz com as mensagens que estão circulando por ele o tempo todo. São centenas de ciclos de realimentação que, sendo interconectados, regulam uns aos outros. Portanto, como podemos reajustá-los de um jeito simples e eficaz?

Como já mencionei anteriormente, o fator mais importante na homeostase é o equilíbrio. Mas em termos fisiológicos, o que está sendo equilibrado? Os elementos-chave são ciclos diários conhecidos como biorritmos. Os processos do organismo não acontecem ao acaso. Eles são rítmicos, e cada um está enredado com os demais, como numa relojoaria imaginária onde centenas de relógios marcam a mesma hora, ainda que cada um com um tique-taque diferente. A pressão sanguínea, por exemplo, segue um padrão de ondas diário, ao subir e descer. O hormônio cortisol rastreia o ritmo do despertar e do adormecer (desligar esse ciclo químico leva aos efeitos ruins provocados pela mudança de fuso ou dos turnos noturnos – ainda que os trabalhadores noturnos achem que se acostumaram a ficar acordados quando deveriam estar dormindo, os seus níveis de cortisol indicam outra coisa).

O ciclo menstrual das mulheres depende de hormônios, e embora as causas da tensão pré-menstrual (TPM) não sejam compreendidas, os pesquisadores suspeitam que uma alteração cíclica nos hormônios, acompanhada de mudanças no cérebro, sejam a resposta. Com uma fisiologia diferente, os homens também têm comportamentos hormonais, e, se fizermos uma pesquisa na internet sobre "ciclo hormonal masculino", encontraremos quem defenda um ciclo masculino mensal de testosterona, relacionado a mudanças de humor, excitação sexual e depressão. Tal ciclo foi pouco relatado e pouco estudado pela medicina, mas a testosterona passa por um ciclo diário, com pico pela manhã.

Existe uma sinfonia de hormônios em curso pelo corpo, e quando estão equilibrados uns com os outros, o nosso biorritmo segue um padrão natural. Quando o seu corpo está fora de equilíbrio, porém, os níveis de hormônios também refletem isso. Por exemplo, a falta de sono, ao desligar os níveis de cortisol, afeta a reação da fome, e é por isso que as pessoas tendem a comer mais quando o sono é ruim. Esse fator é tão importante que a perda do ritmo natural de sono pode ser a razão para comer em excesso (nas pessoas com depressão crônica, o primeiro sinal de um surto pode ser o sono irregular, e, se isso é resolvido logo, a depressão pode não ocorrer).

Os hormônios são reguladores ou porteiros. Conservam as funções mais importantes do organismo numa certa extensão, nem muito elevadas nem muito baixas. Isso inclui respirar, beber água, comer, digerir, o metabolismo, a excreção e experiências sensoriais, através da audição, do tato, da visão, do paladar e do olfato. Tudo deve ser autoajustado de acordo com limites adequados. Se repentinamente nos assustamos e a respiração fica rápida e entrecortada (um sinal físico de "lute ou fuja"), um hormônio – a adrenalina – leva o coração ao extremo. O organismo sabe que esse extremo só pode ser mantido com segurança por pouco tempo, então a adrenalina passa rapidamente pelo sistema.

Qual a relevância dos hormônios no caso do sobrepeso? Já sabemos que comer demais ou consumir os alimentos inadequados altera o açúcar do sangue, afetando os níveis de insulina e oferecendo o risco de desenvolver diabetes (embora ser pré--diabético também não seja saudável; ou seja, não há segurança apenas porque os sintomas ainda não apareceram). O mais incômodo talvez seja a gordura que se acumula em volta da cintura. O simples fato de essa gordura se localizar ali já faz diferença. As mulheres com gordura abdominal que ainda não entraram na menopausa apresentaram qualidade e formação óssea piores que as mulheres cuja gordura se localizava em outras partes do corpo.

Em ambos os sexos, o efeito desfavorável da gordura abdominal, que só recentemente foi alvo de pesquisas, é devido ao fato de essas células de gordura frequentemente secretarem hormônios na corrente sanguínea. Elas introduzem sobretudo a leptina, o hormônio que aumenta o apetite, que é naturalmente contrabalançado pela grelina, o hormônio da saciedade. Descobriu-se que os níveis de leptina são diretamente proporcionais ao peso do corpo. Em outras palavras, quanto maior o nosso peso, mais fome sentimos, o que é uma ironia cruel, uma vez que a gordura corporal é uma reserva da natureza para momentos de escassez alimentar. A leptina é também fundamental ao metabolismo da gordura, e isso também é cíclico. O metabolismo da gordura atinge o ponto alto entre 9 a 10 horas depois do jantar, à noite. Considera-se que petiscar alguma coisa antes de ir para a cama interfere nesse ciclo, pois gera dois tipos de problema: estamos ingerindo comida quando o corpo não a deseja e ainda inibindo a capacidade de metabolizar gordura.

A leptina está também ligada à síndrome de "regime não funciona". O efeito rebote, que acontece depois que as pessoas saem de um regime drástico e recuperam os quilos que tinham perdido e alguns a mais, está relacionado ao aumento de leptina. O corpo interpreta esse regime drástico como escassez de alimento, já que as duas coisas significam uma queda drástica nas calorias. Quando a escassez termina, os níveis de leptina se elevam a fim de nos deixar com mais fome e, ao mesmo tempo, o nosso metabolismo é ajustado – também por hormônios – a fim de transformar mais alimentos em gordura. O truque de comer um pouquinho antes de uma refeição funciona porque faz o ciclo leptina-grelina passar de alimentação a metabolismo, quando a fome é naturalmente reprimida.

Atitude: Conectando alimento, humor e energia

A medicina confirma: o que comemos e como nos sentimos são aspectos conectados por uma sinfonia de hormônios. Mas quem pode julgar melhor a nossa situação somos nós mesmos. Agora que você já aprendeu a classificar o seu nível de fome real em uma escala de apetite, isso pode ser relacionado a efeitos em seu humor e a níveis de energia.

Nas duas semanas seguintes, faça um diário para acompanhar esses três fatores. Veja um exemplo de uma página desse diário:

	Nível de apetite antes de comer	Nível de apetite depois de comer	Humor antes de comer	Humor depois de comer	Nível de energia antes de comer	Nível de energia depois de comer
Café da manhã						
Almoço						
Jantar						

Para avaliar o seu humor, use uma escala de 1 a 10, em que 10 é um estado de bem-estar e alegria e 1 representa sentimentos de profunda tristeza e sofrimento emocional. Classifique também os seus níveis de energia em uma escala de 1 a 10, sendo 10 o mais alto nível de vibrante energia e 1 a sensação de estar acabado e sem conseguir levantar da cama de cansaço.

Por experiência própria, ao acompanhar o meu apetite, humor e nível de energia, comecei a perceber os padrões. Por exemplo, quando eu parava de comer nos níveis 4 a 6 (relacionados a uma refeição leve), eu quase sempre me sentia com energia e contente. Se eu me empanturrasse, no entanto, percebia que sempre me sentia preguiçoso e meio apático.

Por outro lado, se esperasse demais para comer, chegando ao nível 1 ou 2 de apetite, acabava devorando a refeição e me sentindo cansado ou irritado depois.

Lembremos que o diário é uma ferramenta que ajuda a aumentar a conscientização pessoal. Você deve simplesmente observar qualquer padrão sem fazer julgamentos nem críticas. À medida que sua conscientização aumenta, você naturalmente se orientará para fazer alterações na sua alimentação que o ajudem a se sentir mais feliz e com mais energia.

Alimentar-se por estresse

Obviamente o seu organismo precisa ter níveis normais de hormônio para seguir o fluxo do biorritmo. Se o biorritmo for desligado, é preciso encontrar um jeito de reajustá-lo. Em termos do desequilíbrio causado pelo ganho de peso, é vantajoso dividir as pessoas com sobrepeso em duas categorias. A primeira categoria tem problemas com insulina e açúcar no sangue. A principal maneira de reajustar os níveis de insulina do corpo é através dos alimentos que consumimos, concentrando-nos em alimentos naturais e evitando o açúcar refinado e outros carboidratos simples. Veja mais sobre isso na seção sobre a filosofia alimentar do Chopra Center.

O segundo tipo de pessoas com sobrepeso tem problemas relacionados ao estresse. O consumo em excesso de açúcar e o desequilíbrio do açúcar no sangue têm uma relação direta, mas o elo entre estresse e ganho de peso é mais indireto e envolve alguns hormônios que à primeira vista não têm muito a ver com fome e gordura corporal. Mesmo assim, estão enredados na sinfonia dos hormônios, pois essa química não age sozinha.

A linha divisória entre problemas de açúcar no sangue e problemas com estresse é imprecisa, mas independentemente da categoria em que a pessoa se encaixa, se ela acumula gorduras extras no corpo, essas células começam a secretar hormônios que afetam o açúcar do sangue e o apetite. Isso está acontecendo com você?

Teste: O estresse faz você comer?

Verifique os itens que se aplicam ao seu modo de comer e a sua situação em geral.

- ☐ Você é mulher? (As mulheres são mais propensas a comer por causa de estresse. Comem em busca de consolo. Já os homens são mais propensos a procurar o álcool ou o cigarro.)

- ☐ Você é sedentário? (A curto prazo, o exercício físico nos faz comer mais, mas nos exercitar com vigor e regularidade reajusta a reação ao estresse.)
- ☐ Você está solitário ou socialmente isolado? (Falta de vínculo social significa não ter uma válvula de escape para o estresse do cotidiano.)
- ☐ Você belisca quando está se sentindo nervoso ou inquieto?
- ☐ Você lida com o estresse sozinho?
- ☐ Você tem dificuldade para pegar no sono por causa do estresse e tensão diários ou dorme pelo menos de sete a oito horas? (O sono irregular desliga o ciclo diário do cortisol.)
- ☐ Para aliviar o tédio ou a pressão no trabalho, você faz lanchinhos entre as refeições?
- ☐ Quando se sente estressado, vai logo atrás de alimentos adocicados ou gordurosos?

Pontuação: _____

Autoavaliação

Se você marcou 1 ou 2 itens, é provável que não seja o tipo que come por causa de estresse. Você não desenvolveu um ciclo de *feedback* entre o estresse diário e a comida. Uma pontuação de 5 a 8 itens coloca você certamente na categoria dos que comem por causa de estresse. Você está usando a comida para lidar com a vida e estabeleceu um ciclo de *feedback* de modo que, quanto mais faz da comida um consolo, menos eficiente isso é, levando você a comer mais.

O que devo fazer?

A chave para quebrar o ciclo da alimentação impulsionada pelo estresse é lidar com o estresse de uma forma melhor. Não brigue com seu apetite; ensine a sua mente a lidar com a reação ao estresse de modo mais efetivo. Como foi visto no teste, é preciso lidar com o estresse escolhendo itens de um cardápio antiestresse:

- Meditação
- Ioga
- Técnicas de relaxamento, como exercícios respiratórios
- Sono de boa qualidade
- Exercícios feitos com vigor e regularidade
- Vínculos sociais íntimos

O estresse é um suspeito tão grande de causar problemas de obesidade que ele merece uma atenção especial. Portanto, veja no final do capítulo a seção "Hora de agir", que fala mais sobre esse problema que afeta a maioria das pessoas de um jeito muito sorrateiro, mesmo quando elas pensam que não têm uma vida estressada.

Comer por causa de estresse é um paradoxo. A curto prazo, a adrenalina, que dispara a reação de lutar ou fugir, fecha o trato digestivo e deprime o apetite. "Estou muito chateado, nem quero comer nada" é a primeira reação ao estresse. (Isso está quimicamente vinculado a uma glândula do cérebro, o hipotálamo, que secreta o hormônio corticotropina, que fundamentalmente diz ao organismo: "Esta é uma emergência. Não é hora de comer".) Algumas pessoas comem de nervoso e permanecem magras, pois tendo grandes reações a estresses pequenos do dia a dia, os seus hormônios não deixam que sintam fome.

Porém, depois do estresse, graças ao hormônio cortisol, que atiça o apetite e propicia muita motivação, podemos nos sentir propensos a comer. Depois de uma disputa ou de ganhar um jogo de futebol, a pessoa está tão carregada que comer se torna uma necessidade urgente e imediata. O nível de cortisol naturalmente despenca depois que o estresse passa, mas, se ele é constante, mesmo que num nível baixo, comer pode se tornar uma compulsão. (Lembro-me da comovente história de um homem cuja esposa tinha acabado de falecer e, em seu luto, ele se flagrou dirigindo a noite toda pela rodovia Pacific Coast e parando em todos os restaurantes de beira de estrada para comer um bife.)

Embora a pesquisa não seja muito clara sobre esse tópico, o estresse aparentemente faz as pessoas ansiarem por alimentos açucarados e gordurosos. Acredita-se que seja mais um ciclo de *feedback* controlado por hormônio, pois o açúcar e a gordura reprimem a parte do cérebro que reage ao estresse. Existe uma razão fisiológica para que uma boa fatia de bolo de chocolate seja um consolo. O segredo não é comer cada vez mais bolo de chocolate para permanecer consolado – isso é desastroso para o organismo –, mas lidar com o estresse que desequilibrou os nossos hormônios.

Há 35 anos, quando eu era estudante e me interessei pela primeira vez pelo que então tinha o nome de "moléculas da emoção", abriu-se uma imensa perspectiva. Os hormônios são a chave para o autoajuste, e é impossível ignorar a conexão entre o corpo e a mente quando consideramos como eles estão dramaticamente envolvidos em nosso modo de pensar, sentir, nos comportar – e na maneira de comer. Anteriormente, tratamos dos quatro hormônios diretamente relacionados à alimentação (leptina, grelina, insulina e adiponectina). Embora não ocupem o centro do palco, outros quatro hormônios entram em cena nos problemas de peso:

- Adrenalina
- Cortisol
- Endorfinas
- Hormônios da tireoide

Os dois hormônios do estresse – adrenalina e cortisol – nunca foram relacionados ao peso até descobrirem que eles aumentam os acúmulos de gordura abdominal. As endorfinas, narcóticos naturais fabricados no cérebro, funcionam como analgésicos. Elas aumentam com atividade física, paixão, orgasmo e com alimentos picantes. Não existe uma mensagem única nisso, até percebermos que as endorfinas são um ingrediente do "coquetel de satisfação" do organismo. Sendo assim, sua elevação e queda estão enredados com tudo o que diz respeito à satisfação e ao que fazer para encontrar mais satisfação.

Não pretendo que ninguém memorize as funções dos hormônios – muito pelo contrário. Os nossos hormônios são orquestrados e andam entrelaçados. Eles traduzem os nossos sentimentos em termos de mensagens químicas que podem ser compreendidas pelas células. É surpreendente que isso ocorra, e ninguém sabe ao certo como realmente isso funciona. Por que uma substância química, a adrenalina, deveria nos fazer sentir medo ou o desejo de sair correndo? A ciência não explica, mas o ponto crucial é que os hormônios permitem que conservemos um estado de equilíbrio interno e de tranquilidade ao mesmo tempo que também nos oferecem a possibilidade de reagir rapidamente diante de qualquer alteração na vida.

Em termos de peso, isso significa que devemos considerar além de um simples "hormônio da fome" ou "hormônio da gordura" para entender o panorama como um todo. A descrição didática de hormônio é muito estreita, sendo completamente desconectada da situação humana. Em qualquer conversa sobre metabolismo e obesidade, a tireoide sempre aparece. Para um endocrinologista, a relação entre a atividade da tireoide, as emoções e o metabolismo não é precisa. Mas um nível baixo de tireoide relacionado à depressão ou estresse vai influenciar o metabolismo. Trata-se de um exemplo simples de como enxergar o todo, considerando por que alguém num estado emocional negativo vai enviar sinais hormonais ao organismo que têm um efeito amplo. (No capítulo sobre bem-estar emocional, mais três hormônios entram na sinfonia química.)

Sono, o senhor do biorritmo

Os hormônios nos indicam como a mente e o corpo estão inteiramente interconectados. Ao alterar um biorritmo importante, os efeitos serão percebidos em todos os lugares. Principalmente no sono, que é o senhor do biorritmo, ajustando o dia em tudo. Como se sabe, a razão para que a gente durma é ainda um mistério. Quase todas as descobertas feitas nas pesquisas sobre o sono decorreram da falta de sono. Se alguém é forçado a ficar acordado, os primeiros sintomas logo aparecem: lentidão, coordenação reduzida, confusão mental e cansaço físico. Se alguém é forçado a ficar acordado além de 24 horas, o que é difícil de induzir mesmo em condições de laboratório, os sintomas se agravam, levando a alucinações e o organismo a processos físicos caóticos.

Como as pesquisas sobre o sono são conduzidas a partir de um problema de privação de sono, ficamos como nos estudos sobre vitaminas, que são feitos por causa da deficiência delas. A falta de vitamina C leva ao escorbuto, entre outras doenças, mas isso não nos diz como otimizar a vitamina C, o outro lado da história, e com certeza o mais importante em termos da vida cotidiana.

Em relação ao sono, a triste verdade é que temos que começar com a privação, já que grande parte das pessoas adultas relata problemas para ter uma boa noite de sono, e outro tanto diz que deveria dormir melhor. O que acaba com um bom sono? Para começar:

- Levar trabalho para casa
- Ansiedade
- Comer muito tarde da noite
- Barulho ou luz demais no quarto
- Mudança de fuso horário
- Doença
- Dores leves
- Alguns medicamentos
- Interromper o sono para urinar
- Hábitos irregulares
- Histórico de insônia
- Estresse acumulado

Todos esses fatores podem ser facilmente relacionados ao excesso de comida. Mas a falta de sono, apenas ela, rompe o equilíbrio hormonal, e uma das consequências disso é que ficamos com fome e também não controlamos o que comemos (pois a capacidade de tomar decisão fica prejudicada). A leptina, a grelina e o cortisol saem do ritmo normal. Existem efeitos colaterais também. A falta de sono nos deixa irritados ou deprimidos, e isso, por sua vez, nos leva a comer a fim de nos sentirmos melhor.

Pode ser cientificamente comprovado que algumas pessoas são vespertinas, não sentindo sono antes da meia-noite e precisando dormir até mais tarde de manhã, enquanto outras são matutinas, preferindo deitar e acordar cedo. Quem já viveu com alguém que está na categoria oposta sabe por experiência como é difícil mudar essa programação. Não foi feita nenhuma pesquisa para verificar se é possível mudar esse biorritmo.

Dois aspectos, porém, são indiscutíveis. O sono é cíclico. O sono é químico. Como é cíclico, devemos fazer o possível para respeitar a harmonia do organismo com o ritmo das estações e as mudanças desde a manhã até a noite. Como o sono é químico, devemos saber que o cérebro deve secretar certas substâncias para nos fazer adormecer e depois acordar. Não devemos interferir nessa química usando álcool, fumo ou drogas. Mas até sair do horário de sono com muitas variações de rotina é como se voluntariar para mudar de fuso ou para o turno da noite – duas coisas de que o sono não gosta.

As orientações que favorecem uma boa noite de sono são bem conhecidas e as pessoas deveriam praticá-las antes de considerar que têm algum tipo de transtorno de sono.

O que leva a um bom sono?

1. Observar horários de rotina para ir dormir.
2. Deixar o quarto o mais escuro possível. Mesmo baixos níveis de iluminação ativam a glândula pineal, uma pequena

área do cérebro que regula os ritmos diários de acordo com a luz ou a escuridão.
3. Deixar o quarto o mais tranquilo possível. Durante o sono, temos fases em que ficamos quase acordados, e até barulhos leves (o tique-taque de um relógio ou uma torneira pingando) podem nos despertar antes da hora.
4. Regular a temperatura (do aquecedor, do ar-condicionado) de modo a ter um quarto fresco, pois o corpo se aquece na cama, e calor demais pode nos acordar.
5. Eliminar qualquer dorzinha leve. Elas ficam mais perceptíveis quando nos deitamos. Meio comprimido de um analgésico antes de dormir pode ser tudo de que precisamos.
6. Uma hora antes de ir para a cama devemos parar as atividades intelectuais.
7. Não devemos ir para a cama zangados ou chateados.
8. Permanecer tranquilos e evitar ficar virando na cama. Devemos nos deitar e esperar que o sono venha naturalmente.
9. Programar o horário de dormir de modo a ter oito horas tranquilas de sono ininterrupto.
10. Quem tem tendência a se levantar para urinar, não deve tomar nenhum líquido duas horas antes de ir para a cama.
11. Acordar sem despertador, de maneira que o ciclo natural do sono se ajuste.

Se já tentamos todas essas medidas – não apenas uma vez, mas por pelo menos duas semanas – e ainda temos problemas para dormir, inúmeros outros conselhos podem ajudar. Contudo, as pesquisas parecem um pouco contraditórias. Considerava-se antes que se alguém não tinha uma boa noite de sono durante a semana de trabalho, não poderia compensar no fim de semana. Considerava-se também que os estágios de sono profundo e sono REM (REM vem da expressão em inglês *"rapid eyes movements"*, ou "movimentos rápidos dos olhos", observados quando estamos sonhando) só eram atingidos a partir de sete a oito horas de sono ininterrupto.

Agora, parece que se descobriu que é possível atingir o sono profundo e o REM muito mais rapidamente, por isso os pesquisadores passaram a defender cochilos e mais horas de sono para recuperar um déficit. Mas, na minha opinião, a pesquisa sobre o sono não pode ser separada da vida como um todo. Nada atrapalha mais o sono do que tristeza, estresse, sentimento de perda, fracasso, ansiedade, depressão e preocupações cotidianas. Em casos graves de insônia é preciso verificar outras áreas da vida. É isso o que temos feito com a alimentação e a conscientização; sono e consciência convocam a mesma perspectiva. E grande parte das mesmas respostas também se aplicam:

- Dormimos bem se estamos felizes.
- Quanto mais contentes estivermos, melhor será o sono.
- Muita inércia e estagnação atrapalham o sono; atividade e envolvimento ajudam o sono.
- Apatia e cansaço levam a um sono ruim, e, por sua vez, o sono ruim gera apatia e cansaço.
- Toxinas e dependência de medicamentos como pílulas para dormir atrapalham o biorritmo e muitas vezes causam problemas de sono.

Não estou dizendo que quando enfrentamos uma fase de insônia é preciso verificar a vida toda. É preciso ter familiaridade com o estresse – assunto abordado na próxima seção "Hora de agir" – e ter consciência do que está derrubando o organismo. Tomar iniciativas é muito melhor do que sentir-se vítima, debatendo-se aleatoriamente em busca de soluções rápidas.

Um pequeno levantamento feito por mim e amigos inclui inofensivas formas de ajudar no sono – e quase todo mundo conhece pelo menos uma delas:

- Ao se deitar, repasse o seu dia durante cinco minutos. Relembre cada acontecimento significativo. Sinta-se bem em relação

ao dia vivido, sabendo que poderá lidar no dia seguinte com o que não foi feito ou não foi terminado. Este exercício alivia um estado de preocupação leve, substituindo-o por uma sensação de satisfação – nada é mais precioso.
- Deitado de costas, fique de olhos abertos. Se eles começarem a fechar, tente mantê-los abertos. Esse truque ajuda porque é o oposto de "tentar cair no sono", que é impossível.
- Fique deitado de costas, sem se mexer. Durante o sono profundo, os músculos ficam paralisados; assim, imitando essa imobilidade, o seu cérebro será provocado a entrar em estado de sono.
- Visualize o número 100. Se a imagem sumir ou a sua mente divagar, volte a imaginar o número. Como as pessoas costumam ficar acordadas por causa dos pensamentos, o truque é esse. Ver uma imagem não é algo cognitivo – não há palavras nem pensamentos. Portanto, ao se concentrar no número 100, você vai parar de pensar demais.

HORA DE AGIR:
Como lidar com o estresse sem comer

Se desejamos romper com o hábito de comer quando nos sentimos estressados, é preciso lidar com o estresse de um jeito melhor. Aprender um pouco mais sobre as perturbações mentais em si ajuda, em especial o chamado "estresse normal do dia a dia". Ele é considerado normal por duas razões. Nenhum acontecimento traumático provocou esse estresse, e o tipo de pressão que todos nós sofremos é em geral de um nível baixo. Ele tende a passar voando pelo radar. Mas, se uma pessoa se flagra comendo sem conseguir identificar por que teve aquele desejo de comer de repente, é provável que esteja tentando lidar com o estresse.

A comida, mesmo sendo um consolo, não deve ser o primeiro jeito de lidar com o estresse e com certeza não deve ser a primeira coisa a ser procurada. Três fatores pioram o estresse da vida diária (veja na página 192).

Formas ineficazes de aguentar o estresse

Quando você se sente estressado, em quantos dos seguintes comportamentos você cai?

☐ Procuro comida quando me sinto estressado.
☐ Reajo emocionalmente e às vezes explodo.

- ☐ Sinto-me apavorado e sufocado. Preciso bloquear o estresse ou me afastar.
- ☐ Ignoro o estresse e procuro me distrair, assistindo a um programa na TV, navegando na internet ou jogando um *video game*.
- ☐ Reclamo da pressão, principalmente com pessoas que não são a causa dela.
- ☐ Passo o estresse adiante, descarregando-o em alguém.
- ☐ Afasto-me ao máximo das pessoas que me causam mais estresse.
- ☐ Aguento o estresse até ter como me desligar (por exemplo, indo à academia ou tomando um drinque).
- ☐ Gero ainda mais pressão sobre mim mesmo e sobre os outros, pois acho que isso me fortalece e me torna mais competitivo.

Esses comportamentos não levam a cabo o que pretendiam: diminuir os efeitos prejudiciais do estresse. Esse sentimento possui um ciclo de *feedback*. Começa com um fator estressante (por exemplo, um prazo apertado, um chefe detestável, uma meta de venda inatingível); o resultado é a nossa reação. Podemos interferir em qualquer momento desse ciclo. Quanto mais consciente for a intervenção, maiores as chances de reduzir os efeitos prejudiciais do estresse.

Como já vimos o que não funciona, o que será que funciona?

- Ter consciência do que está acontecendo a nossa volta.
- Monitorar nossos sentimentos íntimos.
- Não sufocar as emoções.
- Encontrar meios de controlar a própria vida.
- Insistir em diminuir o estresse onde puder.
- Conhecer mais sobre a mecânica do estresse.

Graças ao autoajuste, o nosso organismo volta ao equilíbrio depois do estresse. Podemos levar um susto porque ouvimos o barulho de carros trombando nas proximidades, mas um tempinho depois não haverá nenhum indício de que nosso coração bateu mais rápido e de que a pressão sanguínea se elevou. No entanto, três fatores podem aumentar com o tempo, impedindo o reequilíbrio e nos levando gradualmente a um desequilíbrio crônico:

1. Repetição
2. Imprevisibilidade
3. Falta de controle

Consideremos esses como os Três Principais Fatores quando se trata de estresse crônico, pois eles literalmente podem significar vida ou morte. Em um clássico experimento sobre comportamento animal, os camundongos ficavam numa grade de metal que dava um choque leve – que não os machucava, mas era suficiente para sacudi-los. Os choques eram administrados aleatoriamente, e os camundongos não podiam fugir. Portanto, os três piores fatores estavam ali – repetição, imprevisibilidade e falta de controle.

Embora os choques, se considerados isoladamente, fossem inofensivos, os camundongos logo definharam e morreram. A capacidade de o organismo deles voltar à homeostase tinha se exaurido. Incapazes de se adaptar, definharam. A conclusão é óbvia: um estresse de baixo nível parece inofensivo, mas em condições ruins ele leva ao colapso da capacidade de adaptação.

Se quisermos lidar com o estresse conscientemente, devemos dividi-lo entre esses três componentes e reduzi-los ao mínimo no nosso ciclo de *feedback*.

Repetição: Fazer sempre a mesma coisa torna a mente confusa; isso em si já é estressante, pois uma paralisação está ocorrendo. Quando exposto a qualquer estresse repetitivo (por exemplo, a pessoa que trabalha em determinados tipos de venda, lidar com o mesmo empregado incompetente, aguentar a grosseria do chefe), o cérebro procura um jeito de lidar com ele, recorrendo a um padrão familiar. Dependendo do temperamento da pessoa, ela vai reagir com raiva, frustração, ressentimento reprimido, tédio ou com um bloqueio mental – a tática do muro de pedra. Esses mecanismos param de funcionar com o tempo, e então basta um estresse leve para gerar reações negativas.

Ao identificar o estresse repetitivo, ficamos diante de outras escolhas. Se achamos essa repetição intolerável (por exemplo, o mesmo barulho alto toda hora), podemos nos afastar. Se a repetição apenas nos aborrece um pouquinho, basta acrescentar algum tempero e variedade à rotina (por exemplo, em vez de ouvir as mesmas pessoas chatas no trabalho, podemos conversar com alguém diferente). A maior parte das pessoas fica num meio termo em relação a isso. Não podemos nos afastar nem alterar a situação sem provocar alguma consequência. Nesse caso, temos que trabalhar nós mesmos. É bom identificar as chateações, as coisas repetitivas que nos irritam e mudar a rotina a fim de eliminá-las ou pelo menos suavizá-las. Ao observarmos quais são as causas desse estresse repetitivo, devemos nos conscientizar do modo como estamos lidando com ele. E, então, nos perguntar se existe um meio melhor de fazer isso, e adotá-lo.

Imprevisibilidade: Esse tipo de estresse talvez seja pior do que o estresse repetitivo, pois, se não conseguimos prever quando algo prejudicial vai acontecer, ficamos sempre vigilantes e apreensivos mesmo quando nada está acontecendo. Crianças que sofreram maus-tratos em casa tornam-se supervigilantes ao crescer. Quando as coisas estão bem, não conseguem aceitar um estado de tranquilidade normal, pois estão condicionadas a enxergar nisso apenas a calmaria antes da tempestade.

Quando uma pessoa se pega olhando por cima do ombro, antecipando alguma coisa ruim, ou se fica obcecada com pensamentos ruins, o inimigo dela é a imprevisibilidade. Se o estresse está vindo de alguém emocionalmente imprevisível, é preciso se afastar. As chances de alterar essas mudanças de humor, explosões de raiva ou inconstâncias são muito pequenas ou mesmo nenhuma. Se a imprevisibilidade vem de forças externas, é preciso fazer o que pudermos para que se tornem mais previsíveis ou organizar estratégias para lidar com isso (pais de recém-nascidos fazem isso quando se alternam à noite para lidar com o choro do bebê). A pior coisa a fazer é dar acesso a sentimentos de ansiedade e apreensão. Devemos nos reforçar com cenários que combinem razoavelmente com a sequência de eventos, sem deixar que a imaginação vá muito longe. Assim, reduziremos a imprevisibilidade da situação. É assim que os bombeiros e os policiais são treinados a lidar com muitos tipos de situação, de modo que não tenham que improvisar na hora.

Falta de controle: Eu diria que este é o pior fator para causar estresse. É importante ter controle sobre a nossa vida. Essa é talvez a principal razão para que as pessoas comecem um negócio próprio ou, como ocorre cada vez mais, prefiram viver sozinhas. Os tipos que têm personalidade controladora vão ainda mais longe, tentando administrar todos os detalhes da vida, isso sem mencionar as pessoas a sua volta. No entanto, a falta de controle gera frustração e sensação de desamparo em qualquer pessoa. Não adianta nada simplesmente não fazer nada, pois a frustração acumulada apresenta uma série própria de problemas.

O melhor jeito é assegurar o controle onde ele for importante. Não podemos mandar o chefe passear e também não podemos dar as costas à carga de trabalho. Portanto, o controle deve ser reivindicado quando possível, por exemplo:

- Exigindo respeito.
- Reivindicando um ambiente de trabalho digno.
- Dando espaço para as outras pessoas e exigindo o mesmo.
- Trabalhando em coisas que podemos fazer bem.
- Assumindo uma carga de trabalho que não nos sobrecarregue.
- Reivindicando recompensas monetárias compatíveis com o que foi conquistado.
- Insistindo num mínimo de burocracia.

- Não se prendendo ao perfeccionismo.
- Se for preciso, recebendo críticas em particular.
- Insistindo em nunca receber ataques pessoais.
- Fazendo alianças confiáveis, sem o risco de traição.
- Exigindo a valorização pelo conhecimento e pela experiência.

Essa lista se concentra no local de trabalho, embora esses mesmos princípios se apliquem a nossa casa e aos amigos. Ao verificar cada item, devemos considerar se deixamos as situações chegarem ao ponto de nos estressarem. Se sim, vamos tomar medidas para corrigir isso. Nós merecemos escrever a nossa própria história, e ter controle sobre ela é sempre um fator importante.

Devemos falar um pouco mais sobre o estresse no trabalho. O trabalho e a vida moderna em geral estão delineados para debilitar o sentido de controle do próprio indivíduo. Tendo todas as forças amontoadas contra nós – desde as exigências de lucro nas corporações aos cortes de funcionários e de previdência social – a necessidade de termos controle é ainda maior. Não se trata de apenas um controle para mostrar quem manda. Trata-se de controle como meio de reduzir as pressões do cotidiano. Quando conseguimos aperfeiçoar isso, abrimos a porta para uma abordagem muito mais consciente da vida. Por outro lado, se lidamos com as pressões inconscientemente, a percepção fica reduzida e as possibilidades futuras se estreitam com o tempo.

Até agora, abordamos o estresse que nos afeta, mas existem momentos em que contribuímos com o estresse dos outros. É importante dar alguma atenção a isso e aliviar o estresse que talvez estejamos causando. Uma pessoa consciente se responsabiliza por isso também. Lembremos que o estresse faz parte de um ciclo de *feedback*, e, quanto mais fazemos para melhorar o que oferecemos a ele, mais benefícios receberemos.

Geramos estresse desnecessário na vida dos outros se nos entregamos aos seguintes comportamentos:

- Sendo exigentes, críticos e perfeccionistas – a melhor receita para o estresse.
- Dando ordens desordenadas e tendendo a mudanças imprevisíveis.
- Desrespeitando colegas e/ou o trabalho deles.
- Criando um ambiente de trabalho indigno (por exemplo, um lugar onde xingamentos, fofocas e insinuações sexuais sejam comuns).
- Não dando espaço para as outras pessoas se expressarem.
- Passando a sobrecarga para outros apenas porque temos poder para fazer isso.
- Sobrecarregando os outros com questões pessoais com as quais deveríamos lidar sozinhos.
- Criticando subordinados em público.
- Fazendo ataques pessoais.
- Não sendo confiável.
- Sendo dado a eventuais traições.
- Desvalorizando a experiência e o conhecimento de colegas de trabalho.

Esses comportamentos não são apenas ruins. Eles disparam uma reação estressante nas outras pessoas, algo facilmente identificável, pois a situação nos afetaria da mesma maneira. É um mito dizer que atitudes rudes, táticas de confronto e pressão constante fazem bem à produtividade. Os melhores ambientes de trabalho propiciam espaço para as pessoas, encorajam a criatividade, permitem que os funcionários definam os próprios horários de trabalho, designam tarefas de acordo com o potencial de cada um e criam um clima de respeito.

Os sinais de estresse podem ser sutis, mas quando atentamos para eles, são inconfundíveis. Digamos que uma pessoa esteja estressando alguém – vamos nos concentrar de novo no trabalho, sabendo que esses mesmos indícios podem acontecer em casa. As pessoas não ficam contentes perto dela, evitam encará-la nos olhos, faltam ao trabalho ou negligenciam horas de trabalho. Ficam nervosas na presença dela. O clima fica quieto e tenso quando ela entra numa sala ou quando dá ordens. Acontece uma resistência silenciosa quando ela pede alguma coisa – tem que pedir uma segunda vez e até acontecem atrasos. As pessoas dão desculpas ou então já perderam a motivação. (Vamos substituir essa pessoa por nossos filhos ou marido/esposa, e veremos que tudo isso se aplica em casa também.) Se não nos identificamos com esse exemplo de pessoa responsável ou chefiando, pode ser que estejamos agindo assim por causa de alguém em nossa vida.

Todos esses sintomas são óbvios. Não importa se a pessoa é presidente de uma multinacional ou o pai sentado à cabeceira da mesa de jantar. O estresse é uma ameaça em qualquer situação, e é por isso que precisamos nos voltar para o oposto do estresse no capítulo seguinte – a desejável meta de um bem-estar emocional.

BEM-ESTAR EMOCIONAL
Trata-se de uma escolha

Pontos principais
- Quando a conscientização é maior, é possível fazer escolhas melhores. Essas escolhas aumentam a sensação de bem-estar emocional ou a diminuem.
- Assim como faz o organismo, a mente envia sinais sobre o seu estado geral. Os sinais de consciência mental são alegria/sofrimento, amor/medo, compaixão/egoísmo, paz (serenidade)/falta de paz.
- A chave da felicidade é fazer de todo dia um dia feliz.
- As pessoas que dizem estar felizes têm uma característica em comum: elas se relacionam ativamente com amigos e entes queridos uma ou duas horas por dia.
- Não existe, contudo, nenhum esquema para garantir a felicidade, pois ela não é mensurável. As experiências de prazer e dor que podem ser quantificadas não são a mesma coisa que bem-estar.
- Num estado de tranquila atenção, a mente fica equilibrada e aberta às mudanças constantes que a vida traz.

Quando trazemos consciência a qualquer aspecto da vida, semeamos benefícios, pois a consciência nos diz como andam as coisas. É um tipo de radar infalível, se ficar sempre ligado. Tomar consciência permite distinguir o que estamos fazendo, como nos sentimos, do que temos medo, o que esperamos ou desejamos – tudo da vida, mesmo. É uma pena que tanta gente se desligue da consciência ou que a concentre em estados de infelicidade, como a ansiedade e a depressão, que afetam milhões de pessoas. A obesidade é um estado mental de infelicidade e também um estado infeliz do organismo.

A consciência fica desligada quando vivemos de acordo com as seguintes circunstâncias:

- Agimos inconscientemente, de acordo com hábitos e comportamentos mecânicos.
- Deixamos que outras pessoas tomem conta da nossa vida.
- Sentimo-nos vítimas ou numa armadilha emocional.
- Isolamo-nos e não temos vínculos íntimos com outras pessoas.
- Agimos com passividade e resignação diante de coisas que nos chateiam.
- Não sabemos ao certo o que queremos.

Esse último aspecto é tão crítico que este livro inteiro tem como pauta uma melhor compreensão disso. É preciso saber o que queremos. Do contrário, acabamos deixando o barco correr. Ou a vida acaba tomando rumos indesejáveis. Como já comentamos, muitas pessoas levam comida à boca quando estão famintas de atenção, elogios, amor e afeto. Mas o que essas pessoas realmente querem é uma reorientação.

A mente humana é incrivelmente complexa, mas ela mostra alguns estados básicos que se sobrepõem a todos os pensamentos e sentimentos que temos em um dia, assim como um mosaico forma uma figura e não apenas uma mistura de pedrinhas coloridas. Os sinais enviados pela mente funcionam como os sinais de conforto e desconforto do organismo. Quando estamos mentalmente conscientes, os principais sinais são os seguintes:

- Alegria/sofrimento
- Amor/medo
- Compaixão/egoísmo
- Paz (serenidade)/falta de paz

As primeiras palavras levam mensagens de bem-estar emocional. As segundas, mensagens que diminuem o bem-estar. Podemos escolher de que lado dessa equação queremos viver. O bem-estar não acontece sozinho.

O melhor de todos os hábitos: Consciência pessoal

Quando monitoramos as mensagens que a mente nos envia, estamos praticando a consciência pessoal. A consciência corporal também está incluída nisso, como deve ser se a nossa meta é relacionar a mente e o corpo. Assim que sintonizamos com o organismo a fim de receber as mensagens dele, a consciência pessoal sintoniza com o nosso mundo íntimo. Quando isso se torna habitual, é como uma segunda natureza. A qualquer momento do dia, podemos nos perguntar:

- Estou feliz ou sofrendo?
- Eu amo ou tenho medo?
- Sinto compaixão ou sou egoísta?
- Estou em paz ou sinto falta de paz?

Se as pessoas se perguntassem essas questões básicas, a vida delas se transformaria – então, por que não o fazem? A resposta não é nenhum segredo. O hábito de sintonizar com o mundo das emoções traz obstáculos para todos nós. Se você estivesse comigo neste instante, e eu dissesse: "Volte-se para si mesmo e me diga como se sente", por experiência sei que muitas coisas podem acontecer:

- Talvez você resista e se recuse a fazer isso.
- Talvez tenha muito medo do que vai perceber em si mesmo.
- Talvez obtenha uma mensagem equivocada, baseada no que acha que devia sentir.
- Talvez sinta duas coisas ao mesmo tempo, sem muita certeza de qual seja a verdadeira.
- Talvez se emocione por causa de uma enxurrada de sentimentos e lembranças inesperadas.

Os psicólogos rotulam os obstáculos que nos impedem de ficar à vontade com o que a nossa mente nos indica: negação, repressão, neurose, obsessão, ansiedade – a lista é bem comprida. Porém, se praticamos a consciência pessoal, podemos penetrar nessa névoa mental, mesmo que pareça espessa. Tomando como exemplo apenas um dos pares, suponhamos que alguém queira verificar se está vivenciando amor ou medo. Essas palavras são simples, contudo, por trás delas há um mundo de vivências interiores. Se amor significasse apenas romance, e se medo significasse apenas se sentir apavorado, ninguém descobriria muita coisa ao entrar nessa sintonia pessoal. Portanto, vamos trabalhar a consciência pessoal e dar uma olhada no que amor pode significar:

- Saber que existe carinho mútuo: amar e ser amado.
- Apreciar o que estamos fazendo.
- Gostar de onde você está.
- Sentir-se bem em relação a quem é.
- Ter uma relação amorosa e estável.
- Sentir que a vida é vibrante e estimulante.
- Vivenciar uma ligação profunda com um tipo mais elevado de amor.

Se fizermos uma pausa por um instante e nos concentrarmos na consciência, saberemos se estamos vivenciando as sensações citadas acima, que fazem do amor algo mais amplo e profundo. Não se trata apenas de romantismo. As pessoas que conseguem dar respostas positivas e encontrar cada uma dessas coisas batalharam para isso. Escreveram uma história de vida que incluía o amor, encontraram coragem para encarar o oposto do amor, que é o medo, e depois fizeram escolhas que as afastaram do medo.

O medo também vai além de sentir receio ou pavor. O medo é:

- Sentir-se inseguro.
- Não confiar no que está acontecendo.
- Ter medo de nunca realmente se vincular a outras pessoas.
- Ver-se como alguém desprezível.
- Colocar-se em posição de vítima.
- Não ver boas escolhas, sentindo-se desamparado e impotente.
- Estar sob o domínio ou controle de alguém.
- Enxergar as pessoas como "os outros", inimigos ou adversários.
- Estar apreensivo em relação ao futuro.

O amor dissolve o medo. É por isso que podemos fazer escolhas que nos afastam do medo e nos levam ao amor. Se a mente funcionasse de outro jeito, o amor não seria uma resposta. O medo seria como uma mancha amarelada que temos que tirar de um guardanapo de linho. O medo é mais do que uma mancha. É um estado mental que bloqueia o bem-estar. Portanto, o bem-estar (estado que inclui o amor) aumenta quando resolvemos deixar o medo de lado.

Como este livro trata da mente e do corpo, temos falado de ciclos de realimentação, e, assim como a fome faz parte de um ciclo com a saciedade, o amor está no mesmo ciclo que o medo. As mesmas coisas se aplicam a um e outro. Se esse ciclo está funcionando bem, sentimos o amor naturalmente e agimos a partir desse impulso. Se esse ciclo estiver distorcido – ou seja, alguma coisa não vai bem com o que entra e sai dele – a situação toda muda.

Vejamos como esse mecanismo deveria ser simples. A pessoa quer ser amada, portanto, volta-se para alguém que pode amá-la e pede o que deseja. Os bebês e as crianças pequenas não têm dificuldade para procurar o amor da mãe. Eles querem o conforto, o abraço, a segurança, ouvir que a mamãe os ama.

Para nós, adultos, é fácil complicar esse ciclo de *feedback*. Não pedimos amor. Ou pedimos, mas para a pessoa errada, que não pode nos dar o que desejamos. Nós desviamos o sentimento do amor para coisas como ganhar dinheiro ou adquirir mais bens. Ou seja, a confirmação profunda que o amor propicia nos escapa de alguma maneira, e, quanto mais ficamos sem isso, mais temerosos ficamos de nunca encontrar o amor. Acabamos não amados e não amáveis.

Se podemos nos identificar com um amor pouco satisfatório, não há como não ser importante encontrar uma solução para isso. Mesmo que nos sintamos entorpecidos, entediados, rejeitados, solitários ou qualquer outra coisa que bloqueie o amor, a solução sempre é tomar consciência da situação, pois o que está nos segurando é um ciclo de *feedback* mental. Sei que as pessoas tendem a manifestar o amor. Existe a fantasia de que tudo vai ser perfeito quando encontrarmos "a pessoa certa". Mas o jeito de encontrar "a pessoa certa" é *ser* a pessoa certa. É preciso analisar esse ciclo íntimo e alterar o medo de amar. Quando isso acontece, a situação externa muda automaticamente. Mesmo que "a pessoa certa" não apareça no dia seguinte, como num passe de mágica, ao restabelecer um estado de amor íntimo, normal e saudável, não nos sentimos mais ansiosos em relação à fantasia de uma alma gêmea. Qualquer diminuição na ansiedade significa um passo na direção do amor.

O que nos faz felizes?

O bem-estar é o mesmo que felicidade e, se pudermos acreditar em pesquisas de opinião pública, pelo menos 70 por cento dos norte-americanos, e às vezes consideravelmente mais, relatam que estão felizes. Mas essa é normalmente a resposta habitual, a resposta esperada. Quando interrogados com mais profundidade, menos de um terço está de fato prosperando, o que combina satisfações internas e externas. Os outros dois terços estão apenas levando a vida ou acham que estão em declínio. Embora quedas financeiras tenham um papel nisso, a principal razão da infelicidade das pessoas é não ter encontrado um jeito de ser feliz. Todo mundo concorda que a felicidade é um objetivo, mas como atingi-la é ainda um mistério. Vamos dar uma olhada nas descobertas mais confiáveis extraídas de pesquisas em psicologia dos últimos anos.

OS INGREDIENTES DA FELICIDADE:
O que dizem as pesquisas

Até onde sabem os psicólogos, ser feliz depende em geral de algumas condições básicas:

1. A infelicidade não é nenhuma propensão. Cerca de metade da felicidade em geral depende de escolhas pessoais, não de genética nem de circunstâncias.
2. Ter segurança material. A pobreza contribui muito para a infelicidade, portanto é importante ter conforto financeiro. Depois de certo ponto, no entanto, ter mais dinheiro não aumenta a felicidade. Nem todas as pessoas ricas são felizes, e muitas vezes os ricos são mais infelizes do que pessoas com renda de classe média.
3. É preciso tentar ser feliz hoje, aqui e agora. Se existe uma fórmula para uma vida feliz, é fazer de todo dia um dia feliz. Satisfação adiada é satisfação negada.
4. Relacionar-se. As pessoas mais felizes passam de uma a duas horas por dia ativamente em contato com as pessoas que amam. Conversam ao telefone, enviam e-mails e mensagens. Elas não se baseiam apenas na sensação de ter relações.
5. Não ter dor física. Sabe-se que é muito difícil, se não impossível, superar psicologicamente uma dor crônica. Isso também vale para a depressão, que é um dos maiores inimigos da felicidade, pois não existe uma maneira positiva de adaptação a ela.

6. Todo mundo tem algum ponto de partida para a felicidade, algum tipo de parâmetro emocional. Um acontecimento alegre ou triste nos afasta desse parâmetro, mas isso raramente é permanente. Em seis meses, quase todo mundo retoma esse parâmetro, sentindo-se tão feliz quanto antes dessa virada repentina ou dessa queda.

Essa é uma lista bem pobre, mas o campo da psicologia positiva, que estuda a felicidade em vez dos transtornos mentais, é ainda novo, e suas descobertas não levaram a um consenso. No entanto, alguns estudos importantes parecem concordar que a maioria das pessoas não se sai muito bem ao predizer o que as faz felizes. Elas pensam em casar, ter filhos, ficar ricas ou famosas. Quando essas coisas desejadas acontecem, no entanto, a realidade não combina com as expectativas. Mães de primeira viagem, por exemplo, relatam que cuidar de uma criança pequena está entre as coisas mais estressantes de sua vida.

Outra descoberta não muito positiva é que a felicidade permanente talvez seja uma ilusão. O que deveríamos procurar, aconselham alguns psicólogos, é um estado de contentamento estável. Momentos de felicidade vêm e vão. São imprevisíveis, e já que não nos saímos bem ao predizer o que nos fará felizes, é melhor não fazer um plano de felicidade que no final das contas não vingue. Nós tropeçamos na felicidade como, no escuro, tropeçamos nos móveis, e conviver com sua imprevisibilidade é apenas ser realista.

Acho essa atitude melancólica e estreita. Ela contradiz o conhecimento tradicional mundial, tanto do Oriente quanto do Ocidente. Quando Jesus ensinou que o reino dos céus está entre nós, ele estava apontando um caminho de felicidade do mais alto nível. O paraíso é um estado de alegria, e a razão de toparmos com vivências de felicidade, mesmo com pouca alegria, é não termos encontrado um caminho íntimo adequado. Na Índia, na tradição védica, a própria consciência está impregnada de alegria, ou *ananda*. Naturalmente nos conectamos à alegria porque ela existe em nossa própria consciência. Se não nos sentimos alegres, alguma coisa bloqueou o caminho, e todos os bloqueios estão em nós mesmos. Mais uma vez, um caminho interior deve ser encontrado.

Até certo ponto, os psicólogos são forçados a ter uma visão curta se eles próprios não encontraram um caminho para o bem-estar. Compreender a mecânica da psicologia humana não é o mesmo que vivenciá-la. Viver num estado de bem-estar significa que estamos no caminho da consciência pessoal. A compreensão intelectual ajuda nesse caminho, claro, mas a maioria das pessoas, na verdade, precisa de orientação, não de fatos. Precisa que alguém mostre como evoluir e crescer, como superar obstáculos internos, e, em um nível mais básico, como descobrir o que realmente deseja.

Chegando lá a partir daqui

À medida que comer sem consciência se transforma em alimentação consciente, o estágio seguinte – viver com consciência – não está muito longe. Podemos tecer a felicidade em todos os aspectos da vida, uma vez que façamos escolhas novas. Ser capaz de controlar se estamos felizes ou infelizes está ao nosso alcance, mas precisamos expandir a nossa consciência ao longo desse caminho. Muita gente tenta ficar mais feliz escolhendo mais prazeres e menos dores. Essa estratégia poderia funcionar, mas não funciona. Deixe-me explicar em detalhes o porquê.

Temos hormônios diretamente relacionados à experiência de prazer. No último capítulo, mencionei as endorfinas, o analgésico natural do cérebro. Podemos acrescentar mais três hormônios para ajudar a explicar o que nos faz sentir bem:

- Serotonina
- Dopamina
- Oxitocina

Eles estão entre os mais excitantes hormônios cerebrais porque nos indicam processos básicos do cérebro, sendo a chave do mundo dos humores e das emoções, como considerado por muitos neurocientistas. Dois deles, a serotonina e a dopamina, também pertencem à classe dos neurotransmissores, que permitem que duas células nervosas se comuniquem através da sinapse, a lacuna que as separa. Essas moléculas especializadas, na verdade, traduzem os pensamentos e humores em químicas, permitindo que eles se comuniquem – por meio de uma complexa rede de interações – com o resto do organismo. Quando digo que trilhões de células estão bisbilhotando nossa mente, isso acontece através de muitos tipos de "moléculas mensageiras", como foram originalmente intituladas.

Por um lado, o elo com os estados mentais é forte. Isso nos levaria a ficar otimistas de que, brincando com algumas químicas cerebrais, a felicidade estaria à mão. A serotonina foi rotulada como tendo um papel fundamental na sensação de bem-estar de uma pessoa, enquanto desequilíbrios estão associados com a depressão. (Durante muito tempo, considerou-se que os antidepressivos mais conhecidos ajudavam a regular a serotonina do cérebro, daí seu nome: inibidores seletivos de recaptura de serotonina. A ideia era que no cérebro das pessoas depressivas havia uma reabsorção em demasia de serotonina, levando a um nível emocional exaurido, e o antidepressivo corrigia esse desequilíbrio.)

A dopamina está associada aos bons sentimentos quando temos êxito e conseguimos o que queremos. Algumas pessoas precisam demais se sentir recompensadas pelo que conquistam, e nesses indivíduos movidos a recompensa os níveis de dopamina são altos. (Drogas viciantes como a cocaína devem sua reação ao modo como afetam o sistema de dopamina.) A oxitocina, que foi popularmente denominada como o "hormônio do amor", está associada aos orgasmos sexuais e aos vínculos sociais – mães de recém-nascidos, por exemplo, apresentam níveis altos dela.

Por outro lado, a felicidade não é química. Alguém talvez descubra que a cocaína oferece uma explosão incrível de felicidade, que é quimicamente induzida. Mas fazer uso de cocaína atrapalha o delicado equilíbrio químico do cérebro, e depois de algum tempo, se o vício se estabelece, a pessoa descobre que a cocaína é um suplício. Em uma vida normal, podemos nos proporcionar explosões de prazer, mas elas não podem ser sustentadas quimicamente. Basta examinar mais de perto os três hormônios apresentados anteriormente para vermos que não existe uma trilha química simples para a felicidade.

Consideremos a serotonina e a dopamina, cujos vestígios podem ser encontrados sempre que alguém se sente bem com a vida. São hormônios complexos, conectados a todos os demais hormônios, sem falar em uma dúzia de outros neurotransmissores e mais de cinquenta moléculas similares conhecidas como peptídios. E têm ligações para todo canto: sono, apetite, digestão e estresse. Falar em sinfonia de hormônios não é apenas uma metáfora. Observemos que podemos comer algo delicioso (uma experiência prazerosa) e ao mesmo tempo sentir culpa (uma experiência desagradável).

Há evidências de que se temos um desequilíbrio hormonal relacionado com a serotonina e a dopamina, o nosso humor pode ser drasticamente afetado (embora a antiga crença de que a serotonina teria o papel principal na depressão tenha sido desacreditada, o que diz muito sobre por que os antidepressivos não funcionam para muita gente, e em última análise podem não passar de placebos em termos de confiabilidade). Mas muito mais importante é o fato de que a mente ativa a química do organismo. Se fazemos escolhas inadequadas – e as escolhas são um processo mental –, elas são acompanhadas pelos efeitos ruins na química do organismo.

Eis um exemplo. Imaginemos que uma pessoa está dirigindo um carro. Está apressada, com uma mão na direção enquanto a outra segura um sanduíche. Ao mesmo tempo, está falando ao celular. (Qualquer um que tenha tomado um táxi numa grande cidade dos Estados Unidos provavelmente já viu um taxista fazendo essas três coisas ao mesmo tempo.) Nessa distração, ela quase bate num ciclista ou passa direto em algum sinal vermelho. Três coisas aconteceram simultaneamente:

- A pessoa está comendo sem consciência.
- A pessoa está exigindo da mente muitas tarefas ao mesmo tempo.
- A pessoa acaba passando por um incidente estressante.

No nível dos hormônios, essas três coisas contam; tornam-se parte da química do organismo. Embora um endocrinologista possa separar e isolar cada hormônio, nomeando a sua função, na vida real essa precisão não existe. Uma coisa se mistura com a outra. Estresse, apetite, digestão, gordura abdominal, humor – não existe uma fronteira rígida entre eles. Quem manda é a química cerebral.

Não podemos levar uma vida feliz baseada na fórmula "mais prazer, menos dor", pois todos os estados da mente e do corpo estão misturados uns com os outros.

Um padrão de felicidade

Vamos nos afastar desse nível da química. Essa química funciona como impressões digitais, nos dizem por onde a mente andou. Por isso a consciência ao comer funciona tão bem – controlamos então a verdadeira chave por trás da conexão mente e corpo. A felicidade é uma forma expandida de consciência – essa mesma chave tem muito mais funções do que comer. "Viver com consciência" não é um termo dos mais elegantes, mas nos diz o que é preciso saber, ou seja:

Como a conscientização leva à felicidade

- A consciência nos diz o que de fato está acontecendo.
- Quando sabemos o que está acontecendo, podemos nos concentrar na solução.
- Soluções são uma questão de escolha.
- Fazer a escolha certa leva a novas mensagens químicas.
- Os caminhos para a felicidade são tão simples de gravar quanto os caminhos para a infelicidade.

É lamentável que poucas pessoas saibam dessa última afirmativa, ou seja, que os caminhos para a felicidade são tão simples quanto os da infelicidade. Elas deixam escapar esse ponto vital, ou nunca o aprenderam antes, pois os hábitos antigos, os condicionamentos, as lembranças, os preconceitos, as crenças e o ego criam uma névoa de ilusão. Vagando em uma névoa assim, não podemos culpar as pessoas por não saberem como resolver os seus problemas.

Em termos de bem-estar, podemos atravessar essa névoa ao considerar do que temos fome, o que significa o primeiro passo do processo de ser feliz: ter consciência do que está de fato acontecendo. Não podemos saber o que de fato está acontecendo se não prestamos atenção. Tomar consciência da situação nos dirá se precisamos de:

- Conforto, proteção, segurança
- Amor e afeto
- Sensação de pertencimento
- Realização, sucesso, conquista
- Autoestima
- Criatividade
- Sentido e propósito

Listei aqui desde as mais básicas às mais sofisticadas necessidades da vida humana. Vendo como as pessoas atendem às próprias necessidades, vemos que por trás do estresse – que inclui insatisfação – está o fato de elas cederem às suas necessidades menores. Se é em casa ou não que nos reasseguramos de que alguém nos ama, ou se construímos uma casa maior para nos sentirmos mais importantes, no íntimo todo mundo quer encontrar conforto, segurança e proteção. Onde a comida se encaixa? Nessas necessidades menores.

Planejar a felicidade como uma hierarquia de necessidades – ensinamento do psicólogo Abraham Maslow que ficou famoso anos atrás – faz sentido. Um magnata hollywoodiano inseguro que insiste em viver numa mansão imensa; a linda modelo que cai na farra secretamente; a mãe com síndrome do ninho vazio que se preocupa o tempo todo com os filhos já crescidos – de formas distintas, estão todos procurando conforto, segurança e proteção, enquanto se sentem frustrados tentando satisfazer necessidades maiores. Mas a sinfonia de hormônios deveria nos lembrar que todas as nossas necessidades estão sendo atendidas – ou ignoradas – em uma confusa sopa química que reflete a eterna complicação da mente humana.

Felizmente, se atendemos a necessidades superiores, não seremos constrangidos a retroceder para as inferiores. Diante de um bolo de chocolate, a autoestima nos permite dizer: "Não vou fazer isso comigo". A criatividade enche o dia de tanta satisfação que não precisamos beliscar para acabar com o tédio. Sentido e propósito acabam com a sensação de vazio que as pessoas futilmente tentam encobrir comendo mais. Se satisfizermos as necessidades maiores, só restam duas razões para nos fazer ganhar peso: ou descuidamos de alguma fome ansiosa ou paramos de ficar atentos. Ambos são lapsos de consciência, e trazê-la de volta ao que está acontecendo vai resolver o problema.

Um inventário de necessidades

Um inventário sincero de nossas necessidades e de como elas estão sendo aplacadas vai nos ajudar a ficar mais conscientes. Considere as sete necessidades listadas a seguir e classifique cada uma de acordo com uma escala que vai de "Muito bem" a "Mal". Se ficar nervoso para fazer essa avaliação, lembre-se de que não conseguirá mudar o que não tiver consciência, e a ideia é mudar no sentido positivo.

Em seguida, liste especificamente o que está fazendo para satisfazer cada necessidade. Invente alternativas para se sair melhor. Isso lhe dará uma ideia do que realmente está acontecendo e, estando assim consciente, você pode começar a encontrar o verdadeiro bem-estar.

Necessidade nº 1: *Conforto, segurança, proteção*
Estou me saindo **Muito bem / Na média / Abaixo da média / Mal**
Atendo essa necessidade assim: _____
_____
_____

(Exemplo: Possuindo uma casa, tendo um(a) marido/mulher leal, tendo uma renda estável, morando numa região segura da cidade, pagando um seguro, poupando para a aposentadoria.)
Seria melhor satisfazer essa necessidade assim:_____
_____
_____

(Oriente-se pelos exemplos anteriores: como você poderia melhorar cada um?)

Necessidade nº 2: *Amor e afeto*

Estou me saindo **Muito bem / Na média / Abaixo da média / Mal**
Atendo essa necessidade assim:_____
_____

(Exemplos: Possuindo um(a) marido/mulher amoroso(a), amigos íntimos, uma família afetuosa, prezando a compaixão e as boas realizações, e acreditando no amor divino.)
Seria melhor satisfazer essa necessidade assim:_____
_____

(Oriente-se pelos exemplos anteriores: como você poderia melhorar cada um?)

Necessidade nº 3: *Sensação de pertencimento*

Estou me saindo **Muito bem / Na média / Abaixo da média / Mal**
Atendo essa necessidade assim:_____
_____

(Exemplos: Fazendo parte de uma comunidade, defendendo uma causa, prestando serviço, unindo-se aos parceiros de trabalho, trabalhando num clima de cooperação, vinculando-se aos amigos íntimos, exercendo o papel de mentor, tendo um confidente.)

Seria melhor satisfazer essa necessidade assim: _____
_____

(Oriente-se pelos exemplos anteriores: como você poderia melhorar cada um?)

Necessidade nº 4: *Realização, sucesso, conquista*

Estou me saindo **Muito bem / Na média / Abaixo da média / Mal** Atendo essa necessidade assim:_____
_____

(Exemplos: Desafios no emprego, sendo promovido no trabalho, liderando, sendo respeitado pelos demais, vencendo a competição, lidando com as crises, tornando-se notável em sua área de atuação, educando bem os próprios filhos.)

Seria melhor satisfazer essa necessidade assim:_____
_____

(Oriente-se pelos exemplos anteriores: como você poderia melhorar cada um?)

Necessidade nº 5: *Autoestima*

Estou me saindo **Muito bem / Na média / Abaixo da média / Mal** Atendo essa necessidade assim:_____
_____

(Exemplos: Exprimindo a sua verdade, posicionando-se, tendo orgulho de si mesmo, prezando as conquistas, deixando que os outros saibam quem você é de verdade, valorizando os outros como a si mesmo, mostrando dignidade.)

Seria melhor satisfazer essa necessidade assim:_____
_____

(Oriente-se pelos exemplos anteriores: como você poderia melhorar cada um?)

Necessidade nº 6: *Criatividade*
Estou me saindo **Muito bem** / **Na média** / **Abaixo da média** / **Mal**
Atendo essa necessidade assim:_____
_____

(Exemplos: Escrevendo, fazendo diários, tendo passatempos criativos, como música, pintura e teatro comunitário, sendo curioso, descobrindo coisas novas, conhecendo uma cultura estrangeira, desenvolvendo habilidades de cura e de terapia.)
Seria melhor satisfazer essa necessidade assim:_____
_____

(Oriente-se pelos exemplos anteriores: como você poderia melhorar cada um?)

Necessidade nº 7: *Sentido e propósito*
Estou me saindo **Muito bem** / **Na média** / **Abaixo da média** / **Mal**
Atendo essa necessidade assim:_____
_____

(Exemplos: Seguindo uma visão pessoal, uma prática espiritual, sentindo-se ligado a um poder superior, filantropia, caridade, doando-se.)
Seria melhor satisfazer essa necessidade assim:_____
_____

(Oriente-se pelos exemplos anteriores: como você poderia melhorar cada um?)

Guarde esse inventário e retome-o todo mês. Transforme em atitudes reais as melhorias sugeridas. Ao mesmo tempo, reavalie a sua classificação à medida que progride e preze a sua contribuição para o próprio bem-estar.

É importante perceber, como sugere uma pesquisa sobre a felicidade, que as suas escolhas pessoais têm mais importância do que qualquer outro fato. A felicidade não vem de mão beijada nem é predeterminada. Não há limites para a expansão da consciência – a psicologia positiva pode ser de grande contribuição para esse conhecimento. No entanto, por ora, o projeto de atingir um estado de bem-estar pertence a você. Não veja isso como um fardo. É inato seguir os próprios desejos, e, embora o prazer seja atraente, também intuímos que a vida é mais do que uma ocasional onda de alegria.

No capítulo seguinte, ofereço uma visão de consciência pessoal para maior alegria da existência. A mesma consciência que nos traz uma vida feliz tem sido a estrela guia de todas as sabedorias tradicionais do mundo.

HORA DE AGIR:
Liberdade emocional

Ter emoções faz parte da vida e é algo a ser celebrado. Ter bagagem emocional é outra história. Todos nós já vivemos mágoas e sofrimentos. Quando esses sentimentos perduram conosco, ficamos com uma dívida emocional difícil de ser paga – é a nossa bagagem emocional, o peso morto de experiências antigas. É fundamental nos livrarmos dessa bagagem emocional, pois preocupar-se com o passado bloqueia a nossa participação no presente. Quase todas as pessoas que comem em excesso com que tive contato fazem isso porque se comportam em nome de um eu antigo (uma criança desencorajada, um adolescente impopular, um jovem acanhado) que não existe mais.

A fim de expulsar essas personalidades antigas, é preciso lidar com dívidas emocionais duradouras. Depois de anos de experiência com meus pacientes, descobri que isso pode ser feito sem a dor que muitas pessoas sentem quando pensam em tocar nesses sofrimentos mais íntimos. Não é necessário ativar um campo minado; não é preciso tomar coragem para uma segunda rodada de sofrimento. Esse processo pode se desenvolver naturalmente, e, quando isso acontece, sentimos alívio e uma onda de bem-estar.

Esta atividade completa foi denominada "Liberdade emocional" e apresenta sete etapas. Leve o tempo que julgar necessário em cada etapa, e não vá adiante enquanto não sentir que funcionou. (A maioria das pessoas prefere ter um parceiro nesse exercício. A presença de outra pessoa propicia a segurança de não estar sozinho nem sem apoio.)

Passo nº 1: Recorde uma emoção

Com os olhos fechados, evoque uma experiência emocional que esteja causando mal-estar. Com clareza e de modo vívido, relembre as circunstâncias. Pode ser uma experiência constrangedora ou uma rejeição que sofreu; o sentimento talvez gire em torno de perda ou fracasso. Não generalize, seja específico. Você está chamando um gatilho emocional de volta. Se essa lembrança for muito incômoda, abra os olhos e respire fundo algumas vezes. Quando se sentir menos sobrecarregado, feche os olhos de novo e continue.

Passo nº 2: Sinta a emoção no seu corpo

Observe onde foi que essa emoção se alojou no seu corpo. Ao se recordar de uma emoção incômoda, a maioria das pessoas tem uma sensação de aperto, enrijecimento, desconforto e até dor no estômago ou no coração. Para algumas pessoas, a sensação será na garganta ou uma dor de cabeça. Localize a sua sensação. Se num primeiro momento não sentir nada, relaxe, respire fundo e sintonize-se de leve com o seu corpo. Há quem possa se sentir entorpecido, num sinal de que uma emoção profunda está ligada ao medo. Mas todo mundo acaba sentindo alguma coisa no corpo ao fazer esse exercício. (Costumo dizer que a emoção é um pensamento conectado com uma sensação.)

Passo nº 3: Dê um nome a sua emoção

Agora dê um nome a essa emoção. É medo ou raiva, tristeza ou ressentimento? A maior parte das pessoas fica surpresa ao perceber que não tinha identificado antes a emoção. "Não me sinto bem" ou "Não estou num bom dia" foi o máximo que fizeram. Ser mais específico permite que você se concentre na bagagem emocional que deseja liberar. Portanto, leve o tempo que quiser para perceber exatamente o que está sentindo.

Para ajudá-lo, seguem as emoções negativas mais comuns que as pessoas carregam:

- Raiva, hostilidade, ódio
- Tristeza, pesar, mágoa
- Inveja, ciúme
- Ansiedade, medo, preocupação, apreensão
- Ressentimento
- Humilhação
- Rejeição
- Vergonha

Passo nº 4: Expresse a experiência

Arrume papel e caneta. Escreva o que aconteceu a você no passado. Anote em detalhes como você se sentiu, o que as outras pessoas fizeram e como você reagiu.

Quando se sentir satisfeito por ter expressado tudo, pegue uma segunda folha de papel e reconte o mesmo incidente do ponto de vista da outra pessoa envolvida. Faça de conta que você é essa pessoa. Escreva o que estava sentindo, por que agiu, como agiu e como reagiu depois. Essa parte é mais difícil de escrever do que o seu ponto de vista do incidente, mas fique firme – vai ser um grande passo para se livrar desse peso do passado.

Quando ficar satisfeito com o que escreveu, pegue uma terceira folha de papel e relate o mesmo acontecimento como se fosse a reportagem de um jornal, escrevendo em terceira pessoa. Como um observador objetivo contaria o incidente em questão a seus leitores? Dê os detalhes com o máximo de objetividade e imparcialidade possível.

Este passo leva mais tempo que os anteriores, mas as pessoas gostam muito dele. Descobrem que não estão mais presas ao próprio ponto de vista. Podem invocar outras vozes, outros olhares e, assim, ter uma imensa sensação de distanciamento. É libertador.

Passo nº 5: Partilhe a experiência

Agora, partilhe a experiência lendo esses três relatos para alguma outra pessoa. Em um grupo – que é como eu geralmente aplico este exercício –, as pessoas ficam ansiosas para partilhar, e o clima é de alto-astral, cheio de entusiasmo e riso. A perspectiva de se livrar emocionalmente do passado é estimulante. Portanto, se está fazendo o exercício em casa, um parceiro ou um grupo pequeno aprimora este passo.

Também funciona bem se você estiver sozinho e tiver um bom amigo ou membro da família a quem possa telefonar. Leia as três versões para essa pessoa, certificando-se de que compreendam o motivo. Mas não peça ajuda da pessoa que lhe causou essa mágoa que você está revendo. Ela não vai compreender e, sobretudo, não vai cooperar. Tampouco vai concordar com a sua versão – em 90 por cento dos casos é assim. Ela pode até negar o que ocorreu. Portanto, ligue para alguém que tenha empatia e compaixão pelos seus problemas.

Passo nº 6: Crie um ritual

Chegou a hora de você se livrar formalmente dessa experiência dolorosa. Pegue os seus relatos e literalmente livre-se deles. Isso é feito em um ritual em que você entrega esse passado ao fogo, ou simbolicamente a um poder superior que você reconheça: o universo, Deus, deuses, seu eu superior. Fique à vontade para planejar o próprio ritual. Queime os seus relatos e jogue as cinzas ao vento ou no mar – há quem jogue na privada e dê descarga ou faça picadinho e enterre no fundo do quintal.

Esse ritual é importante porque traça uma linha entre o seu passado e quem você é agora. Se você expressou inteiramente as suas emoções antigas, libertar-se delas é muito bom. Mas não se engane. Libertar-se leva tempo, e muitas vezes é preciso repetir o processo mais de uma vez, pois alguns sentimentos permanecem engasgados. Com o tempo eles irão embora, tenha paciência e seja persistente. Liberte-se do que puder hoje. É normal e natural se você tiver que se libertar dessa mesma mágoa novamente mais adiante.

Passo nº 7: Comemore

Uma vez que soltou essa história antiga no universo, comemore esse momento de libertação. Você pode fazer isso sozinho ou com outras pessoas, desde que aprecie o passo dado. Já reparei que as pessoas muitas vezes pulam este passo se não forem lembradas. Não querem dar muita importância as suas emoções – mas na verdade elas são muito importantes. As emoções podem nos prender e amarrar, mas podem também nos libertar e mudar o nosso futuro.

Quando nos libertamos de uma emoção antiga, é como abandonar um caminho conhecido e sem saída. É preciso mapear um novo caminho ou, neste caso, um novo caminho no cérebro. Uma única tentativa não nos leva pelo novo caminho afora, mas já é um começo. Com um passo, você pode dar início a uma longa viagem!

LEVEZA DE ALMA

Pontos principais
- As experiências espirituais dependem da ligação entre o corpo e a mente. Um ciclo de *feedback* espiritual envia mensagens à mente e a todas as células do corpo.
- A definição mais simples de espiritualidade é a tomada de consciência. A paz, o amor e a verdade estão dentro de nós e são atributos de Deus. Ao entrarmos em contato com esse lugar, encontramos o nosso eu verdadeiro.
- O nosso eu verdadeiro existe aqui e agora. Se quisermos encontrá-lo, basta estarmos presentes.
- O presente nunca termina, portanto as escolhas que fazemos neste momento afetam a nossa vida inteira – a vida é um fio contínuo de momentos "presentes".
- Para estar presente, é possível aprender e praticar algumas habilidades de conscientização.
- Quando a consciência está em plena atividade e expandida, é possível ter a vivência espiritual máxima: "Eu sou o universo". O nosso ser se funde ao próprio Ser. A mente toca a mente divina.

Depois de satisfazer todos os outros apetites, ainda ficamos com um anseio espiritual. Ele também pode ser satisfeito uma vez que saibamos onde encontrar o alimento certo. A chave está na inspiração. Quando nos sentimos inspirados, nos animamos. Quando nos animamos, nos sentimos inspirados. Esse é o mais sutil dos ciclos de realimentação, porém ele conecta a mente e o corpo tanto quanto os demais ciclos. Quando a mente recebe um alimento espiritual, ela envia mensagens a todas as células do corpo. São mensagens químicas que decodificam paz e amor interiores em uma linguagem que pode ser compreendida pelas células do coração, do sistema digestivo, da pele e de todos os órgãos.

Não devemos separar a espiritualidade do corpo. Quando pensamos em Deus, alma ou espírito (seja lá como definimos esses termos), insinuamos a vivência espiritual a trilhões de células. Essa vivência se torna mais profunda quando os pensamentos entram em contato direto com:

- A experiência de ser amado.
- Comunhão com a natureza.
- Sensações físicas de leveza.
- Paz.
- Expansão do coração.
- Sentimento de desapego e abertura.
- Sensação de harmonia com todas as coisas.
- Experiência de contentamento.

Todo mundo já teve um lampejo dessas vivências – basta se lembrar da última vez em que ficamos absorvidos com a beleza de um pôr do sol ou com a vastidão do mar. Estávamos nutrindo o ciclo da espiritualidade. Acredito que todo mundo naturalmente deseja satisfazer um anseio de espiritualidade, e por isso somos naturalmente atraídos por essas coisas.

Às vezes, basta um acidente para que a nossa natureza interior venha à tona. Quando eu era criança, na Índia, caí enquanto brincava, bati a cabeça e desmaiei. Quando acordei, me encontrei numa realidade estranha – nada tinha mudado ao meu redor, mas eu sentia uma expansão em tudo o que olhava. (Inadvertidamente, eu estava vivenciando algo que Don Juan menciona em um dos livros de Carlos Castaneda: para um bruxo – alguém que de fato enxergue – o infinito está em todas as direções.) Essa estranha expansão da consciência durou apenas um instantinho, e, se isso acontecesse com qualquer outro menino, talvez ele tivesse logo esquecido. Porém, eu fui profundamente tocado por aquele instante. Ao lembrar disso, percebo que vivenciei o medo pela primeira vez. A mente racional é desafiada pelo medo e talvez eu tenha tido uma síncope ou uma leve concussão, em termos médicos. Mas, racional ou não, o medo enriquece a vida interior, junto com a surpresa, a comunhão, o amor e a inspiração.

O caminho dos hormônios e das químicas cerebrais que estamos acompanhando se torna débil neste campo. Mas sabemos que a experiência espiritual não é invisível. Existe algo real, não apenas um fantasma em uma máquina. Estudos do cérebro de monges budistas tibetanos indicam que os anos de meditação sobre o valor da compaixão deixaram impressões físicas; havia uma atividade mais intensa nos lóbulos frontais, lugar de valores mais altos como o amor e a compaixão. Também havia uma alteração na frequência na região das ondas delta que o cérebro deles produzia. A meditação não é sono, mas sim um estado paradoxal, em que se combinam descanso profundo e atenção. A trilha química da meditação também leva a descobertas sobre o ritmo mais desacelerado do batimento cardíaco, diminuição dos hormônios do estresse e pressão sanguínea normal. As alterações cerebrais incluem aumento de ondas alfa, que estão relacionadas à criatividade e a momentos de descobertas importantes.

Esses traços físicos indicam que o ciclo de *feedback* da espiritualidade é real. Mas as pegadas não são a mesma coisa que viver a jornada. Para fazer isso, é preciso transformar o nosso estado de consciência. Quando a consciência está inteiramente viva, ao sintonizar com experiências mais sutis de amor e alegria, adentramos o reino da espiritualidade. Esse é o estado mais inspirador de viver.

A realidade se altera de maneira tão radical que a realidade cotidiana nem chega perto. Uma metáfora admirável da tradição védica indiana nos oferece uma ideia do que significa se transformar. Trata-se da imagem de um jarro de barro, do tipo que as mulheres levavam ao poço para buscar água (e ainda levam na Índia rural).

As bordas do jarro definem o seu espaço interior, que não é muito amplo, e, no entanto, em toda a sua volta, do lado de fora dessas paredes, o espaço é imenso. Agora, trinquemos o jarro. As paredes ficam destruídas, mas o espaço interno do jarro permanece. Porém, em vez de parecer separada de todo o espaço em volta, não existe mais separação – o espaço interior do jarro se funde com o espaço infinito. Do mesmo modo, as pessoas acham que estão encerradas pelas paredes de um corpo separado e de uma mente limitada. Mas na realidade essa separação é artificial. É literalmente verdade que o infinito está a nossa volta mesmo que não enxerguemos isso. Nada nos separa da infinidade. Estamos todos fundidos com o todo, e o que prezamos na vida – amor, criatividade, inteligência, verdade – pode se expandir sem limitações. A consciência humana tem essa capacidade, e o caminho está sempre aberto – assim confirmam as tradições místicas de todas as culturas.

Todos nós vivemos entre limites e ao mesmo tempo sempre desejamos que eles não existissem. Rumi, o maior dos poetas místicos, já enxergava isso há milhares de anos:

Conhece quem
se contenta com menos?
Quem entra, furtivo,
em cantos pequenos?
São como cartas fechadas
Cuja mensagem é:
Viver! Viver! Viver!

Esse verso pede com veemência ao leitor que se transforme, o tipo de transformação que vai de uma vida de baixas expectativas a uma vida de liberdade sem limites. Lendo Rumi, somos cutucados por uma vontade de ser tão livres, apaixonados e alegres quanto ele. Ao mesmo tempo, Rumi sabe que a voz que nos convoca é débil e frágil:

> *À noite, uma canção delicada e indecisa.*
> *Quando não puder mais ouvi-la*
> *Já fui.*

Ele está falando de nosso elo com a fonte da mente e do corpo. Há um estado puro de existência – ou de ser – num nível mais profundo que é a meta da jornada espiritual. Quando estamos conectados ao nosso próprio ser, a vida em si é plena, e há inspiração o tempo todo. Deixe-me explicar melhor.

Consciência espiritual

Reconectar-nos com o que somos de fato, é disso que se trata a espiritualidade. Na origem, todos vivenciamos a pureza. É pureza porque não há nenhum conteúdo. Apenas o ser. No entanto, não vamos vivenciar isso como o frio vácuo do espaço exterior. Vamos perceber, em vez disso, que há plenitude no ser. Existem infinitas possibilidades. Num momento não estamos falando; porém, se mudamos de ideia, não há limites para as frases que podemos pronunciar. Essas sentenças não estão programadas. Existem como possibilidades, e se decidimos dizer "Ser ou não ser, eis a questão" ou "Vamos assistir à TV", estamos sorvendo da reserva de potencial infinito que existe em nossa consciência. Nessa mesma reserva há mais do que palavras. Existem infinitas descobertas a serem feitas, infinitas aplicações para a criatividade e a inteligência.

Uma vez que descobrimos que somos um ser espiritual, nunca mais nos conceberemos de outra maneira. Um novo ser começa a se revelar. É perfeito, não lhe falta amor, beleza nem sabedoria. Talvez não seja possível acreditar nesse ser do ponto de vista de onde estamos agora – o ceticismo só é natural até a jornada espiritual se tornar uma parte importante da vida. Nessa jornada espiritual, descobrimos verdades que ficam ocultas na vida cotidiana. Não fazer uso da consciência é faltar com o nosso verdadeiro eu.

Até agora, me concentrei em como podemos usar a consciência para melhorar a vida. Mas a consciência não é uma mera ferramenta – é a nossa essência. O ser humano não é uma máquina que aprendeu a pensar. Somos pensamentos que aprenderam a fazer uma máquina. Em outras palavras, o cérebro trabalha para a mente e, de uma maneira natural (mas assombrosa), podemos gerar um cérebro espiritual. Sublime como uma epifania, o mesmo cérebro que aprende um idioma estrangeiro é necessário para desvendar níveis sutis de realidade. Esses níveis não são terras desconhecidas; existem aqui e agora, mas nosso cérebro não harmonizado não os compreende. A vida não é mais plena que a nossa consciência. Quando voltamos a atenção para a espiritualidade, vislumbramos o invisível – não se trata de milagre, mas de uma extensão do olhar que voltamos para nosso íntimo.

Um obstáculo para ultrapassar as limitações é a palavra Deus. Mais gente hoje em dia se descreve como espiritualizada, mas não religiosa. Pelos mais diversos motivos, distanciaram-se da religião institucionalizada. Um entrevistador irritado uma vez me desafiou com o argumento de que "espiritual mas não religioso" não tinha sentido.

"Tem sentido, sim", retruquei. "Se você define a espiritualidade sem questionar Deus, como fazem todas as religiões."

"Qual é então a sua definição de espiritualidade?", ele perguntou.

"Muito simples," respondi. "Consciência pessoal. Todas as promessas da religião são uma verdade interior. As vivências espirituais já existiam muito antes de alguém organizar a religião. O lugar aonde devemos ir ainda é o nosso interior." Ele não replicou.

Nas sabedorias tradicionais, o espírito fica localizado num nível muito sutil da consciência. Os níveis mais vulgares da consciência estão voltados a assuntos e acontecimentos "por aí afora". Usamos os cinco sentidos para navegar pelo mundo físico. Mas existe um tipo mais sofisticado de conscientização que navega pelo "aqui dentro". Voltamo-nos para a consciência pessoal no início deste livro ao nos perguntar: "Eu tenho fome de quê?". Sempre que nos perguntamos o que anda acontecendo "aqui dentro", estamos usando a consciência pessoal. Independentemente da resposta, é o que somos naquele momento. O mundo interior existe para nos dar respostas que não podem ser obtidas "por aí afora". As questões essenciais como "Quem sou eu?", "Por que estou aqui?" e "Qual o significado da vida?" dependem desse nível mais profundo. São perguntas sobre nosso verdadeiro eu, o que significa um exercício de consciência pessoal.

Costumamos supor que a espiritualidade pertence aos santos e devotos religiosos – pessoas que entregam a vida a Deus. Mas a consciência pessoal é universal. A vivência espiritual ocorre sempre que temos consciência de nosso eu verdadeiro, que é amoroso e compassivo. Nosso eu verdadeiro se sente seguro no mundo. Vê paz em todas as direções. Contentamento é sua experiência constante. Portanto, sempre que sentimos uma onda de alegria, trata-se de nosso eu verdadeiro – e enquanto essa alegria durar há um contato direto com ele. Como sabemos, a alegria aos poucos desaparece. Não é uma perda permanente, porém. Ficamos desligados de nosso eu verdadeiro, mas entrar de novo em contato com ele é sempre possível. Toda sensação de amor, alegria, pertencimento, inspiração, intuição, visão e liberdade oferece um ponto de volta ao nosso eu verdadeiro.

A espiritualidade acontece aqui e agora

Para nos orientar de volta ao nosso eu verdadeiro, não peço que ninguém empreenda uma jornada a um destino desconhecido. O lugar desejado está tão perto quanto o momento presente. Se o nosso eu verdadeiro não existe aqui e agora, jamais será alcançado. Todas as escolhas se dão no momento presente, o que significa que o que estamos fazendo neste instante é a atitude mais importante, e não as atitudes que desejamos ou esperamos nem as atitudes que tememos ou das quais nos arrependemos. A vida toda é uma jornada apenas de momentos no presente.

O presente é mais misterioso do que as pessoas pensam. Para começar, não é possível defini-lo. Por exemplo, não há dúvida de que vamos ter novos pensamentos nos segundos a seguir (estima-se que a mente tenha um pensamento ou sentimento a cada três segundos). Quando o novo pensamento nos ocorrer, ele vai preencher o momento. Vamos pensar em algo comum, como "Estou com fome", ou em alguma coisa séria, como "Não tenho o emprego que desejo".

Como experimento, feche os olhos e diga em voz alta qual será o seu próximo pensamento. Se tentarmos isso, vamos ver que dá um branco. Não é possível agarrar o presente antes que ele aconteça, e, se tentamos forçar isso, acontece um branco mental – o presente se recusa a ser preso numa rede. O mistério do "agora" não é apenas um enigma filosófico. É prático, pois no "agora" apenas duas coisas podem acontecer:

> Você estar presente por inteiro. O seu eu verdadeiro é você. Você se sente livre e vivo.
>
> *ou*
>
> Você não está presente por inteiro. Lembranças antigas, hábitos e condicionamentos o bloqueiam. Você está preso a uma névoa mental.

Ser capaz de vivenciar o primeiro estado é muito desejável, pois a melhor vida é a que vivemos como o nosso eu verdadeiro. Infelizmente, o segundo estado é onde vive a maioria das pessoas. Apenas imaginam que estão presentes. Por exemplo, recentemente conheci uma mulher chamada Nina, de cerca de 40 anos, que estava casada havia quinze. Apresentava excesso de peso, e o marido não sentia mais atração por ela. Fiquei surpreso ao saber que ele estava com ela, mas resolvera ficar na sala de espera enquanto ela conversava comigo no consultório.

"Ele acha que eu não devia me preocupar com essas coisas", ela disse. "Coisas" significava a sua batalha constante contra o peso.

"Ele falou isso hoje?", perguntei.

Nina balançou a cabeça. "Nem precisou. Sei o que pensa. Não falamos sobre isso."

"Mas vocês conversam?", perguntei.

Ela deu de ombros. "Estamos casados há muito tempo. Não temos mais assunto, acho."

"Obviamente, você não está contente com isso", comentei. Nina baixou a cabeça. Comentei que o casamento dela talvez tivesse chegado a um impasse, um bloqueio que impedia tudo. Nina concordou e me falou mais de sua vida doméstica, em que tudo girava em torno das refeições, de assistir à TV e dos filhos. Entre ela e o marido quase mais nada acontecia. Era óbvio que um puxava o outro para baixo.

Ela estava presa a um lugar familiar, conhecido como "passado". O momento presente não existia de fato. Nem podia existir enquanto ela e o marido o enchiam de entulhos do passado – brigas antigas não resolvidas, emoções não exprimidas, opiniões sufocadas e assim por diante. Tinham "resolvido" os problemas ao ficar numa zona morta do presente. Sentiam um vazio, mas pelo menos não era muito doloroso.

"Você pode sair dessa armadilha", eu disse. "Foi você mesma quem a armou."

Nina reclamou. "Não é você quem vive com ele."

"Tem razão. Nem conheci o seu marido ainda. Com certeza você tem que se livrar de um monte de ressentimentos. Se conversar com ele sobre o que não vai bem, sobre o casamento e tudo o mais, isso vai levar horas. Mas a resposta está mesmo em você", eu disse. "Neste exato momento, você está ausente da própria vida, quando o que precisa, desesperadamente, é estar presente."

Pedi a Nina que fechasse os olhos e ficasse quieta. Então apliquei um exercício simples.

"Pergunte a você mesma se está consciente neste instante. Está?" Nina concordou com a cabeça. "Tudo bem. Então do que está consciente? Não fale nada. Apenas verifique. Perceba o seu corpo. Sente alguma coisa? Perceba o seu humor. Considere a sua mente, com calma. Quando terminar de verificar tudo, abra os olhos."

Depois de alguns momentos, ela me olhava de novo. Pedi que descrevesse esse inventário íntimo. Nina disse que estava para baixo, mas que o corpo estava bem. Aconteceu algo ainda mais interessante. Fazia um dia lindo, e eu tinha deixado a janela aberta, por onde entrava uma brisa e um leve cheiro de mar.

"Estava tão envolvida nos meus problemas", Nina disse, "que não tinha percebido como o dia estava bonito. Mas, assim que senti a brisa, comecei a relaxar e aí me dei conta do dia bonito".

"Ótimo", eu disse, entusiasmado. "Para estar no presente momento é preciso estar presente. Tudo o que a vida tem a oferecer chega a nós pela consciência. Quando você está presente, você sorve tudo o que a mente, o corpo e o ambiente lhe oferecem. Sem conscientização, a vida não lhe diz nada, porque você apenas passa o dia atenta a hábitos e rituais."

Havia muito mais a dizer, mas o importante foi que Nina saiu dali com a promessa de repetir esse exercício simples de conscientização que tinha acabado de aprender. O casamento dela só poderia melhorar – assim como uma porção de outras questões – se ela começasse a estar presente. No entanto, nada mudaria se ela continuasse a falhar internamente.

O nosso eu verdadeiro quer se conectar conosco. Se não pudéssemos entrar em contato com esse eu verdadeiro, não haveria magia no momento presente. Seria apenas mais um tique-taque no relógio, mais um número mudando no relógio digital. O que nos diz que o momento presente está cheio de magia é que podemos amar, sentir alegria e nos inspirar aqui e agora. A intensidade da vida só acontece no presente.

Não devemos nos arrepender se ultimamente não estamos vivenciando o presente. O universo demonstra uma verdade enunciada pelo grande físico quântico Erwin Schrödinger: "O presente é a única coisa que não tem fim". Mais do que um assunto interessante da física, isso significa uma porta para um tipo de imortalidade prática, um território atemporal onde todas as possibilidades existem aqui e agora.

Habilidades em conscientização

O momento presente demanda que tenhamos consciência dele. Mas isso é suficiente? As pessoas que perderam a memória em decorrência de doença de Alzheimer ou amnésia não conseguem se conectar com o passado. Pode-se dizer que vivem no presente, mas mesmo assim, sofrem. A consciência vazia não tem nada a oferecer. Temos que participar da própria consciência. A maior parte das pessoas mal passa um minuto no silêncio profundo da sua paz interior; trata-se de território estrangeiro para elas. Mas as sabedorias tradicionais descobriram que a consciência tem vantagens ocultas. Essas vantagens ficam escondidas no silêncio, e no entanto todos nós as temos.

Se sondarmos a própria consciência, vamos perceber o seguinte:

- Desde a infância, a nossa mente favoreceu o avançar em vez da inércia. Ela não gosta de ficar parada.
- Ao avançarmos, a evolução acelera o ritmo.
- A consciência expande-se naturalmente. O combustível do caminho do desejo é desejar mais.
- Quanto mais nos conhecemos, melhor fica a vida.
- As intenções positivas têm mais apoio do que as negativas.
- A consciência individual está ligada a uma consciência maior, que percebemos como a sensação de estar ligado a um propósito maior.

Quem explora o nosso mundo interior somos nós mesmos, sozinhos. A fim de testar se essas vantagens realmente existem no caminho da conscientização pessoal. Talvez, no início, o ciclo de *feedback* seja frágil. Ainda não pensamos em como crescer e evoluir – gastamos tempo demais para ganhar a vida, formar uma família e explorar o mundo por aí. Mesmo assim, vamos construindo um "eu" pela vida afora, e esse processo acontece conscientemente.

Agora, podemos praticar a construção do eu que realmente desejamos e expandir tudo desta lista:

- Vamos preferir avançar todos os dias.
- O desenvolvimento pessoal vai acelerar.
- Quanto mais nos conhecemos, mais teremos carinho pela vida.
- À medida que a autocrítica diminui, nos tornamos mais positivos, e isso vai refletir em tudo.
- Vamos nos sentir conectados a uma visão mais ampla de vida e a um poder maior que faz essa visão ser verdadeira.

Esses são aspectos práticos, marcas da jornada espiritual que alcançamos na vida real. Eu dimensiono por elas o meu progresso diário. Estou avançando se sinto mais compaixão, menos culpa e mais calma. O meu desenvolvimento pessoal está acelerando quando atinjo logo um objetivo que pensei que fosse levar anos para atingir, como deixar de lado a necessidade de me enraivecer. Acredito mesmo em ter o pé no chão o máximo possível. Houve momentos, quando tomava o trem expresso de Nova York para Boston e ficava olhando a paisagem passar a jato pela janela, que eu me fundia com a paisagem, e me sentia como se Deepak tivesse desaparecido e só existisse um Ser – a paz da mais pura existência. São esses momentos privilegiados a que me refiro como marcas.

Durante muito tempo, a espiritualidade se debilitou, pois parecia apenas um conjunto de ideias bonitas. Só é útil o tipo de espiritualidade que gera mudanças verdadeiras. Por natureza, a consciência sustenta a vida – surgindo de um órgão que pesa pouco mais de um quilo e tem a consistência de um mingau frio, a mente é um milagre, e é responsável pelas necessidades básicas que dão sustento ao corpo e garantem a nossa sobrevivência. A melhor oferta que podemos nos fazer é estarmos presentes, pois assim se dá o casamento perfeito entre a consciência e o "agora".

Apresentei um panorama vibrante, mas, na prática, o que você deve fazer?

Uma vez que você entenda o valor de estar presente, pode adquirir as habilidades necessárias para isso. Essas habilidades treinam o seu cérebro para estar presente, e, à medida que você reforça novos caminhos, estar presente fica cada vez mais fácil, até que um dia isso se torna natural – estar presente é muitíssimo mais fácil do que se cercar da bruma da ilusão. Demorar-se no passado ou antecipar o futuro é inteiramente ilusório. O passado e o futuro não existem. Apenas o "agora" existe, e, portanto, nascemos para morar nele.

Atitude: Como adquirir habilidades de conscientização

O cérebro foi projetado para atender a vivências espirituais. Quando nos sentimos inspirados ou plenos de encanto, essa experiência é processada no cérebro. Mas também podemos treinar o cérebro a ser mais receptivo a questões espirituais. Vamos falar de quatro das habilidades de conscientização mais importantes:

- Ser centrado
- Prestar atenção
- Concentrar-se
- Aprofundar-se

Habilidade nº1: Ser centrado
Ser centrado é a habilidade de conscientização mais fundamental. A maioria das pessoas não consegue estar no presente porque

está ocupada demais estando em algum outro lugar. Distrai-se com o mundo, que está sempre cheio de atividades. Mas você já deve ter observado pessoas que têm as seguintes qualidades:

- Sabem quem são.
- Concentram-se bastante no que estão fazendo.
- Parecem inteiras e à vontade com o que são.
- Escutam com atenção.
- Não anseiam pela aprovação dos outros nem temem a desaprovação.
- Em uma crise, ficam calmas, e não em pânico.

Essa pessoa é centrada. Sente-se à vontade em estar aqui em vez de em outro lugar. Em uma sociedade em que as pessoas se desperdiçam em atividades de todo tipo, ser centrado requer esforço. É preciso treinar para não se distrair. Se não, sempre haverá alguma coisa nova para nos tirar do eixo – um telefonema, um filme, uma crise em casa, um prazo no trabalho. Mas, se permanecemos centrados, conseguimos lidar melhor com a vida, inclusive com os aspectos externos que solicitam respostas e soluções.

Em tudo isso, existe o risco de ser autocentrado? Alguns críticos acreditam que sim, embora eu ache que o espectro da geração "eu" não está pairando por aqui. Ser autocentrado é o mesmo que ter um egoísmo extravagante, em que o que conta antes de tudo sou eu e o que eu quero. Trata-se, basicamente, de uma forma de insegurança, ao passo que ser centrado é o oposto. As pessoas seguras de si são em geral emocionalmente flexíveis e se preocupam com os outros. Os egoístas têm limites frágeis; não conseguem se conectar com outras pessoas (portanto, fingem que fazer isso não vale a pena).

Ser centrado ajuda a não ter um monte de problemas. Eis um exemplo recente da vida real. Uma amiga foi fazer um saque num caixa eletrônico, mas descobriu que estava com saldo negativo. Ficou atarantada e um pouco chocada, mas estava atrasada para um compromisso, então correu até sua casa, pegou o talão de cheque de outra conta e foi rapidinho ao banco, que já estava fechado. Fez um depósito no caixa eletrônico e disparou para o tal compromisso.

No dia seguinte, foi ao caixa eletrônico sacar e descobriu que ainda estava com saldo negativo. Furiosa com o erro do banco, ela discutiu com o gerente, que lhe mostrou o cheque que ela tinha depositado. Ela havia se esquecido de assiná-lo. Constrangida, assinou e pronto, fim do caso. Parece algo muito normal chocar-se com um inesperado saldo negativo, mas, se a minha amiga não estivesse tão atrapalhada, teria assinado o cheque e evitado todo o estresse e o tempo perdido. Ela estava fora de si. É um incidente pequeno, mas podemos multiplicá-lo por todas as vezes que as coisas nos tiram do sério. O estresse cotidiano faz isso com a maior parte das pessoas, e elas nem percebem o que aconteceu, pois estão muito habituadas a ver a consciência ser atirada de um lado para o outro pelos acontecimentos externos.

Quando tomamos a decisão de nos centrarmos, isso vem naturalmente. Primeiro, pare de fazer as coisas que atrapalham isso:

- Não faça mil coisas ao mesmo tempo. Concentre-se no momento.
- Tente não se distrair. Se alguém precisa interagir com você no trabalho, por exemplo, feche a porta, desligue o telefone e deixe o computador hibernando. Deixe que a pessoa veja que está concentrado apenas nela. As pessoas conseguem perceber se você não está interessado no que elas têm para dizer, e um dos sinais mais evidentes é uma impaciência silenciosa enquanto você espera para dizer o que precisa. Evite os sinais óbvios de falta de interesse, como ficar batendo a caneta, se remexendo, ficar olhando pela janela ou interrompendo os outros antes que terminem de falar.
- Não disperse a sua atenção ao acaso. Administre o seu tempo mental de modo eficiente, de modo que você possa ficar sozinho para reflexões sérias. Dedique o seu tempo aos outros sem sentir que está sendo desviado de seus interesses.

Evitando esses deslizes e maus hábitos, o seu relacionamento com outras pessoas vai longe, mas você também precisa da experiência positiva de ser centrado. Ela começa quando estamos sozinhos. Em um lugar sossegado, feche os olhos, respire fundo e volte-se para o seu íntimo. Atente para o seu coração, no meio do peito. Fique sentado, calmamente, e deixe que sua atenção permaneça ali. Se pensamentos eventuais tirarem a sua atenção, concentre-se de novo assim que se der conta. Depois de alguns minutos, abra os olhos. Durante a meia hora seguinte mais ou menos, observe-se para ver se permanece centrado. Não se volte de imediato para as exigências exteriores.

Se você repetir essa prática muitas vezes por dia, vai começar a aprender a diferença entre estar ou não centrado. Com a repetição, você treina o seu cérebro e o sistema nervoso involuntário a preferir um estado de concentração calmo e sossegado. Essa preferência traz com ela uma pressão sanguínea mais baixa, menor reação ao estresse e ritmo cardíaco mais desacelerado. Você não fica inerte nem indiferente; nem está se forçando a ficar atento. O estado desejado, na verdade, é mais alerta, pois você ficou mais à vontade com ele, permitindo que chegasse a respostas sem distrações externas.

Habilidade nº 2: Prestar atenção

A atenção é importante, porque tudo em que prestamos atenção se desenvolve. Se atentamos para o emprego, o relacionamento, o passatempo preferido, a atenção nutre um ciclo de *feedback*. (Quando uma esposa infeliz reclama de que o marido não lhe dá atenção, é bobagem se ele responde assim: "Mas eu comprei uma casa e tudo o que você queria". A atenção é o que há de mais pessoal e precioso a oferecer.) A atenção não pode ser fingida nem forçada. Quando um professor dá uma bronca numa classe indisciplinada com um "Prestem atenção!", ele pode até conseguir algum resultado durante uns minutos, mas a ordem logo perde o efeito. É inútil pedir que uma mente inquieta se acalme e preste atenção. O segredo é saber como a atenção funciona de fato.

A atenção é uma consciência focada. A primeira exigência dela é estar centrado, como já mencionamos, pois antes de mais nada é preciso estar presente. Segundo, a nossa consciência foca naturalmente quando temos um desejo. Focamos no que desejamos. Terceiro, a atenção funciona melhor combinada com a intenção – como encontrar uma maneira de satisfazer o desejo. Quando esses três ingredientes estão juntos – estamos centrados, temos um desejo e temos a intenção de satisfazer esse desejo –, a atenção se torna extremamente poderosa.

Qualquer um que tenha se apaixonado à primeira vista conta essa história; trata-se da definição do alvo. Para algumas pessoas, porém, essa mesma atenção se volta para a ambição, o dinheiro e o poder.

A atenção se torna espiritual quando focamos em assuntos relacionados ao desejo interior. Quase todo mundo já se perguntou: "Quem sou eu?", mas quem de fato descobre foi levado pelo desejo de saber. Esse desejo é tão forte quanto o de quem deseja mais dinheiro, status e poder. As questões espirituais que por acaso fazemos são poucas. Deus poderia nos enviar uma mensagem curta com as respostas e elas mudariam a nossa vida. Todo caminho espiritual deve ser movido a desejo. Digamos que alguém experimente uma inesperada paz interior. Lá está ela, no meio de um dia comum.

Talvez essa pessoa a perceba, ou então dê início a uma série de pensamentos como estes:

- Estou em paz. Que estranho. Gosto disso.
- De onde será que essa sensação veio?
- Vou descobrir, pois seria bom me sentir em paz mais vezes.
- Vou levar adiante essa experiência. Não quero me esquecer dela, é muito valiosa.

Essa é uma sequência de pensamentos bem natural, e todas as pessoas espiritualizadas que conheço passaram por ela, não necessariamente por causa de um momento de paz interior. Há quem vivencie uma alegria inesperada; outros se sentem protegidos e cuidados; alguns foram pegos de surpresa pela sensação de uma presença divina. O que tinham em comum é que realmente prestaram atenção a essa vivência. Esse processo pode ser simplificado em três passos. Da próxima vez que você tiver uma sensação íntima de paz, alegria, amor, inspiração ou visão, pare um instante:

Passo nº 1: Perceba o que está acontecendo. Sossegue e não se distraia. Aprofunde a experiência sem comentários nem interrupções.

Passo nº 2: Quando esse momento começar a desaparecer, não se apresse em deixá-lo. Considere o significado dele. Contextualize esse significado e reflita sobre como isso faz você se sentir diferente do que é em outros momentos comuns.

Passo nº 3: Valorize essa experiência. Considere como a sua vida vai se transformar se puder repeti-la. Além disso, pense em uma vida cheia de alegria, paz e amor. Enxergue isso com o olhar da mente. Sinta como sua vida seria bonita.

Nesses três passos, ativamos o cérebro e o córtex emocional, ou mente superior – o primeiro, ao sentir essa vivência por inteiro; o segundo, ao pensar e refletir sobre ela. É assim que os sonhos se realizam. Combinando uma ideia de possibilidades com uma intenção focada que gera novos caminhos cerebrais. O mundo "aqui dentro" está sempre conectado com o mundo "lá fora". Não é possível agarrar uma oportunidade sem ter consciência dela. Não é possível nutrir uma nova possibilidade sem desejá-la. Quando a consciência, o desejo e a intenção estão juntos, dominamos a capacidade de atenção.

Habilidade nº 3: Concentrar-se

Quando desejamos alguma coisa, a concentração nela acontece naturalmente. Mas é difícil falar de concentração em termos espirituais. Para a maioria das pessoas, Deus, a alma, o espírito ou um poder superior são imagens vagas.

Muita gente se apega a uma imagem de Deus como um patriarca de barba branca, sentado acima das nuvens, sobretudo porque é uma imagem viva. Mas não é real imaginar Deus como se ele fosse uma pessoa, assim como imaginar a alma como um fantasma delicado junto ao coração. Os valores espirituais são invisíveis e intangíveis, no entanto, vêm à tona na consciência.

A fim de que esses valores espirituais se tornem reais, é preciso usar um tipo diferente de foco, conhecido como "intenções claras". Ter intenções claras é saber o que se deseja, sem confusões. O nosso corpo obedece às intenções claras com mais facilidade do que às intenções confusas. Basta olhar para a linguagem corporal de alguém ansioso para chegar ao campo de futebol e a de alguém que foi para a igreja arrastado. Sempre que hesitamos ou que as emoções são confusas, a intenção não está clara. É essa a diferença entre correr uma maratona louco de vontade de vencer e fazer a mesma maratona com o medo de desmoronar na metade. O cérebro fica atrapalhado com mensagens mistas, mesmo que sejam sutis. Por exemplo, se você tem experiência, em geral leva menos de dois minutos para fazer um omelete. Mas marque um prazo de dois minutos e tente acompanhar o tempo: ou você vai se atrapalhar em etapas simples ou pelo menos ficar com a cabeça dividida entre fazer o omelete e olhar o relógio.

Misturar assuntos também é um problema nas questões espirituais e gera muita frustração. Consideremos o ato de rezar. As pessoas rezam nas mais diversas circunstâncias: algumas em desespero, quando a mente está agitada, e algumas em paz, voltando-se para Deus com calma. Existem orações de redenção, perdão ou cura – ou, se alguém tem 10 anos de idade, faz orações para ganhar uma bicicleta nova. As pessoas fazem barganhas em suas orações: "Deus, se me conceder o que desejo, prometo ser bom", é uma fórmula comum. O fato de algumas orações serem atendidas enquanto outras são ignoradas leva a muita confusão e frustração.

Mas, em termos de consciência, não se pode esperar que a oração funcione se a intenção não for clara. Em qualquer área da vida, as intenções ficam sombrias quando:

- Não sabemos bem o que desejamos.
- Achamos que não merecemos obter o que desejamos.
- Somos céticos em relação a resultados.
- Temos motivações variadas.
- Temos conflitos íntimos.

A oração é um assunto fundamental, e não estou julgando se funciona (diante de uma ligação clara com o nosso eu verdadeiro, acredito que as orações – ou qualquer intenção clara – podem vingar). Mas as linhas de comunicação são cortadas quando a mensagem enviada é confusa. Com a clareza vem o foco, e, quando estamos focados, o poder da consciência fica ativado.

O segredo para manter o foco é fazer isso sem esforço. A imagem de um gênio de cenho franzido concentrando-se feito louco é equivocada. A consciência gosta de estar concentrada quando se sente satisfeita – por isso duas pessoas apaixonadas não conseguem tirar os olhos uma da outra. Elas se embriagam uma da outra, sem esforço algum. Portanto, use a sua concentração em coisas da vida espiritual que o encantem. Para mim, há trinta anos a poesia de Rumi me fascina, pois gosto da sensação que ela me transmite. Textos espirituais inspiradores sempre têm esse efeito em mim, como acontece com muita gente que faz esse tipo de leitura. Expandindo um pouco mais essa definição: é possível encontrar prazer espiritual em qualquer lugar – num pôr do sol tropical, em crianças brincando, na serenidade do rosto de alguém dormindo.

O foco não deve exigir esforço, mas não é passivo. Quando nos focamos de fato em experiências espirituais, acontece o seguinte:

- Ficamos relaxados e num estado receptivo.
- Há uma quietude interior.

- A experiência pode se aprofundar.
- Ficamos plenos de uma sensação sutil de beleza, prazer, encanto ou amor.
- Gostamos da sensação e deixamos que ela perdure.

Em resumo, essa é uma das mais suaves habilidades da consciência, e uma das mais prazerosas.

Habilidade nº 4: Aprofundar-se

Quando penso na mente, penso num rio. O ondular da superfície indica uma corrente que flui rapidamente. Abaixo da superfície o mesmo rio flui mais lentamente, não há ondas agitando a água. Mergulhemos mais, e a água passa ainda mais devagar, e, lá no fundo, quase não há movimento. No entanto, é o mesmo rio. A maior parte das pessoas passa 90 por cento do tempo na superfície da mente, local revirado pelos acontecimentos cotidianos. Seria fácil acreditar que essa atividade inquieta *é* a mente. E, realmente, não existe mais nada enquanto não mergulharmos fundo.

Todo mundo já vivenciou momentos de maior paz de espírito – milhares de pessoas saem de férias só para ter essa vivência. Mas as sabedorias tradicionais não consideram que a paz e a calma sejam as férias. Ensinam que a natureza da mente é silenciosa, ampla e calma. A atividade da mente, ou seja, todos os pensamentos e sentimentos que temos, é algo secundário. O silêncio mental é essencial. Por quê? Não saberemos o valor desse silêncio até conseguirmos chegar até ele e explorá-lo. Muitos jardins de infância mandam as crianças fecharem os olhos e relaxarem por alguns minutos toda tarde. Talvez alguém se lembre de como ficava impaciente, de como queria que aquilo acabasse logo para ir correr e brincar.

Nos adultos, essa mesma impaciência formou uma ranhura profunda. Resistimos a ficar quietos, pois só conhecemos a atividade, um estado constante de agito mental. A natureza silenciosa, calma e pacífica da mente não faz parte de nossa vivência. Milhares de pessoas no Ocidente já ouviram falar de meditação, muita gente até já tentou. A vida diária é tão estressante e confusa que fazer uma pausa soa tentador. Mas o mentor espiritual J. Krishnamurti disse algo importante ao declarar que a verdadeira meditação dura 24 horas por dia. A verdadeira meditação ocorre quando damos um mergulho profundo em nossa mente e ali ficamos.

Esse mergulho profundo nos aproxima de nossa origem. Na origem da mente ficam a criatividade, a inteligência, a paz e a alegria. Não é preciso trabalhar para obter essas coisas. Fazem parte do panorama. Como dizem: estão inclusas no pacote. A meditação permite que as encontremos. Não é difícil de obter um vislumbre disso, e, com a repetição, esse vislumbre se transforma numa vista. A mente vai gostar do que vê, e assim o desejo de se aprofundar cresce sozinho.

A fim de dar um mergulho neste instante, eis aqui um exercício respiratório e meditativo. Certifique-se de que não vai ser importunado. Feche os olhos, limpe a mente e fique receptivo. Em seguida, volte a atenção para a ponta do seu nariz. Sinta o ar entrar e sair suavemente ao respirar. Faça isso durante dez minutos. Se sua atenção se desviar da ponta do nariz – como acontece naturalmente –, traga-a de volta. Mas não force a atenção nem tente controlar a respiração. Aja com naturalidade e leveza.

Antes de abrir os olhos, aprecie o seu íntimo. Deixe que essa sensação se aprofunde, permanecendo com ela. Agora, abra os olhos e continue o seu dia. Quase todo mundo sente que os efeitos dessa meditação simples perduram algum tempo. As cores ficam um pouco mais vívidas ou os sons parecem mais nítidos. Há uma sensação íntima de calma e uma tendência menor de ser tragado pelas atividades. Se o seu dia é frenético e você mergulha rapidamente nele, essa sensação vai se prolongar menos. Mas medite duas vezes ao dia por dez a vinte minutos e você vai sentir uma diferença mais prolongada.

O silêncio seria de pouca valia e só serviria como um tipo de férias íntimas se não alterasse a vida exterior. Essa é uma medida essencial. Cumprindo por um mês uma programação de meditação você poderá se fazer as seguintes perguntas:

Inventário da meditação

- Eu me sinto mais leve?
- Sinto mais energia?
- Sinto-me mais centrado?
- As dificuldades estão ficando mais fáceis?
- O meu humor melhorou?
- O nível de estresse baixou?
- Tive momentos inspiradores?
- Sinto-me agradecido?
- Valorizo mais a minha vida?
- Estou mais íntimo das pessoas que amo?
- Sinto-me menos isolado ou que faço parte de alguma coisa?
- Estou julgando menos os outros e a mim mesmo?
- Estou mais à vontade comigo mesmo?
- Sinto paz interior?

Esse inventário é detalhado. Tem que ser, pois sempre que alguém diz: "Já tentei meditar, mas desisti", em geral não tem uma razão específica para ter parado. Esse hábito novo não "pegou", os antigos permaneceram. Mas, se avaliamos item por item desse inventário, percebemos que não se trata apenas de se sentir mais calmo com a meditação. Trata-se de ativar a mente como um todo, e isso afeta todos os aspectos da vida.

Com essas quatro habilidades você pode fazer do caminho espiritual uma prática.

A transformação está ao seu alcance. Não é apenas um sonho ou uma concepção abstrata, inspirada pelas escrituras e pela poesia. Os maiores milagres são obtidos ao aceitarmos o dom da consciência com o qual nascemos. Pode dar a sensação de que estávamos perambulando muito longe de onde começamos. Comer em excesso foi o problema original que a maioria de nós acha importante resolver, mas é um problema mundano. No entanto, a solução – comer com consciência – nos levou longe. Expandiu-se em conscientização de vida, e a maneira mais inspiradora de viver é a espiritualidade. Os temas leveza, pureza, equilíbrio e energia se aplicam a leveza da alma, pureza do coração, equilíbrio interior e exterior e energia para buscar o melhor da satisfação.

É um desperdício a vida de quem fica num canto, como a carta fechada de Rumi. Para mim, basta um lembrete de Rumi para que eu recupere o sentido da vida:

Esta vida sabe de si
Mais do que dizem as palavras,
É como passar uma taça onde está escrito,
A vida é minha, mas não é minha.

A vida pertence a cada um de nós, mas também nós pertencemos à vida. Sempre que nos sentimos satisfeitos, estamos gerando o impulso cósmico do gozo. No momento presente uma taça é passada para diante e para trás. Você a segura nas mãos por um breve instante antes de devolvê-la ao universo. O grande milagre é que quando a recebe de novo, a taça está sempre cheia, pronta para ser saboreada mais uma vez.

HORA DE AGIR:
Ser holístico –
Programa de meditação de sete dias

No início deste livro falei de uma onda de mudanças e de como tomar parte dela. Meu estilo de vida se modificou quando me juntei a ela: fiquei mais ciente do que comia e de que pequenos passos conduziam a uma compreensão mais profunda do que a nutrição realmente significa para a mente, para o corpo e para a alma.

Mas existe outra onda que vai ainda mais longe, além dos limites da vida de uma pessoa – o movimento em busca de uma maneira holística de viver. Ele é global e afeta a todos porque a ecologia mundial está em perigo e o planeta sofre com a pressão do superpovoamento. Assim, procurar viver como fazíamos no passado não é mais possível. A vida sustenta-se a si mesma e ainda assim os seres humanos são os cuidadores dela. Temos a responsabilidade de sustentar o meio ambiente embora a maneira de fazê-lo não esteja totalmente clara.

Viver holisticamente significa sentir-se ligado a tudo. Uma árvore na Amazônia exala o oxigênio de que você precisa para viver, enquanto você exala o dióxido de carbono de que essa árvore também precisa para viver. O vírus que faz uma criança na China adoecer alcança rapidamente a soleira da porta de outra criança em algum outro lugar do mundo. Água, alimento e ar não são mais apenas necessidades locais, alimentam o corpo do planeta. Para o indivíduo, um estilo de vida holístico deve ainda trazer felicidade. Não precisamos ser monges e freiras e renunciar ao nosso bem-estar para que a Mãe-Terra possa ficar melhor. As duas coisas são complementares. É possível ser feliz e ao mesmo tempo promover o bem-estar de tudo que tem vida.

A maioria dos temas expostos neste livro diz respeito ao viver holístico, em especial à pureza e ao equilíbrio. Devorar os limitados recursos do planeta é desequilibrado. Encher a atmosfera com poluentes é impuro. Por que continuar a fazer o que sabemos ser obviamente errado? Porque estamos amarrados à felicidade, e os velhos padrões de felicidade dependem de sermos um consumidor que anseia mais de tudo, dispõe dos resíduos sem cuidado, se preocupa apenas com "o eu, o mim, o meu", sem olhar para toda a família humana, e vive o presente deixando que o futuro cuide de si mesmo.

Acredito que a vida também pode ser feliz com objetivos maiores. A satisfação será sempre a chave. Mas a satisfação interior é muito mais satisfatória do que a promessa de felicidade baseada no consumo interminável. Gostaria de oferecer um novo padrão de felicidade para substituir o antigo. Convido você, leitor, a encontrar satisfação a cada dia, começando exatamente agora. Você não se juntará a uma causa ou a uma procissão. Fará apenas uma conexão, que começa e se espalha com você.

A seguir, você encontrará um programa de meditação de sete dias que não depende de esforço, mas é pleno de significado. Ele fez sucesso e ficou conhecido entre centenas de pessoas que o seguiram no Chopra Center. Leia o texto e depois pratique a meditação de cada dia. Todos os mantras têm origem na tradição védica da Índia – usá-los é opcional, mas recomendado, pois conduzem a mente a um local mais profundo.

Você já está ligado a toda vida existente na Terra – isso é um dom – e agora é a hora de sentir essa conexão e deixar que ela penetre em sua consciência. Muitas pessoas clamam por uma mudança no estado de consciência e por um novo paradigma para o futuro. Aqui está uma maneira de responder pessoalmente a esse chamado.

Domingo, 1º dia
Saúde perfeita

Na consciência de cada pessoa existe um espaço livre de doenças, que nunca sente dor, que é alegre e vibrante. Quando se alcança esse espaço, as limitações que geralmente sentimos deixam de existir. Se a conexão entre mente e corpo for forte, a consciência pode ser convertida em saúde perfeita. Isso não é um sonho. No ciclo de *feedback* do corpo, cada pensamento, sentimento ou sensação intangível é transformado em sinais químicos ou elétricos. A consciência afeta constantemente o corpo. Por isso, é razoável acreditar que mensagens negativas tenham consequências negativas para a saúde, enquanto mensagens positivas tenham o efeito oposto.

Ter uma saúde perfeita é o padrão normal de cada célula. Ou as imperfeições são curadas ou a célula morre. Se forçada a existir em estado imperfeito, uma célula pode adaptar-se com extraordinária flexibilidade – é assim, por exemplo, que o coração consegue funcionar durante anos mesmo com baixa oxigenação devido ao bloqueio das artérias coronárias. No entanto, se o estado de desequilíbrio perdura por tempo exagerado, células, tecidos e órgãos morrem. Uma vez que a saúde perfeita é uma norma para suas células, também deve ser norma para você, como ser que envia cada mensagem a essas células. A maneira como você intervém depende das suas escolhas. Cada intervenção positiva oferece ao corpo perfeita saúde; cada intervenção negativa estressa o corpo e empurra-o, muito ou pouco, em direção a uma saúde precária.

Décadas foram necessárias para a medicina moderna reconhecer a conexão entre a mente e o corpo, e, como os médicos ainda são treinados a tratar partes isoladas do seu corpo, ser saudável é uma responsabilidade sua. Chegar a um estado de saúde perfeito exige maior conscientização da sua parte. Este livro descreveu o que "viver conscientemente" pode fazer por você. Obter todas as ferramentas é importante. Mas você tem que usá-las. É fácil contentar-se com menos e, quando as expectativas caem, velhos padrões reaparecem do nada, oferecendo o caminho de menor resistência.

O que alimenta um modo consciente de viver é a inspiração, e a inspiração vem do íntimo. Ela não surge sob a forma de massagens revigorantes – embora estas também sejam ótimas –, mas de um estado centrado de ser e de sentir-se em relação a você mesmo. Protegido do agito do estresse e das pressões externas, você vai perceber como é mais fácil seguir sua nova concepção de vida. Uma voz calma vai lhe mostrar como fazer o que sabe ser o melhor para você. Esse se torna o caminho menos resistente, sem cair em maus hábitos. Na meditação de hoje, e em todas as seguintes, o objetivo é simples: o que você deseja fazer em seguida será a melhor coisa que você pode fazer para si mesmo.

Quando iniciar sua primeira meditação do dia, concentre-se no seguinte pensamento: "Comprometo-me a viver em perfeita saúde".

Para começar, ache uma posição confortável, apoie gentilmente as mãos no colo e feche os olhos. Observe a entrada e a saída do ar. A cada inalação e expiração fique mais relaxado, mais confortável e mais à vontade.

O mantra: Em seguida, entoe o mantra que faz a conexão com sua lembrança de plenitude, repetindo-o mentalmente e deixando que ele flua sem esforço: *Om Bhavam Namah,* que significa "Eu sou uma existência absoluta. Sou um campo para todas as possibilidades".

Repita-o silenciosamente, de olhos fechados. Sempre que você se distrair com pensamentos, sensações corporais ou ruídos no ambiente, apenas retome a atenção, repetindo mentalmente o mantra.

Continue a meditação. Ao pensar que cerca de dez minutos já se passaram, dê uma olhada em seu relógio. Se ainda sobrar tempo, feche os olhos e continue com o mantra. Se os dez minutos já passaram, então está na hora de liberar o mantra. Transfira a atenção gentilmente de volta para o seu corpo. Assuma um momento de repouso, inalando e expelindo devagar e profundamente. Ao sentir-se pronto, abra os olhos devagar.

Siga adiante: Ao continuar as atividades diárias, simplesmente mantenha consigo o conhecimento de que, com uma mudança mental, você pode alterar sua vida. Volte ocasionalmente a este pensamento central: "Estou criando uma saúde perfeita a cada escolha que faço. Estou criando uma saúde perfeita a cada escolha que faço".

Segunda-feira, 2º dia
A sabedoria do seu corpo

Cada um de nós possui uma qualidade interior que não se reflete em nossos pensamentos diários, ocupados principalmente com as tarefas da vida. Essa qualidade está enraizada no corpo. Enquanto os seres humanos lutam e discordam, trilhões de células sincronizam cada processo biológico levando em conta centésimos de segundo. Enquanto o ego nos leva a preencher autocentradas ambições, cada parte do corpo instintivamente trabalha em cooperação, sempre objetivando o todo. As células não sabem como ser egoístas e, se parecem esquecer o bem-estar do corpo todo, tais células tornam-se malignas. Buscando a própria expansão a qualquer custo, essas células invadem outras partes do corpo, apenas para, no fim das contas, descobrir que sua única recompensa é a morte.

Ao longo deste livro, você aprendeu a obedecer à sabedoria de seu corpo. Ao confiar completamente nele, você deixa de interferir nessa sabedoria. Você deixa de sobrecarregá-lo com estresse, sono de baixa qualidade, dieta imprópria e horas diárias de total inatividade com surtos intermitentes de hiperatividade. Estamos todos envolvidos por uma visão materialista do mundo e, durante muito tempo, uma noção semelhante à sabedoria do corpo foi desqualificada – e em algumas partes ainda é –, classificada como não científica. Mas não há necessidade de retomar esse assunto. A conexão entre a mente e o corpo é uma certeza científica, e os maiores avanços procedem de pesquisadores que demonstraram que as mensagens químicas recebidas e enviadas pelas células cerebrais eram encontradas no trato digestivo, no sistema imunológico e na pele. O cérebro não é mais o único local da inteligência. Em vez disso, a inteligência é como um rio que percorre todos os tecidos. Está correto referir-se ao sistema imunológico como um cérebro flutuante e considerar as intuições tão legítimas quanto as emoções e os pensamentos "em sua cabeça".

A bioquímica da intuição e da introspecção, ou do rio interior, que torna os seres humanos tão curiosos e criativos, ainda não aflorou. Mas não há dúvida de que a conexão entre a mente e o corpo estará envolvida nisso – é preciso apenas encontrar meios mais sutis de observá-la. Nas sabedorias tradicionais, a sapiência do corpo não precisa ser justificada, nem jamais foi questionada. Ela já existe em um estado de unidade. O corpo é visto como um componente da dança cósmica, seu aparato de inteligência deriva de um campo de inteligência que organiza toda a criação. Essa é uma visão espiritual, embora se fosse possível perguntar a uma célula de onde ela veio, é claro que ela apontaria para o corpo como um todo – uma célula cardíaca ou hepática não acredita nem por um instante que sua vida seja isolada, separada ou acidental. Ser uma única célula no corpo do universo, como cada um de nós, funciona da mesma maneira. Se você pudesse ser tão sábio quanto o seu corpo, cada coisa em sua vida estaria em harmonia com tudo o mais. A meditação é um poderoso meio para atravessar a ponte entre nossa imperfeita autoimagem e a perfeição que chega sem esforço ao nosso corpo.

Quando iniciar sua meditação, contemple este pensamento centralizador: *Confio na sabedoria do meu corpo.*
Inicie sua meditação seguindo as instruções do 1º dia.
O mantra: Agora, entoe gentilmente o mantra. É um som, *Shyam*, que está associado à intuição e à visão interior. Pronuncia-se "shi-um".
Siga adiante: À medida que você dá continuidade ao seu dia, escute sua intuição e contemple este pensamento centralizador:

Minha mente e meu corpo estão em perfeita sincronia. Minha mente e meu corpo estão em perfeita sincronia.

Terça-feira, 3º dia
Restaurando o equilíbrio

A chave para restaurar o equilíbrio e manter nosso peso ideal é, a partir de hábitos inconscientes, expandir a consciência até fazermos escolhas conscientes. Sempre que temos uma experiência, a mente está em um dos três estados: inconsciente, consciente ou consciente de si mesma. Os principais modos de ação da mente, inconsciente e consciente, são altamente desenvolvidos. Ao agir de modo inconsciente, o cérebro é capaz de cuidar do corpo sem necessitar de detalhadas instruções específicas, processando os cinco sentidos de modo a manter-nos conscientes a respeito de nosso mundo interior e exterior. No entanto, no estado inconsciente, saúde e bem-estar geralmente são deixados ao acaso e um ciclo de *feedback* mínimo age automaticamente, sem percebermos.

Pense neste exemplo: se no trabalho você se serve da terceira xícara de café do dia sem pensar, você está fazendo algo inconscientemente, que é a maneira de agir que sublinha os hábitos. Se você *se vê* pegando o bule de café, então você está consciente. Então você vê o último biscoito que ficou para você pegar. A consciência pessoal pode também entrar no jogo. Nesse momento, você pode se perguntar: "Por que eu preciso disto?". Quando começamos a fazer indagações a nós mesmos, refletindo a respeito de comportamentos, vislumbrando uma perspectiva mais ampla e então nos abrindo para as respostas, estamos no rumo da consciência pessoal. Agindo assim, você começa a prestar atenção no seu verdadeiro eu. E é dele que procedem valores, significados, objetivos e respostas.

A consciência pessoal nos leva além dos velhos e gastos caminhos cerebrais que mantêm fixos hábitos inconscientes. Imagine uma situação em que você esteja aborrecido. Nesta circunstância, quando você reconhece, "Estou aborrecido" é um pensamento consciente. Mas saber de onde seu aborrecimento procede envolve um componente de consciência pessoal da situação que lhe permite reconhecer um padrão de comportamento. Você percebe que velhos hábitos semelhantes – antigas explosões, por exemplo – não lhe foram úteis, e começa a tomar medidas para transcender essas respostas habituais.

Com a consciência pessoal, a realidade se altera e, com a ajuda de nosso espírito, começamos a ter controle sobre ela. A consciência pessoal abre as portas para mudanças duradouras e nos dá forças para fazer escolhas mais gratificantes.

Aqui está o pensamento centralizador para a meditação de hoje: *Com consciência crio hábitos saudáveis.*
Comece sua meditação, seguindo as instruções do 1º dia.
O mantra: Agora, gentilmente, entoe o mantra de hoje. Ele é *Om Kriyam Namah* (*Kriyam* pronuncia-se "krii-yum"), que se traduz como: "Minhas ações estão alinhadas com a lei cósmica".
Siga adiante: À medida que você der continuidade ao seu dia, contemple o seguinte pensamento centralizador: *Com consciência, crio hábitos saudáveis. Com consciência, crio hábitos saudáveis.*

Quarta-feira, 4º dia
Respirar para equilibrar

Todos os seres vivos são animados pela respiração, a troca de átomos que dá suporte à vida na atmosfera ou nos oceanos. Na tradição hindu, a respiração ocupa um nível mais sutil, ligado à força da vida ou prana. Segundo esse antigo modelo, o prana pulsa através do corpo e nos dá vida. Em sânscrito "prana" significa simplesmente "respiração", e baseados nisso – sem a necessidade de aceitar a noção implícita de força vital – foram estabelecidos muitos exercícios que usam a respiração para fazer as pessoas se sentirem calmas, centradas e equilibradas. Esses sentimentos subjetivos também foram associados a benefícios físicos, tais como a diminuição da pressão sanguínea e dos batimentos cardíacos.

As pessoas também relatam que os exercícios prânicos lhes proporcionam um aumento de energia durante o dia. No Ocidente, estudos a respeito do "corpo sutil" são raros porque não há uma ligação entre modelos antigos e modernos. Mesmo assim, a ioga baseia-se em um modelo antigo e centenas de pessoas se beneficiam dela sem precisar adotar uma diferente visão do mundo. Considera-se que o prana ative todas as forças vivas do corpo. E, embora o prana nos forneça energia por meio da respiração, todas as formas de energia – luz, calor, eletricidade – são associadas ao prana, assim como na medicina moderna as atividades do cérebro dependem da mistura de processos químicos e elétricos, com os nutrientes derivados de alimentos e do oxigênio.

Na ioga há práticas elaboradas para controlar o fluxo do prana. Mas, em termos ocidentais, o ponto central consiste em fornecer uma melhor conexão entre mente e corpo. Clareza mental e energia são essenciais para ouvir o corpo. Assim, no sistema hindu o prana funciona como um tipo de ciclo de *feedback* vital. Como você descobriu neste livro, a consciência serve ao mesmo objetivo. Há aqui uma ligação com a meditação. Quanto mais sua prática estiver conectada com a respiração, mais espontaneamente você entra em um estado consciente definido – a respiração consciente leva a mente de volta a si mesma.

Aqui está o pensamento central para a meditação de hoje: *Estou unido ao sopro da vida.*

Comece a meditação, seguindo as instruções do 1º dia.

O mantra: Agora entoe gentilmente o mantra de hoje. Ele é *So Hum*, que significa "Eu sou".

Siga adiante: À medida que você segue adiante com o seu dia, contemple o seguinte pensamento: *Sou sustentado pelo sopro da vida. Sou sustentado pelo sopro da vida.*

Quinta-feira, 5º dia
Comer em prol do equilíbrio

Comer é uma atividade diária, mas há um significado mais profundo nesse ato. No Ocidente estudamos os alimentos em termos de nutrição mensurável – calorias, proteínas, gorduras, vitaminas e assim por diante –, ao passo que sob um ponto de vista holístico você é o que você come. O corpo converte alimentos em pensamentos, sentimentos, sensações, humores e tudo o mais que existe na complexidade do sistema mente-corpo. Portanto, a alimentação se funde com o estado de consciência, com a inteligência e com as escolhas diárias. Quando você consome alimentos íntegros naturais e bebe água limpa e fresca, ingere a energia vital que transforma centenas de processos no corpo humano.

No sistema aiurvédico, a nutrição é encarada holisticamente, no sentido de alcançar um estado de equilíbrio dinâmico. Séculos mais tarde, as pesquisas ocidentais confirmaram as ligações químicas que unem o alimento ao cérebro, apresentando provas concretas de que, em termos de mensagens que circulam pelo corpo, realmente "você é aquilo que come". A mensagem mais básica que o alimento passa a você decorre do próprio ato de comer. Se você come depressa, sem prestar atenção à comida, sem oferecer gratidão, mas simplesmente abastecendo o seu motor biológico, não há efeito algum nas calorias e nos nutrientes da comida. No entanto, há uma grande mudança na sua experiência. Quando você dá a primeira mordida, seu corpo recebe uma porção de informações, primeiramente através do paladar, mas também por meio de seus pensamentos, sensações, humores e expectativas. "Eu não deveria estar comendo isto" envia uma mensagem muito diferente de "Estou fazendo um bem danado a mim mesmo".

Você pode fazer do ato de comer uma ótima experiência e, quando o faz, não apenas sua comida, mas toda a experiência é metabolizada.

É importante apreciar e celebrar a comida por seu valor holístico. Comer com consciência, sentando-se numa atmosfera calorosa, com pessoas amadas e fazendo da refeição um momento de trocas positivas, montará o palco para uma melhor experiência. A refeição vai estar em harmonia com o seu corpo. Você vai comer com satisfação.

Aqui está o pensamento central para a meditação de hoje: *Escolhi alimentos que me ajudam a prosperar.*
Comece sua meditação, siga as instruções do 1º dia.
O mantra: Agora, gentilmente entoe o mantra *Om Vardhanam Namah*, que significa "Alimentei o universo e o universo me alimenta".
Siga adiante: À medida que você dá continuidade ao seu dia, contemple este pensamento central: *Como para nutrir mente, corpo e espírito. Como para nutrir mente, corpo e espírito.*

Sexta-feira, 6º dia
Movimento-me em prol do equilíbrio

Seu corpo quer se movimentar e se você se movimenta de acordo com a própria natureza, vai receber quase todos os benefícios de um exercício organizado. O movimento é pessoal. A mais avançada pesquisa sobre ciência esportiva revela que nem todo mundo se beneficia de um mesmo exercício – aumentos na oxigenação sanguínea e força adicional variam muito. Na maioria dos casos, seu corpo lhe dirá o quanto ser ativo. Há um acordo natural entre pessoas que gostam de fazer ginástica e pessoas cujos corpos estão prontos a se beneficiar com isso.

Apesar disso, todo mundo deveria se movimentar pelo menos uma hora por dia. Se a gente fica sentada durante uma hora, as gorduras sanguíneas e os níveis de açúcar sanguíneo aumentam. Apenas ficando em pé e movimentando-se um pouco você já ajuda a reequilibrar esses níveis. Se acrescentar alguma caminhada, mesmo andando devagar, quase dobrará seu metabolismo. Acrescente alguns poucos minutos de exercício vigoroso, suficiente para aquecer os músculos, e estará fazendo ainda mais para equilibrar os açúcares sanguíneos. Em outras palavras, segundo a ciência médica o nosso estilo de vida cada vez mais sedentário não está em harmonia com o modo como o corpo foi projetado.

A ioga, que se tornou popular no Ocidente, é um regime muito mais amplo do que o condicionamento físico (chamado propriamente de *hatha yoga*). Seu objetivo global é unir corpo, mente e espírito em um todo harmonioso. Você pode começar em qualquer parte, porque todo o sistema está interligado. Ajustar a mente também ajusta o corpo e vice-versa. Desde que preste atenção à questão do "equilíbrio", você estará beneficiando cada célula, permitindo-lhe balançar para trás e para frente, entre descanso e atividade, pressão e relaxamento, função alta e função baixa. A única coisa que tira o equilíbrio do lugar é a estase. Pode parecer que você não está fazendo nada quando só fica sentado, mas a negligência não é tudo. Você também está forçando seu corpo a se manter em baixa função o dia inteiro, quando o que ele deseja é um equilíbrio dinâmico entre atividade e descanso.

Como um programa voltado para o equilíbrio, a ioga pode abranger qualquer atividade que ajude a trazer uma sensação de paz e unidade à sua vida. Você merece saborear a experiência de estar habitando um corpo. Há muitas maneiras de aprofundar a experiência. Dançar, nadar, correr, andar no parque – se proporcionarem satisfação tais atividades podem ser como meditações móveis para seu corpo. Permita-se experimentar a riqueza do mundo natural fortalecendo seu sistema cardiovascular, liberando endorfinas em seu cérebro e limpando a mente. O objetivo último da ioga, em todas as suas formas, é animar o consciente e aumentar sua compreensão a respeito do verdadeiro eu. Portanto, altere todos os seus preconceitos a respeito dos exercícios serem um dever. Exercício é qualquer movimento do corpo que o faça se sentir mais em contato com você mesmo e mais feliz por estar vivo.

Aqui está o pensamento central da meditação de hoje: *Sou flexível, forte e equilibrado*.

Comece sua meditação, seguindo as instruções do 1º dia.

O mantra: Gentilmente entoe o mantra de hoje: *Om Varunam Namah*, que significa "Minha vida está em harmonia com a lei cósmica".

Siga adiante: À medida que você dá continuidade ao seu dia, contemple este pensamento central: *Quando me movimento, gosto de estar vivo e do bem-estar que isso me proporciona. Quando me movimento, gosto de estar vivo e do bem-estar que isso me proporciona.*

Sábado, 7º dia
Seu bem-estar

Parabéns! Você passou sete dias trabalhando uma visão mais holística de sua consciência, não apenas intelectualmente, mas na prática. O objetivo da tradição espiritual indiana é compatível com um estilo de vida holístico. A palavra *"yoga"* significa "unidade", e o conceito por trás da palavra – ser uno – é universal. Apesar das diferenças entre as línguas e as culturas, todas as gerações procuraram alcançar a satisfação. As soluções que elas encontraram estavam destinadas a ser compartilhadas como uma herança comum. Seria um triunfo do espírito humano se ignorássemos muros e fronteiras e olhássemos *Aham Brahmasmi*, "Eu sou o universo", como uma visão aplicável a todos, e não apenas como a cultura védica que floresceu há centenas de anos. Da mesma maneira, o ensinamento de Jesus sobre como buscar o reino do céu em nosso interior é uma solução que não merece ficar fechada em um compartimento acessível apenas aos cristãos.

Você está procurando um estado próprio de bem-estar e, de muitas maneiras, não está sozinho. Cada homem e mulher que o precedeu deixou um donativo silencioso: a evolução do cérebro. Passaram-se dezenas de centenas de anos para se constituir a conexão entre a mente e o corpo que existe hoje, equilibrando os impulsos primários que compartilhamos com os répteis, as emoções que começaram a aparecer entre os primatas e os primeiros hominídeos, e a racionalidade e introspecção do neocórtex, último estágio evolutivo do cérebro.

Em termos modernos, essas meditações diárias constituem uma nova maneira de treinar o cérebro, mas afinal corpo e espírito são o que interessa. O cérebro é a sua interface física, trazendo objetivo e significado ao mundo físico, de modo que cada um de nós pode escrever sua história. A meditação não é um fim em si mesma. Ela leva a consciência a um lugar em que você pode fazer escolhas que determinam como sua história se desenvolve, dia a dia. Se você deseja que clareza, equilíbrio, energia e pureza façam parte da sua história, comece agora – eles pertencem ao presente momento.

Você tem todas as ferramentas necessárias para encontrar a própria satisfação. O que essas meditações diárias acrescentaram foi um impulso de inspiração. Hoje, adicionamos a nota final, que é a gratidão. A gratidão é uma parte importante para viver em equilíbrio. Quando somos gratos por tudo que temos em nossa vida, o ego sai do caminho e ficamos completamente abertos à troca dinâmica do universo. Se você ainda não estiver fazendo isso, comece a manter um registro de gratidão e tome nota de cada coisa pela qual você deve ser grato a cada dia. Faça um balanço de como "viver conscientemente" se manifesta em sua vida. Pergunte a si mesmo de que modo fazer escolhas conscientes gerou alguma diferença. Agradeça a si próprio por todas as mudanças que tenha feito – pequenas e grandes – e aprecie os benefícios delas.

Lembre-se também de que vivemos em comunhão com os outros. Portanto, partilhe sua nova consciência pessoal, disponha-se a ajudar os outros nas jornadas deles e peça apoio para as suas. Você é parte da conscientização coletiva, uma onda em um vasto e belo oceano. Reconheça e comemore essas sagradas conexões.

Aqui está o pensamento central da meditação de hoje: *Eu escrevo minha história. Eu crio meu bem-estar.*

Comece sua meditação, seguindo as instruções do 1º dia.

O mantra: Agora, gentilmente entoe o mantra de hoje. Ele é *Sat, Chit, Ananda*, ou "Ser, consciência, bem-aventurança".

Siga adiante: À medida que você dá continuidade ao seu dia, contemple este pensamento central: *Minha história está sendo aperfeiçoada neste momento. Minha história está sendo aperfeiçoada neste momento.*

PARTE 3

RECEITAS DA COZINHA DO CHOPRA CENTER

RECEITAS DE PUREZA, ENERGIA E EQUILÍBRIO

    Nesta seção, pedi aos cozinheiros do Chopra Center para apresentarem algumas de suas receitas preferidas a fim de ilustrar o tipo de alimentação delineada no capítulo "O que devo comer?" As receitas foram cuidadosamente testadas e apreciadas por um vasto número de pessoas que visitou o centro. Um dos pontos altos da estadia delas, segundo contam, é a comida deliciosa.

    As receitas seguem os princípios do aiurveda. Algumas incluem os seis sabores, embora na verdade a refeição é que deve incluí-los, e não cada prato em separado. O mais importante é consumir alimentos naturais, integrais, que nos propiciam energia e deixam o corpo num estado de equilíbrio. Esses três temas – pureza, energia e equilíbrio – podem ser obtidos em muitos tipos de cardápios; aqui só oferecemos um pontapé inicial.

    Sei que atualmente as pessoas levam uma vida ocupada, portanto há algumas opções com ingredientes enlatados ou congelados, para quando não houver tempo de providenciar alimentos frescos. Comer deve ser um prazer, não um estresse, para quem cozinha nem deve gerar pânico se as coisas não saírem perfeitamente. Vamos pegar leve. Mudar a dieta é uma maratona, não uma corrida de 100 metros. Não devemos adquirir o péssimo costume de nos culpar por deslizes ou recaídas – na verdade, devemos tirar essas palavras do vocabulário. O estresse gerado quando nos julgamos de maneira negativa faz muito mais mal para o corpo do que certo prazer com culpa de vez em quando.

Devemos tentar não cair na tentação dos fast-foods, mesmo quando estamos com pressa. As receitas a seguir permitem que você mude o rumo de sua dieta, de modo que possa desenvolver um repertório próprio de pratos simples e integrais, mesmo usando um ou outro legume congelado. Outra observação de nossos cozinheiros: ao comprar produtos à base de soja, como tofu ou leite de soja, assim como produtos à base de milho, certifique-se de que não contenham OGMs (Organismos Geneticamente Modificados), isto é, sejam transgênicos.

Como vivo viajando para destinos cuja culinária local eu não conheço, aprendi a ter prazer com o desafio de descobrir os alimentos mais frescos e mais simples. Faço uma refeição completa por dia. À noite, basta uma tigela de sopa. Quando consigo comer no Chopra Center, é especial. Saio de lá inspirado! Como é bom sentir a combinação de sabores, a abundância da natureza e o tipo de bem-estar que promete dar sustento à mente e ao corpo pela vida afora.

CAFÉ DA MANHÃ LEVE

Bela vitamina matutina

1 porção

5 amêndoas inteiras – hidratadas na véspera em ½ xícara de água
2 colheres (chá) de mel orgânico ou xarope de bordo
2 colheres (sopa) de proteína isolada de soja em pó, pura ou sabor baunilha
uma pitada de canela em pó
1 xícara de leite de soja sabor baunilha
1 banana média fatiada
1 colher (sopa) de suco de aloe vera (babosa)

Escorra as amêndoas e descarte a água. Leve-as ao processador ou liquidificador com os demais ingredientes. Bata até ficar homogêneo. Tome esta vitamina como um suplemento de proteína e também para ajudar na digestão.

Mexido de tofu

Preparado com legumes frescos, ervas cheirosas e tofu, esta receita é deliciosa e satisfaz a qualquer hora do dia. Se quiser fazer um burrito (uma espécie de panqueca recheada e depois enrolada), acrescente um pouco de queijo e molho à mistura de tofu e enrole com uma massa integral de tortilha. Se preferir, faça isso com massa de tapioca ou até mesmo com pão sírio.

4 porções

450 g de tofu fresco firme, escorrido e esmigalhado
1 colher (chá) de azeite de oliva
½ xícara cebola ou alho-poró picadinho
1 colher (sopa) de tamari
uma pitada de pimenta-do-reino
1 colher (chá) de cominho em pó
1 colher (chá) de curry em pó
½ colher (chá) de coentro em pó
½ colher (chá) de endro
¼ de colher (chá) de noz-moscada
½ xícara de tomates picados
½ xícara de abobrinha picada
1 xícara de espinafre fresco
caldo de legumes (opcional)
¼ de xícara de coentro fresco picado

Em uma tigela, coloque o tofu esmigalhado. Reserve. Leve ao fogo médio uma frigideira grande com o azeite de oliva, a cebola, o tamari, a pimenta, o cominho, o curry, o coentro, o endro e a noz-moscada. Refogue tudo por 2 minutos.

Acrescente o tomate, a abobrinha e o espinafre e continue refogando por cerca de 5 minutos, até ficarem macios. Junte um pouco de caldo de legumes, se a mistura ficar muito seca. Adicione o tofu e misture bem. Continue refogando até esquentar todo o tofu. Enfeite com o coentro picado.

APERITIVOS

Rolinhos primavera

8 a 10 rolinhos

1 pé de alface
1 xícara de cenoura ralada
1 xícara de jicama* ralada
1 xícara de pepino picadinho
1 xícara de abobrinha picadinha
½ xícara de broto de rabanete ou girassol
¼ de xícara de coentro fresco picado
¼ de xícara de hortelã picada
¼ de xícara de manjericão picado
1 xícara de repolho roxo picado (opcional)

*Observação: Se for difícil encontrar jicama, substitua por peras, maçãs, nabos ou rabanetes.

Reserve de 8 a 10 folhas grandes de alface e pique o restante. Em uma tigela, misture a alface picada, a cenoura, a jicama, o pepino, a abobrinha e os brotos. Acrescente as ervas frescas e misture com ½ xícara do molho (veja receita na página 271).

Em uma panela, leve à fervura algumas xícaras de água. Escalde rapidamente as folhas de alface reservadas, enfiando-as na água por 10-15 minutos. Em seguida, coloque-as em água gelada. Retire e seque-as. Disponha as folhas de alface sobre papel-toalha ou em uma superfície plana. Distribua a mistura de hortaliças pelas folhas. Faça rolinhos pequenos, de cerca de 2 × 7 cm. Disponha os rolinhos numa cama de repolho roxo picado (se desejar) e sirva também com o dip de pimentão vermelho (veja receita na página 272).

Molho
½ xícara de suco de maçã
½ xícara de vinagre de arroz
¼ de xícara de mel orgânico ou xarope de bordo
1 colher (chá) de gergelim
½ colher (chá) de gengibre em pó ou fresco picadinho
1 colher (sopa) de tamari

Misture bem todos os ingredientes.

Dip de pimentão vermelho com limão

4 porções

¼ de xícara de pimentão vermelho tostado picado
¼ de xícara de suco de limão-taiti (suco de laranja também vai bem)
2 colheres (sopa) de vinagre de arroz
2 colheres (sopa) de mel orgânico ou xarope de bordo
1 colher (sopa) de tamari
½ colher (chá) de pimenta-de-caiena
1 colher (sopa) de manjericão fresco picado
1 colher (sopa) de creme de amendoim

Em um liquidificador ou processador, misture os ingredientes até obter um purê. Se desejar diluir mais a mistura, acrescente um pouco de suco de laranja ou de maçã.

SOPAS

Sopa de tomate e manjericão

4 a 6 porções

½ xícara de grão-de-bico escolhido, lavado e embebido em água de véspera, ou 1 lata (cerca de 400 g) enxaguada e escorrida
2 folhas de louro
1 colher (chá) de azeite de oliva
1 colher (sopa) de alho-poró, cebola ou cebola roxa
1 colher (sopa) de tempero italiano (orégano, manjericão e tomilho misturados)
½ colher (chá) de pimenta-do-reino
1 colher (chá) de endro fresco
1 colher (sopa) de tamari
1 xícara de pimentão vermelho em cubinhos
1 xícara de abobrinha cortada ao meio e fatiada
1 tomate grande picado
2 xícaras de suco de tomate
2 xícaras de caldo de legumes
½ xícara de manjericão fresco finamente picado

Escorra e enxágue o grão-de-bico e coloque-o numa panela grande. Acrescente água o suficiente para ficar uns 5 cm acima dos grãos. Leve à fervura, acrescentando as folhas de louro. Abaixe o fogo. Cozinhe o grão-de-bico por 40-50 minutos, até ficarem macios. Escorra e reserve.

Na mesma panela, aqueça o azeite de oliva. Acrescente o alho-poró, a mistura de ervas, a pimenta-do-reino, o endro e o tamari. Refogue por 3-4 minutos. Junte o pimentão vermelho e a abobrinha. Refogue por mais uns 5 minutos. Acrescente o tomate e continue cozinhando por mais 3-4 minutos. Coloque o grão-de-bico e deixe cozinhando por mais 5 minutos, mexendo sempre. Adicione o suco de tomate e o caldo de legumes. Deixe ferver e abaixe o fogo. Acrescente o manjericão à sopa, cozinhando lentamente por mais 4-5 minutos.

Sopa nutritiva com legumes

Embora a sopa de cevadinha tradicional seja feita com carne, nesta deliciosa receita as lentilhas e os legumes oferecem sabor e textura fortes sem a gordura extra. Esta receita também contém baixo teor de açúcar, sendo adequada para quem sofre de diabetes. Não deixe que a longa lista de ingredientes intimide você – a maior parte são especiarias, que deixam esta sopa saborosa e cheirosa.

4 porções

1 colher (chá) de azeite de oliva
1 colher (chá) de grãos de mostarda amarela ou preta
uma pitada de pimenta calabresa ou pimenta em pó
½ colher (chá) de pimenta-do-reino
1 xícara de cebola ou alho-poró picado
1 xícara de salsão picadinho
1 colher (sopa) de tamari
1 xícara de lentilhas
½ xícara de cevadinha lavada e escorrida
1 colher (chá) de cominho em pó
1 colher (chá) de coentro em pó
½ colher (chá) de pimenta-da-jamaica em pó
1 xícara de cenoura picada
1 xícara de batata ou batata vermelha em cubinhos
1 colher (chá) de manjerona seca
4 a 6 xícaras de caldo de legumes
2 folhas de louro
3 xícaras de espinafre picado grosso ou rúcula, ou ambos
¼ de xícara de salsinha fresca picada

Em uma panela grande, aqueça o azeite de oliva em fogo de médio a alto. Adicione os grãos de mostarda, deixando que pipoquem rapidamente no azeite quente. Junte a pimenta calabresa, a pimenta-do-reino, a cebola ou alho-poró, o salsão e o tamari. Em seguida, coloque a lentilha.

Refogue por 2-3 minutos, até a lentilha ficar translúcida. Acrescente a cevadinha, misturando bem. Junte o cominho, o coentro, a pimenta-da-jamaica, e continue refogando por 2-3 minutos ou até a cevadinha escurecer um pouco. Mexa sempre. Junte a cenoura, a batata e a manjerona. Cozinhe lentamente por mais 3 minutos. Acrescente um pouco do caldo de legumes, se a mistura ficar muito seca.

Quando a sopa estiver um tom mais escuro, acrescente 4 xícaras de caldo de legumes e as folhas de louro. Deixe ferver, depois abaixe o fogo até as cenouras e as batatas cozinharem e a cevadinha ficar macia. Junte o espinafre. Adicione mais caldo de legumes, se necessário, pois a cevadinha absorve o líquido. Retire as folhas de louro antes de servir.

Enfeite com salsinha fresca picada.

Sopa de tortilha mexicana com abacate e coentro

Feita de especiarias picantes, legumes frescos, tirinhas crocantes de tortilha e um caldo encorpado, a versão do Chopra Center desta clássica receita mexicana vai aquecer você por inteiro.

4 porções

2 colheres (chá) de azeite de oliva
1 xícara de cebola roxa ou alho-poró picado
1 colher (chá) de tamari
1 colher (chá) de pimenta-do-reino
½ colher (chá) de pimenta calabresa
1 colher (chá) de pimenta chili em pó
1 colher (chá) de cominho em pó
1 colher (chá) de coentro em pó
1 colher (chá) de manjerona seca
1 xícara de cenoura em cubinhos
½ xícara de pimentão verde picado
4 xícaras de caldo de legumes
1 xícara de milho verde, fresco ou congelado (orgânico, se possível)
¼ de xícara de pimentão vermelho tostado picado
2 tortilhas de milho em tirinhas de 2 cm
¼ de xícara de coentro fresco picado
1 xícara de abacate fresco em cubos
Raminhos de coentro fresco para enfeitar

Em uma panela grande, aqueça metade do azeite de oliva e acrescente o alho-poró. Adicione o tamari, a pimenta-do-reino, a pimenta calabresa, a pimenta chili em pó, o cominho, o coentro e a manjerona. Refogue por 1 minuto. Em seguida, acrescente a cenoura e o pimentão. Refogue por 2 minutos, adicionando ½ xícara de caldo de legumes. Continue cozinhando lentamente por 4-5 minutos. Junte o milho, o pimentão tostado e o restante do caldo de legumes. Cozinhe a sopa lentamente até a cenoura amolecer.

Em uma frigideira pequena, aqueça o restante do azeite de oliva e frite rapidamente as tiras de tortilha até ficarem crocantes. Retire as tirinhas do fogo e misture-as na sopa, junto com o coentro.

Distribua o abacate em tigelinhas individuais. Despeje a sopa por cima do abacate e enfeite com raminhos de coentro. Sirva imediatamente.

Sopa mulligatawny

4 porções

1 colher (sopa) de azeite de oliva
1 colher (chá) de mostarda amarela ou preta em grãos
1½ xícara de cebola ou de alho-poró picado
1 xícara de salsão picado
4½ xícaras de caldo de legumes
1 colher (sopa) de tamari
½ colher (chá) de pimenta-de-caiena ou pimenta calabresa
1 cenoura grande picada
1 batata grande em cubinhos
1 pimentão vermelho médio picado
1 pimentão verde médio picado
1 tomate grande picado
1 colher (chá) de cúrcuma
1 colher (chá) de coentro em pó
1 colher (sopa) de cominho em pó
½ colher (chá) de sal
1 colher (chá) de pimenta-do-reino
1 xícara de leite de coco
2 a 4 colheres (sopa) de suco de limão-siciliano
¼ de maço de coentro fresco picado
½ xícara de coco ralado fresco

Aqueça o azeite de oliva numa panela grande. Despeje os grãos de mostarda e adicione a cebola, o salsão, ½ xícara do caldo de legumes, o tamari e a pimenta-de-caiena, refogando cada ingrediente por 2 minutos antes de acrescentar o seguinte. Depois, acrescente os demais ingredientes até a pimenta-do-reino e o restante do caldo de legumes. Refogue rapidamente. Deixe cozinhando lentamente por 20 minutos. Adicione o leite de coco e o suco de limão antes de servir. Enfeite as tigelas de sopa com o coentro e o coco.

Sopa de batata-doce e gengibre

Esta receita aproveita o sabor naturalmente adocicado da batata-doce e o realça com a sensação refrescante do gengibre e de outras ervas. A batata-doce é muito nutritiva, pois contém altos teores de ferro, cálcio, carboidratos complexos e vitaminas A, C e B_6.

4 porções

1 colher (chá) de azeite de oliva
uma pitada de pimenta calabresa
1 xícara de cebola ou de alho-poró picado
1 colher (sopa) de gengibre fresco picadinho ou 1 colher (chá) de gengibre em pó
2 colheres (sopa) de tamari
5 xícaras de batata-doce sem casca em cubinhos
1 colher (chá) de coentro em pó
1 colher (chá) de garam masala (tempero típico da culinária indiana)
6 xícaras de caldo de legumes
¼ de xícara de coentro fresco picado

Numa panela grande, aqueça o azeite de oliva em fogo de médio a alto. Acrescente a pimenta calabresa, a cebola ou o alho-poró, o gengibre e o tamari. Refogue por 2-3 minutos. Junte a batata-doce, mexa e refogue até ficar ligeiramente marrom. Acrescente o coentro e o garam masala. Refogue por mais 2 minutos, mexendo sempre. Junte o caldo de legumes até cobrir as batatas e deixe ferver. Abaixe o fogo e deixe a sopa cozinhar lentamente. Depois de 5 minutos, verifique se as batatas ficaram macias espetando-as com um garfo. Bata a sopa num liquidificador ou processador até adquirir uma consistência macia, acrescentando mais caldo, se necessário. Antes de servir, reaqueça e enfeite com o coentro fresco picado.

Sopa tailandesa de abóbora

4 a 6 porções

1 abóbora grande sem sementes
1 colher (chá) de azeite de oliva
2 xícaras de alho-poró picado
½ colher (chá) de pimenta calabresa
1 colher (sopa) de gengibre fresco picadinho
1 colher (chá) de tamari
½ xícara de suco de maçã
2 folhas de erva-cidreira (capim-santo)
2 colheres (chá) de coentro em pó
1 colher (chá) de cominho em pó
4 a 5 xícaras de caldo de legumes (o suficiente para cobrir os legumes)
340 ml de leite de coco
¼ de xícara de hortelã picadinha
¼ de xícara de manjericão fresco picadinho

Preaqueça o forno a 180 °C. Corte a abóbora ao meio, retire as sementes e disponha a abóbora numa assadeira, virada para baixo. Acrescente cerca de 2 cm de água e cubra com papel-alumínio. Leve ao forno por cerca de 1 hora, até ficar macia. Deixe esfriar o suficiente para poder puxar a casca e cortá-la em pedaços de 5 cm. (Você também pode assar a abóbora: descasque-a e corte-a em pedaços de 5 cm misturando 1 colher (sopa) de óleo de gergelim, 1 colher (chá) de cominho em pó e 1 colher (chá) de coentro. Disponha os pedaços numa assadeira e leve ao forno por 30 minutos. Deixe esfriar.)

Em uma panela grande, aqueça o azeite de oliva. Acrescente o alho-poró, a pimenta calabresa, o gengibre e refogue tudo. Junte o tamari e a abóbora e deixe cozinhando lentamente. Acrescente o suco de maçã, a erva-cidreira, o coentro e o cominho. Deixe cozinhar por 3 minutos. Adicione caldo de legumes suficiente para cobrir a abóbora e cozinhe por 10-15 minutos. Retire a erva-cidreira. Com um mixer ou liquidificador, bata a sopa até obter um purê, adicionando um pouco do leite de coco a cada porção. Distribua a sopa em tigelinhas individuais e decore com hortelã e manjericão.

Sopa de abóbora muito fácil

A abóbora-moranga tem a casca alaranjada e é bem docinha. A polpa é repleta de betacaroteno, um antioxidante que ajuda a melhorar o sistema imunológico e reduz o risco de câncer e de doenças cardíacas. Apenas uma xícara de moranga cozida tem nada mais nada menos que 49 calorias: 2,7 gramas de fibras, 567 miligramas de potássio e 5.116 microgramas de vitamina A!

4 a 6 porções

    1 abóbora-moranga grande (de aproximadamente 1 kg)
    1 colher (chá) de azeite de oliva
    1 xícara de alho-poró ou cebola picada
    ½ colher (chá) de pimenta-do-reino em pó
    1 colher (chá) de canela em pó
    1 colher (chá) de cominho em pó
    1 colher (chá) de curry em pó
    ½ colher (chá) de cravo-da-índia em pó
    2 a 3 xícaras de caldo de legumes
    1 colher (sopa) de tamari
    1 xícara de leite de soja
    ½ colher (chá) de essência de baunilha (opcional)
    noz-moscada em pó

Preaqueça o forno a 180 °C. Lave a abóbora, corte-a na metade e retire as sementes (reserve-as para assar; veja a dica no final desta receita). Disponha as metades da abóbora em uma assadeira, viradas para baixo. Despeje 1½ xícara de água e cubra com papel-alumínio. Leve ao forno por 30 minutos, ou até que seja fácil espetar a abóbora com uma faca. Deixe esfriar, retire a polpa da casca com uma colher, coloque a polpa numa tigela e reserve. Você deve obter cerca de 3 xícaras de polpa.

Leve uma panela ao fogo médio e aqueça o azeite de oliva. Acrescente o alho-poró, a pimenta-do-reino, a canela, o cominho, o curry e o cravo. Refogue por 4-5 minutos, até o alho-poró ficar transparente. Adicione um pouco do caldo de legumes, se necessário. Acrescente a abóbora e continue refogando por mais 3-4 minutos. Junte o tamari e deixe a abóbora escurecer um pouquinho. Despeje o caldo de legumes até cobrir a moranga e deixe ferver. Abaixe o fogo e deixe cozinhando lentamente por mais 10 minutos, aproximadamente. Com um mixer ou liquidificador, bata a mistura até obter um purê cremoso, acrescentando um pouco de leite de soja e baunilha (se desejar) a cada batida. Devolva a sopa à panela e aqueça novamente, se necessário. Polvilhe um pouquinho de noz-moscada para decorar.

Dica: *Não jogue fora as sementes de abóbora! Você pode fazer um tira-gosto saboroso assando essas ricas sementes, que são uma boa fonte de proteína, zinco e outras vitaminas. Espalhe-as numa assadeira e leve ao forno a 170 °C até ficarem douradas, virando-as de vez em quando para torrarem por igual. Fique atento, pois as sementes e as castanhas queimam com facilidade.*

Sopa de lentilha e espinafre

4 porções

1 colher (chá) de azeite de oliva
1 xícara de alho-poró ou cebola picada
1 xícara de salsão em fatias fininhas
2 dentes de alho picadinhos ou ½ colher (chá) de alho em pó
1 colher (chá) de gengibre fresco picadinho
uma pitada de pimenta calabresa
½ colher (chá) de pimenta-do-reino
1 colher (chá) de alecrim fresco picado
1 colher (sopa) de tamari
1 xícara de cenoura em cubinhos
½ xícara de triguilho (opcional)
1 colher (chá) de cominho moído
½ colher (chá) de pimenta-da-jamaica em pó
1 xícara de lentilha marrom escolhida, lavada e escorrida
5 a 6 xícaras de caldo de legumes
2 folhas de louro
2 colheres (sopa) de purê de tomate
4 xícaras de espinafre picado grosseiramente
¼ de xícara de salsinha fresca picada
1 xícara de tomates em cubinhos

Numa panela grande, aqueça o azeite de oliva e coloque o alho-poró, o salsão, o alho, o gengibre, a pimenta calabresa, a pimenta-do-reino e o alecrim. Adicione o tamari e a cenoura. Refogue por 3 minutos, depois junte o triguilho e continue refogando até dourar. Acrescente o cominho e a pimenta-da-jamaica, mexendo sempre. Junte a lentilha, 5 xícaras do caldo de legumes e as folhas de louro. Deixe a sopa ferver, abaixe o fogo e continue cozinhando lentamente por 30-40 minutos, até a lentilha ficar macia. Adicione mais caldo de legumes, se necessário. Coloque o purê de tomate e o espinafre, cozinhando cerca de 5 minutos, até o espinafre amolecer. Retire o louro antes de servir. Despeje em tigelinhas de sopa e decore com salsinha e cubinhos de tomate.

ENTRADAS E ACOMPANHAMENTOS

Repolho refogado com couve

4 a 6 porções

2 colheres (sopa) de azeite de oliva
1 colher (chá) de gengibre fresco picadinho
½ colher (chá) de cúrcuma em pó
2 maços de acelga de talo colorido ou couve
1 repolho pequeno
1 colher (sopa) de coentro em pó
1½ colher (chá) de sal
½ colher (chá) de pimenta-do-reino

Em uma wok, aqueça o azeite e refogue o gengibre e a cúrcuma por cerca de 40 segundos. Acrescente a acelga e o repolho picados, mexendo-os no fogo alto por cerca de 4 minutos. Tempere com o coentro, o sal e a pimenta, misturando bem. Acrescente ⅛ de xícara de água, tampe a panela e deixe cozinhar lentamente por 5-7 minutos, até pegar gosto.

Kicharee

O kicharee é um prato maravilhoso da culinária indiana. Equilibrado, leve, nutritivo e de fácil digestão.

4 a 6 porções

- ⅓ de xícara de feijão-mungo
- ⅔ de xícara de arroz basmati ou outro grão, como a quinoa ou a cevadinha
- ½ colher (chá) de cúrcuma em pó
- 1 colher (sopa) de gengibre fresco picadinho ou ½ colher (chá) de gengibre em pó
- ½ colher (chá) de semente de cominho torrada
- ½ colher (chá) de coentro em pó
- 1 a 2 xícaras de hortaliças da estação, como couve, acelga de talo colorido, espinafre, ervilhas, algas ou cogumelos
- 1 colher (chá) de azeite de oliva ou de óleo de cânhamo

Numa caçarola média, coloque o feijão-mungo, o arroz e de 3 a 4 xícaras de água. Deixe ferver e depois abaixe o fogo. Adicione a cúrcuma, o gengibre, o cominho e o coentro, tampe a panela e deixe cozinhar lentamente em fogo baixo, mexendo sempre, para que o feijão não queime. O tempo de cozimento vai depender do feijão. Comece a experimentar se está macio depois de 15-20 minutos. Acrescente mais água, se necessário, para que o feijão e o arroz fiquem úmidos. Quando estiverem macios, junte as hortaliças e tempere com azeite a gosto.

Hortaliças ao curry

2 a 4 porções

3 colheres (sopa) de óleo de coco virgem ou azeite de oliva
1 colher (chá) de cominho em grão
1 colher (chá) de coentro em grão
1 colher (chá) de erva-doce
1 colher (chá) de mostarda amarela ou preta em grão
1 colher (sopa) de gengibre fresco picado
uma pitada de assa-fétida em pó
2-3 xícaras de hortaliças picadas à sua escolha
½ xícara de água ou de caldo de legumes
cominho, cúrcuma e canela moídos a gosto
leite de coco ou iogurte (opcional)

Em uma frigideira grande, aqueça o óleo de coco em fogo de médio a alto. Adicione o cominho, o coentro, a erva-doce e as sementes de mostarda e refogue por cerca de 1 minuto, até as sementes dourarem e soltarem o aroma. Acrescente o gengibre, a assa-fétida e as hortaliças picadas e deixe por mais alguns segundos, até os vegetais pegarem o tempero e ficarem bem untados. Adicione a água ou o caldo de legumes, cozinhando por cerca de 15 minutos em fogo baixo. Tempere a gosto com o cominho, a cúrcuma e a canela moídos. Se desejar, acrescente qualquer hortaliça fácil de cozinhar, como espinafre e ervilha, e deixe por uns 3 minutos. Para obter uma textura mais cremosa, você pode acrescentar o leite de coco ou o iogurte.

Ratatouille

4 porções

1 berinjela grande sem casca em cubinhos
1 colher (chá) de azeite de oliva
2 alhos-porós ou 2 cebolas grandes picados
2 colheres (chá) de tempero italiano (orégano, manjericão e tomilho misturados)
1 colher (chá) de manjerona seca
1 colher (chá) de tomilho seco
½ colher (chá) de pimenta-do-reino
1 colher (chá) de alho em pó
1 colher (sopa) de tamari
2 abobrinhas grandes em cubinhos
3 pimentões verdes e vermelhos em cubinhos
2 xícaras de tomates picados
1½ xícara de caldo de legumes
½ xícara de manjericão fresco picado

Coloque os cubinhos de berinjela de molho em água com um pouquinho de sal. Reserve. Em uma panela grande, aqueça o azeite de oliva em fogo médio. Acrescente o alho-poró, o tempero italiano, a manjerona, o tomilho, a pimenta-do-reino, o alho e o tamari, refogando tudo ligeiramente. Junte a berinjela, a abobrinha e os pimentões e deixe por 4-5 minutos. Junte os tomates e continue cozinhando por mais 3-4 minutos. Acrescente o caldo de legumes quando a mistura começar a secar. Deixe o refogado cozinhando lentamente em fogo baixo por 20-30 minutos. Ao servir, acrescente o manjericão fresco.

Aloo Gobi

Este prato, tradicional da culinária indiana, é feito com couve-flor e batatas. Esta versão deliciosa inclui uma variedade de especiarias ricas em nutrientes, como a cúrcuma, o gengibre e a pimenta-de-caiena.

4 a 6 porções

3 colheres (sopa) de azeite de oliva
½ colher (chá) de gengibre fresco picado
½ colher (chá) de cúrcuma
2 batatas médias sem casca cortadas em cubinhos
1 couve-flor média cortada em buquezinhos
1 colher (chá) de cominho moído
1 colher (chá) de coentro em pó
½ colher (chá) de pimenta-de-caiena
1 colher (chá) de sal
4 colheres (sopa) de coentro fresco picado

Em uma panela média, aqueça o azeite em fogo médio. Refogue o gengibre e a cúrcuma por uns 40 minutos. Aumente o fogo, acrescente as batatas e continue refogando por 4 minutos. Depois, junte a couve-flor, o cominho, o coentro, a pimenta-de-caiena e o sal, refogando tudo por 8 minutos. Adicione 4 colheres (sopa) de água, tampe bem a panela e cozinhe as hortaliças até ficarem macias. Antes de servir, espalhe o coentro fresco.

Grão-de-bico apimentado

4 a 8 porções

2 xícaras de grão-de-bico cozido e escorrido
1 colher (sopa) de pasta apimentada tailandesa
¼ de colher (chá) de erva-cidreira
1 colher (sopa) de tamari
¼ de xícara de leite de coco light
2 colheres (sopa) de coentro fresco picadinho

Aqueça uma frigideira pequena em fogo médio. Coloque o grão-de-bico, a pasta apimentada, a erva-cidreira e o tamari. Cozinhe por uns 10 minutos, mexendo sempre, até envolver todo o grão-de-bico na pasta e ele comece a dourar. Acrescente o leite de coco e cozinhe por uns 5 minutos, até engrossar um pouco. Retire a panela do fogo. Misture o coentro antes de servir.

Pilaf de quinoa

Sirva este prato como acompanhamento de um prato principal ou como a estrela da refeição!

4 a 6 porções

1 xícara de quinoa
2½ xícaras de caldo de legumes ou água
1 colher (chá) de azeite de oliva
uma pitada de pimenta calabresa
½ colher (chá) de pimenta-do-reino
1 xícara de alho-poró ou cebola picada
1 colher (chá) de cominho em pó
1 colher (sopa) de tamari
2 dentes de alho picados (opcional)
2 abobrinhas médias cortadas no comprimento e fatiadas
1 abóbora média cortada ao meio e fatiada
dois punhados de folhas verdes (acelga de talo colorido, espinafre, mostarda) lavadas e rasgadas
3 colheres (sopa) de coentro fresco
1 colher (chá) de orégano
1 colher (chá) de pimenta em pó ou de páprica
1 tomate grande fatiado

Em uma frigideira rasa, toste a quinoa por uns 2 minutos, mexendo sem parar até que ela fique dourada. Leve à fervura 2 xícaras do caldo de legumes. Adicione a quinoa e cozinhe lentamente por 15-20 minutos, até a água ser absorvida. Coloque a quinoa numa tigela, soltando-a com um garfo. Deixe esfriar.

Em uma frigideira, aqueça o azeite em fogo médio; junte a pimenta calabresa, a pimenta-do-reino, o alho-poró, o cominho, o tamari e o alho. Frite por uns 5 minutos, até o alho-poró ficar dourado nas beiradas. Acrescente a abobrinha e a abóbora, refogando por 3-4 minutos até as hortaliças ficarem macias. Junte as folhas e continue refogando até elas murcharem. Retire do fogo, escorra o excesso de água e reserve.

Junte à quinoa, o coentro, o orégano, a pimenta em pó e o tomate. Mexa bem, depois misture o preparado de hortaliças. Misture tudo muito bem.

Esta receita pode ser servida como um pilaf quente de acompanhamento, ou fria, como uma maravilhosa salada numa cama de folhas verdes.

ENTRADAS E ACOMPANHAMENTOS

Noodles à moda tailandesa (Pad Thai)

Na Tailândia, o Pad Thai é um prato tradicional de noodles leve, com o complexo sabor da mistura de temperos frescos. Em sua versão ocidental, em geral é pesado e gorduroso, com uma forte ênfase nos sabores adocicados e salgados. Esta deliciosa receita do Chopra Center se baseia na versão original, bem mais leve. Em vez de fritos em um monte de óleo, os noodles são cozidos com um pouco de azeite de oliva, caldo de legumes e uma mistura única de temperos e ervas.

4 porções

500 g de tofu ou tempeh marinado e assado (veja a receita na página 297) ou 2 xícaras de frango cozido cortado em cubinhos (você pode substituir por tofu, se preferir)

Molho tailandês
½ xícara de caldo de legumes
¼ de xícara de vinagre de arroz
2 colheres (sopa) de suco de maçã
2 colheres (chá) de suco de limão-siciliano
1 colher (chá) de missô
1 colher (chá) de páprica
1 colher (chá) de uma mistura de cinco especiarias: pimenta-
 -chinesa, anis-estrelado, erva-doce, cravo-da-índia e canela)
1 colher (sopa) de mel orgânico ou xarope de bordo
1 colher (sopa) de tamari
2 colheres (sopa) de manjericão picado fininho

Noodles
250 g de noodles de arroz ou noodle soba
1 colher (chá) de azeite de oliva ou de óleo de gergelim
½ xícara de alho-poró ou cebola fatiada
uma pitada de pimenta calabresa
1 colher (chá) de coentro em pó
2 colheres (sopa) de gengibre fresco picado
1 dente de alho picado (opcional)
2 colheres (sopa) de caldo de legumes
2 colheres (sopa) de amêndoas torradas fatiadas
¼ de xícara de cebolinha picada (parte verde e branca)
2 xícaras de broto de feijão-mungo
½ xícara de coentro picado

Se estiver usando tofu ou tempeh marinado, retire-o da marinada e corte-o em tirinhas de 2,5 cm. Reserve.

Em um processador, bata todos os ingredientes do molho tailandês até obter um purê. Acrescente o manjericão no final. Reserve.

Cozinhe os noodles ou coloque-os de molho de acordo com as instruções da embalagem. Enxágue, deixe numa tigela grande e misture um pouquinho de óleo para que não grudem.

Dica: *Deixe os noodles de molho apenas o suficiente para amolecerem um pouco, mas sem crescerem completamente. Se ficarem moles demais, viram uma papa ao serem acrescentados.*

Aqueça o azeite de oliva em uma wok ou frigideira grande. Coloque o alho-poró, a pimenta calabresa, o coentro, o gengibre e o alho (se desejar), e refogue por 2 minutos, acrescentando o caldo de legumes depois de 1 minuto. Adicione o tofu, as tiras de tempeh ou frango. Tampe a frigideira, abaixe o fogo e cozinhe lentamente por 3-4 minutos.

Acrescente as amêndoas, a cebolinha, os brotos de feijão-mungo e o coentro. Cozinhe por 3-4 minutos. Junte o molho e cozinhe por mais 2-3 minutos. Despeje a mistura em cima dos noodles, revirando-os até cobrir bem. Sirva com hortaliças cozidas no vapor.

Marinada simples para tofu ou tempeh

4 porções

500 g de tofu fresco firme ou de tempeh
¾ de xícara de tamari
¾ de xícara de vinagre de arroz
2 colheres (sopa) de vinagre balsâmico
2 colheres (sopa) de mel orgânico ou xarope de bordo
1 colher (chá) de gengibre em pó
1 colher (chá) de cominho em pó
½ colher (chá) de pimenta calabresa
1 colher (chá) de óleo de gergelim

Fatie o tofu ou o tempeh em pedacinhos de 6 mm ou em cubinhos. Misture os outros ingredientes em uma assadeira rasa. Acrescente ao tofu ou tempeh e deixe marinando de véspera. Para apressar o processo, asse a cerca de 180 °C por 20-30 minutos. Deixe esfriar. Retire o tofu ou tempeh da marinada e use-o em uma série de pratos. Guarde em um recipiente hermeticamente fechado.

O melhor hambúrguer de tofu

8 hambúrgueres

2-3 fatias de pão torrado
2 colheres (sopa) de azeite de oliva
1 xícara de alho-poró ou cebola picada
½ colher (chá) de pimenta-do-reino
500 g de tofu fresco firme, escorrido e esmigalhado
¼ de xícara de frutas secas e sementes misturadas (girassol, nozes, pinhão, amêndoa, castanha-do-pará etc.)
1 xícara de abobrinha ralada
1 xícara de cenoura ralada
1 colher (chá) de manjericão
1 colher (chá) de orégano
1 colher (chá) de tomilho
1 colher (chá) de estragão
1 colher (chá) de alho picado ou 1 colher (chá) de alho em pó
1 colher (sopa) de tamari

Preaqueça o forno a 180 °C. Coloque o pão num processador e, com a tecla pulsar, faça farelo de pão. Reserve. Em uma frigideira pequena, aqueça metade do azeite de oliva em fogo alto. Coloque o alho-poró e a pimenta, fritando por 2-3 minutos. Tire do fogo e deixe esfriar. Em um processador, coloque o tofu, as frutas secas e as sementes, a abobrinha, a cenoura e o alho-poró refogado. Pulse algumas vezes e então adicione o manjericão, o orégano, o tomilho, o estragão, o alho e o tamari. Continue pulsando até obter uma consistência macia. A mistura deve ser espessa e firme.

Retire porções de ½ xícara da mistura e faça bolas. Achate as bolas em hambúrgueres e passe os dois lados pelo farelo de pão. Aqueça o restante do azeite em uma panela e frite os hambúrgueres rapidamente até dourarem. Acrescente um pouco mais de azeite caso esteja muito seco. Disponha o hambúrguer em uma assadeira untada e leve ao forno de 10-15 minutos, até firmar. Sirva com pão ou como entrada junto com um molho de sua preferência.

SALADAS

Salada de verão com frutinhas vermelhas

4 porções

2 laranjas
1 xícara de morangos frescos fatiados
1 xícara de framboesas ou amoras
1 xícara de mirtilos frescos

Lave e escorra bem as frutas. Corte as laranjas em fatias. Prepare o molho (veja a receita na página 301) e coloque-o em uma tigela grande. Disponha as laranjas na tigela e cubra-as com o tempero. Retire as laranjas da tigela e faça uma camada com elas ao fundo de uma travessa. Reserve 10 pedaços para decorar. Coloque os morangos no molho, cobrindo-os. Retire-os e arrume-os em volta das fatias de laranja, como se fossem os raios do sol. Tempere as framboesas, arrume-as por cima das laranjas. Depois, tempere os mirtilos e os disponha em volta das framboesas. Regue a salada com o molho e decore com os pedacinhos de laranja reservados.

Molho
¼ de xícara de vinagre de arroz
¼ de xícara de xarope de bordo ou mel orgânico
1 colher (sopa) de vinagre balsâmico
1 colher (chá) de tamari ou shoyu light
½ colher (chá) de canela em pó
½ colher (chá) de gengibre em pó
½ xícara de suco de maçã

Misture bem todos os ingredientes.

Divina salada verde com gorgonzola

Esta deliciosa salada vai nutrir o corpo e a alma com prazeres sensoriais; é de dar água na boca. O crocante adocicado das nozes glaçadas ao mel contrasta com a pungência do gorgonzola e o frescor do espinafre. Aprecie como tira-gosto ou como uma entrada leve.

4 a 6 porções

1 maço de espinafre escolhido e lavado
1 xícara de nozes glaçadas no mel (veja a receita na página 302)
½ xícara de gorgonzola esmigalhado
½ xícara de groselhas (ou outras frutas vermelhas)
3 colheres (sopa) de molho de sementes de linhaça (veja receita na página 302)

Misture todos os ingredientes e arrume-os em pratos gelados.

Nozes glaçadas ao mel

1 xícara ou 4 a 6 porções

½ colher (chá) de azeite de oliva
1 xícara de nozes
1 colher (sopa) de mel

Aqueça o azeite em uma frigideira rasa em fogo médio (não deixe que comece a fumegar). Refogue as nozes por cerca de 2 minutos até dourarem. Acrescente o mel e mexa, cobrindo bem as nozes. Deixe esfriar completamente antes de usar.

Molho de sementes de linhaça

Cerca de ¾ de xícara

1 colher (sopa) de mostarda de Dijon
1 colher (sopa) de azeite de oliva
1 colher (sopa) de mel
1 colher (sopa) de tamari
1 colher (sopa) de suco de limão-siciliano
½ xícara de suco de laranja
¼ de xícara de iogurte natural
1 colher (sopa) de sementes de linhaça

Misture todos os ingredientes numa jarrinha, sacudindo bastante. Esse molho se conserva bem na geladeira por muitos dias.

Tabule do Chopra Center

As hortaliças, grãos e leguminosas desta saborosa salada oferecem uma energia estável, que equilibra sobretudo quem tem tendência a ficar irritado e comer em excesso.

4 porções

1¾ de xícara de caldo de legumes ou água
1 xícara de triguilho
1 colher (chá) de azeite de oliva
½ xícara de alho-poró ou cebola picada
¼ de xícara de pimentão vermelho tostado e picado
1 xícara de abobrinha em cubinhos
½ xícara de feijão-branco cozido ou em lata (escorrido)
1 xícara de tomates em cubinhos
½ xícara de salsinha picada ou outra erva fresca
2 colheres (sopa) de manjericão fresco picadinho
½ xícara de hortelã picada
2 colheres (sopa) de azeitonas kalamata sem caroço picadas

Em uma panela pequena, leve à fervura 1½ xícara de caldo de legumes e depois coloque o triguilho. Mexa com um garfo, retire do fogo e deixe o triguilho embebido por 15 minutos com a tampa bem fechada. Depois, despeje o triguilho em uma tigela grande, afofe com um garfo e deixe esfriar.

Enquanto isso, aqueça o azeite em uma frigideira em fogo médio. Coloque o alho-poró e refogue rapidamente. Acrescente o pimentão e a abobrinha, refogando por mais 2 minutos. Junte o feijão e refogue mais 2 minutos. Despeje o restante do caldo quando a mistura começar a ressecar. Retire do fogo e deixe esfriar. Acrescente os tomates, a salsinha, o manjericão, a hortelã e as azeitonas à mistura fria de triguilho e misture tudo. Por fim, despeje o molho (veja a receita na página 304) sobre a mistura de triguilho.

Molho
2 colheres (sopa) de suco de limão-siciliano
1 colher (sopa) de suco de maçã
1 colher (sopa) de tamari
1 colher (chá) de endro
½ colher (chá) de sal
½ colher (chá) de pimenta-do-reino
2 dentes de alho picados ou ½ colher (chá) de alho em pó
2 colheres (chá) de azeite de oliva

Em uma tigela pequena, misture todos os ingredientes menos o azeite. Bata a mistura e vá acrescentando lentamente o azeite.

Variações
Esta receita permite uma infinidade de variações. Você pode substituir as hortaliças desta versão pelas suas hortaliças preferidas, picadas, rasgadas ou raladas. Se desejar mais sabor e textura, experimente groselha ou amoras, uvas-passas, sementes de girassol, pinhão ou queijo feta. Delicie-se!

Salada proteica

4 a 6 porções

1 xícara de cenoura picada
1 xícara de salsão picado
½ xícara de pimentão vermelho tostado picado
¾ de xícara de leguminosas misturadas cozidas e frias
   (ervilhas, lentilhas, feijão azuki etc.)
4 xícaras de mistura de 7 grãos cozida
¼ de xícara de pinhão tostado
½ xícara de sementes de girassol
⅛ de xícara de vinagre de vinho tinto
1 colher (sopa) de óleo de gergelim
⅛ de xícara de mostarda
⅛ de xícara de tamari
¼ de colher (chá) de pimenta-do-reino
1 colher (sopa) de azeite de oliva

Em uma tigela grande, misture a cenoura, o salsão, o pimentão, a mistura de leguminosas, a mistura de grãos, o pinhão, as sementes de girassol. Em outra tigela, misture o vinagre, o óleo de gergelim, a mostarda, o tamari, a pimenta-do-reino e o azeite e despeje sobre a salada.

TEMPEROS, PASTAS E MOLHOS

Raita de pepino

4 porções

3 pepinos pequenos sem casca e sem sementes em cubinhos
2 colheres (sopa) de suco de limão-siciliano
1 colher (chá) de cominho em pó
½ colher (chá) de endro
uma pitada de sal
2 colheres (chá) de coentro fresco picado
1 xícara de iogurte natural desnatado

Coloque os pepinos numa tigela pequena. Acrescente o suco de limão, o cominho, o endro, o sal e o coentro e mexa cuidadosamente. Junte o iogurte, misturando com um garfo. Sirva como tempero com curry ou como molho de saladas e sanduíches.

Homus de broto de grão-de-bico

3 xícaras

2 xícaras de broto de grão-de-bico
1 colher (sopa) de óleo de girassol
3 colheres (sopa) de suco de limão-siciliano
½ colher (chá) de pimenta-do-reino moída na hora
½ colher (chá) de páprica em pó
½ xícara de cenoura ralada
½ xícara de salsinha picadinha
sal a gosto

Num processador com lâminas de aço inoxidável, coloque o grão-de-bico, o óleo de girassol, o suco de limão, a pimenta e a páprica. Bata até obter uma mistura homogênea. Despeje a pasta numa tigela, misture a cenoura, a salsinha e tempere com sal a gosto.

Curry masala

1½ a 2 xícaras

Este molho simples pode ser usado com muitas combinações de hortaliças. Também vai bem com tofu grelhado ou como base para uma sopa.

- 2 colheres (sopa) de azeite de oliva
- 1 xícara de alho-poró ou cebola-branca picada
- 1 colher (sopa) de gengibre fresco picado ou 1 colher (chá) de gengibre em pó
- 1 colher (chá) de cominho em pó
- ½ colher (chá) de pimenta-de-caiena ou pimenta calabresa
- ½ colher (chá) de cúrcuma
- 1 tomate grande maduro picadinho
- 1 colher (sopa) de tamari

Aqueça o azeite em uma frigideira média em fogo médio. Refogue o alho-poró e o gengibre. Junte o cominho, a pimenta-de-caiena, a cúrcuma e o tomate e refogue por 1 minuto. Acrescente o tamari e cozinhe por 2 minutos.

Molho picante de tomate e manga

1½ a 2 xícaras

1 pimentão verde
1 manga madura em cubinhos
2 tomates maduros médios em cubinhos
1 colher (sopa) de tamari ou shoyu
1 cebola média ou alho-poró picado
2 dentes de alho picados ou 1 colher (chá) de gengibre fresco picado
1 colher (sopa) de suco de limão-siciliano
¼ de xícara de coentro fresco picado
1 colher (chá) de cominho em pó
½ colher (chá) de coentro em pó

Para tostar o pimentão: com um garfo, segure-o diretamente sobre a chama do fogão. Deixe até a pele do pimentão chamuscar, tomando o cuidado de virar para tostar por inteiro.

Coloque o pimentão tostado num saco de papel. Ele vai suar e a pele tostada vai se soltar. Deixe o pimentão no saco por 10 minutos ou até você conseguir segurar. Descasque a pele em água corrente.

Molho
Pique o pimentão e coloque-o numa tigela. Acrescente a manga e os tomates. Reserve. Em uma frigideira média em fogo baixo, aqueça o tamari. Junte a cebola e o alho e refogue rapidamente. Junte a mistura de cebola com a de manga. Adicione o suco de limão, o coentro fresco, o cominho e o coentro em pó, misturando bem.

Deixe gelando por 1 hora antes de servir. Acrescente 1 colher (chá) de tamari se desejar um sabor mais salgado.

Chutney de hortelã

1 xícara

1 xícara de iogurte natural, de preferência desnatado
1 maço de coentro fresco
1 pedaço de gengibre sem casca (com cerca de 5 cm)
1 pimenta dedo-de-moça
1 colher (chá) de sal
1 colher (chá) de cominho em pó
½ colher (chá) de açúcar
¼ de xícara de hortelã fresca (sem os cabinhos)

Coloque todos os ingredientes em um processador e bata até obter uma consistência delicada. Sirva em temperatura ambiente.

Pesto fresco com amêndoas

1 xícara

1 alho-poró pequeno
½ xícara de amêndoas
2 xícaras rasas de manjericão fresco
½ xícara de azeite de oliva
½ xícara de suco de limão-siciliano
1 colher (chá) de pimenta-do-reino

Descarte a parte verde do alho-poró. Corte a parte branca em quatro, no sentido do comprimento, e lave bem. Escorra. Corte o alho-poró em pedaços grosseiros. Coloque as amêndoas num processador e pulse algumas vezes. Acrescente o alho-poró e os demais ingredientes e bata até obter uma mistura homogênea.

Sugestões para servir
Com massa fresca.
Como cobertura de pizza.
Com arroz branco.
Passe em sanduíches, em vez da mostarda ou da maionese.
Acrescente em sopas para dar mais sabor.

SOBREMESAS

Parfait de iogurte e frutas vermelhas

4 porções

2 xícaras de frutas vermelhas frescas ou 300 g de frutas vermelhas congeladas
½ colher (chá) de cravo-da-índia moído
½ colher (chá) de canela em pó
2 xícaras de iogurte natural, de preferência desnatado
1 colher (chá) de essência de baunilha
2 colheres (sopa) de mel orgânico ou de xarope de bordo

Em uma frigideira pequena, aqueça as frutinhas, acrescentando um pouquinho de água apenas para que não queimem. Junte o cravo e a canela e continue cozinhando lentamente de 3-5 minutos, até as frutinhas amolecerem. Retire do fogo e despeje numa tigela para esfriar um pouco. Se as frutinhas soltarem muita água, use uma escumadeira para retirá-las da frigideira. Acrescente o iogurte e a essência de baunilha, misturando bem. Adoce a gosto com o mel ou xarope de bordo. Sirva com granola ou mingau no café da manhã ou como uma sobremesa leve.

Incrível bolo de chocolate do Chopra Center

O molho de maçã e o tofu fazem deste bolo de chocolate uma iguaria suculenta, sem o excesso de gordura saturada das receitas tradicionais. É uma sobremesa excelente para as comemorações com os entes queridos.

12 porções

340 g de tofu firme esmigalhado e escorrido
¼ de xícara de óleo de canola
1 xícara de mel orgânico ou de xarope de bordo
¾ de xícara de molho de maçã
2 colheres (chá) de essência de baunilha
1 xícara de farinha de trigo integral
¾ de xícara de cacau em pó sem açúcar
2 colheres (chá) de fermento em pó
1 colher (chá) de bicarbonato de sódio
1 xícara de gotas de chocolate

Preaqueça o forno a 180 °C. Unte uma assadeira redonda de 20 cm de diâmetro ou uma de 22 × 33 cm e reserve. Com um processador ou liquidificador, bata o tofu, o óleo de canola, o xarope de bordo, o molho de maçã e a essência de baunilha até obter uma consistência de purê. Reserve.

Em uma tigela grande, peneire a farinha, o cacau, o fermento e o bicarbonato. Misture os ingredientes líquidos e os secos. Com cuidado, acrescente as gotas de chocolate.

Despeje a massa na assadeira preparada e leve ao forno de 30-40 minutos ou até que um palito inserido na massa saia seco. Quando o bolo esfriar, passe a cobertura (veja receita na página 314).

Cobertura de chocolate
1 xícara de manteiga sem sal
4 xícaras de gotas de chocolate
340 g de tofu macio
¼ de xícara de mel orgânico ou de xarope de bordo

Em uma frigideira, derreta a manteiga e as gotas de chocolate em fogo baixo, mexendo até obter uma mistura homogênea. Num processador ou batedeira, bata o tofu e o xarope de bordo. Acrescente a mistura de manteiga e chocolate à mistura de tofu. Deixe esfriar em temperatura ambiente antes de cobrir o bolo.

SOBREMESAS

Biscoitos de aveia veganos

Estes saborosos biscoitos têm uma textura macia e tenra devido à mistura de manga, coco, aveia e frutas secas.

20 a 22 biscoitos

½ xícara de purê de manga
1 xícara de açúcar mascavo
2 colheres (sopa) de mel orgânico ou de xarope de bordo
1 colher (chá) de essência de baunilha
1 xícara de aveia em flocos
1 xícara de farinha de trigo integral ou de espelta
1 xícara de tâmaras ou de outras frutas secas
1 xícara de uvas-passas
1 xícara de coco ralado
½ colher (chá) de bicarbonato de sódio
1 colher (chá) de canela em pó
1 colher (chá) de pimenta-da-jamaica em pó

Preaqueça o forno a 180 °C. Unte duas assadeiras e reserve. Misture o purê de manga, o açúcar, o xarope de bordo e a essência de baunilha. Em uma tigela grande, misture os demais ingredientes. Com as mãos, misture os ingredientes úmidos com os secos.
Separe porções de ¼ de xícara de massa e faça bolinhas. Disponha as bolinhas nas assadeiras untadas e leve ao forno por 15 minutos ou até dourarem.

BEBIDAS

Chá de gengibre

O chá de gengibre é uma poderosa bebida purificadora que elimina toxinas e restaura o equilíbrio do corpo. Também beneficia o sistema digestivo e ajuda a diminuir o desejo por alimentos doces e salgados. O Chopra Center recomenda duas a três xícaras de chá de gengibre quente todos os dias.

Para fazer cerca de 1 litro de chá de gengibre
Corte um pedaço de 5 cm de gengibre (com casca) e pique em pedacinhos. Acrescente 1 litro de água mineral. Leve à fervura, abaixe o fogo e deixe cozinhando lentamente por 15 minutos. Coe e guarde em garrafa térmica ou jarra de vidro.

Para fazer 1 xícara de chá de gengibre
Rale um pedaço de gengibre (com casca) até obter 1 colher (chá) bem cheia. Misture o gengibre ralado em 1 xícara de água quente e deixe em infusão por 2 minutos. Coe ou deixe o gengibre assentar no fundo da xícara.

Lassi adocicada

Esta bebida indiana à base de iogurte é servida, tradicionalmente, ao final das refeições para ajudar a digestão. Combina bem com os dias mais quentes.

4 a 6 porções

1 xícara de iogurte natural, de preferência desnatado
¼ de xícara de açúcar ou mel
2-3 xícaras de água fria
¼ colher (chá) de cardamomo moído
2 colheres (chá) de água de rosas (opcional)

Misture todos os ingredientes em uma jarra grande e mexa bem, ou bata tudo no liquidificador por aproximadamente 30 segundos. Leve à geladeira por 30 minutos antes de servir.

AGRADECIMENTOS

A cada novo livro percebo como tenho sorte de minhas palavras serem publicadas como se alguém apertasse um botão. Não existe botão nenhum, claro, mas sim o trabalho dedicado de muitas pessoas nos bastidores. Agradecer-lhes aqui é uma pequena lembrança da valorização que merecem.

A equipe da Harmony Crown me deu apoio e acreditou no meu trabalho mesmo enquanto o mercado editorial atravessa mudanças preocupantes. Tina Constable, editora da Crown, Mauro DiPreta, Tara Gilbride, Meredith McGinnis e Ayelet Gruenspecht foram colaboradores inabaláveis.

Gary Jansen, com a ajuda de Amanda O'Connor, demonstrou inúmeras vezes o que significa, para um escritor, o apoio de um editor talentoso e entusiasmado. O nosso relacionamento é de confiança, afeto e respeito mútuo.

A semente deste livro foi plantada por Bob Marty, que seguiu adiante para fazer um programa na PBS. Muito obrigado por sua criatividade e seu entusiasmo.

A minha vida cotidiana é habilmente administrada pela inspiradora equipe do Chopra Center, tão próxima e querida quanto a minha família, começando com Carolyn e Felicia Rangel. Para as necessidades especiais deste livro, também devo agradecer a Sara Harvey, Kathy Bankerd, Kyla Stinnett, Teresa Long e Attila Ambrus. Vocês me ensinaram o significado da frase "O espírito em ação".

Desde 1970, quando eu e Rita, minha mulher, chegamos recém-casados aos Estados Unidos, tivemos a felicidade de ver a família crescer. Agora ela abrange Mallika, Sumant, Tara, Leela, Gotham, Candice e Krishu.

Espero que este breve agradecimento demonstre o quanto devo a vocês e como todos são queridos.